U0778156

21世纪高等学校教材

普通高等教育“十二五”汽车类专业（方向）规划教材

现代汽车设计方法

主编　李胜琴　王若平　张文会

参编　李　洋　杨建伟　徐立友　聂佳梅

主审　崔淑华

机 械 工 业 出 版 社

本书主要对近年来在汽车设计过程中应用的新方法、新技术进行了介绍，内容包括计算机辅助设计、优化设计方法、有限元法、车辆可靠性设计、逆向工程与快速原型制造技术、并行工程、汽车数字化工程及绿色设计等，分别介绍了每种现代设计方法的原则、过程及其在汽车设计过程中的应用，并列举了一些现代设计方法应用实例。通过学习，使学生对汽车设计及制造过程中的新方法、新技术加以了解并掌握。

本书可以作为高等院校车辆工程及其相关专业的本科生教材或硕士研究生选修课参考书，也可供从事汽车及其零部件设计的工程技术人员参考。

为方便教学，本书配有 PPT 电子课件，位于机械工业出版社教育服务网上（www.cmpedu.com），向使用本书的授课教师免费提供。

图书在版编目（CIP）数据

现代汽车设计方法/李胜琴，王若平，张文会主编．—北京：机械工业出版社，2013.7（2025.1 重印）

21 世纪高等学校教材　普通高等教育“十二五”汽车类专业（方向）规划教材

ISBN 978-7-111-42489-5

Ⅰ.①现…　Ⅱ.①李…②王…③张…　Ⅲ.①汽车—设计—高等学校—教材　Ⅳ.①U462

中国版本图书馆 CIP 数据核字（2013）第 098190 号

机械工业出版社（北京市百万庄大街 22 号　邮政编码 100037）
策划编辑：冯春生　责任编辑：冯春生　韩　冰　版式设计：常天培
责任校对：陈　越　封面设计：赵颖喆　责任印制：郜　敏
北京富资园科技发展有限公司印刷
2025 年 1 月第 1 版第 3 次印刷
184mm×260mm · 11.25 印张 · 271 千字
标准书号：ISBN 978-7-111-42489-5
定价：29.80 元

电话服务　　网络服务
客服电话：010-88361066　机　工　官　网：www.cmpbook.com
010-88379833　机　工　官　博：weibo.com/cmp1952
010-68326294　金　书　网：www.golden-book.com

机工教育服务网：www.cmpedu.com

普通高等教育汽车类专业（方向）

教材编审委员会

序

汽车被称为“改变世界的机器”。由于汽车工业具有很强的产业关联度，因而被视为一个国家经济发展水平的重要标志。近10年来，我国汽车工业快速而稳步发展，汽车产量年均增长15%，是同期世界汽车产量增长量的10倍。汽车工业正在成为拉动我国经济增长的发动机。汽车工业的繁荣，使汽车及其相关产业的人才需求量大幅度增长。与此相应，作为人才培养主要基地的汽车工业高等教育也得到了长足发展。据不完全统计，迄今全国开办汽车类专业的高等院校已达百余所。

从未来发展趋势看，打造我国自主品牌、开发核心技术是我国汽车工业的必然选择，但当前我国汽车工业还处在以技术引进、加工制造为主的阶段，这就要求在人才培养时既要具有前瞻性，又要与我国实际情况相结合。要在注重培养具有自主开发能力的研究型人才的同时，大力培养知识、能力、素质结构具有鲜明的“理论基础扎实，专业知识面广，实践能力强，综合素质高，有较强的科技运用、推广、转换能力”特点的应用型人才。这也意味着对我国高等教育的办学体制、机制、模式和人才培养理念等提出了全新的要求。

为了满足新形势下对汽车类高等工程技术人才培养的需求，在中国机械工业教育协会机械工程及自动化学科教学委员会车辆工程分委员会的领导下，成立了教材编审委员会，组织制定了多个系列的普通高等教育规划教材。其中，为了解决高等教育应用型人才培养中教材短缺、滞后等问题，组织编写了“普通高等教育‘十二五’汽车类专业（方向）规划教材”。

本系列教材在学科体系上适应普通高等院校培养应用型人才的需求；在内容上注重介绍新技术和新工艺，强调实用性和工程概念，减少理论推导；在教学上强调加强实践环节。此外，本系列教材将力求做到：

1）全面性。目前本系列教材包括汽车设计与制造、汽车运用与维修、汽车服务工程、物流工程等专业方向，今后还将扩展专业领域，更全面地涵盖汽车类专业方向。

2）完整性。对于每一个专业方向，今后还将继续根据行业变化对教学提出的要求填平补齐，使之更加完善。

3）优质性。在教材编审委员会的领导下，继续优化每一本教材的规划、编审、出版和修订过程，让教材的生产过程逐步实现优质和高效。

4）服务性。根据需要，为教材配备CAI课件和教学辅助教材，召开新教材讲习班，在相应网站开设研讨专栏等。

相信本系列教材的出版将对我国汽车类专业的高等教育产生积极的影响，为我国汽车行业应用型人才培养模式作出有益的探索。由于我国汽车工业还处于快速发展阶段，对人才不断提出新的要求，这也就决定了高等教育的人才培养模式和教材建设也处于不断变革之中。我们衷心希望更多的高等院校加入本系列教材建设的队伍中来，使教材体系更加完善，以更好地为高等教育培养汽车专业人才服务。

中国汽车工程学会　常务理事
中国机械工业教育协会
车辆工程分委员会　副 主 任
林　逸

前言

本书是根据中国机械工业教育协会车辆工程分委员会2008年制定的教材编写大纲编写的。

全书共九章，主要讲授在汽车设计过程中常用的现代设计方法，内容包括计算机辅助设计、优化设计方法、有限元法、车辆可靠性设计、逆向工程与快速原型制造技术、并行工程、汽车数字化工程及绿色设计，分别介绍了各种现代设计方法的理论及原则、设计方法的特点及过程、各种现代设计方法的发展趋势以及在汽车设计过程中的应用。除了常用的现代设计方法之外，书中还介绍了考虑环境影响和资源消耗的绿色设计方法的特点及其在汽车设计、制造及运用过程中的应用。

本书由东北林业大学李胜琴、江苏大学王若平、东北林业大学张文会担任主编。参加编写的有：东北林业大学李胜琴（第一章，第四章第一、二节）、张文会（第二章）及李洋（第三章，第四章第三、四、五节）、北京建筑大学杨建伟（第五章）、河南科技大学徐立友（第六章，第七章）、江苏大学王若平（第八章第一、二、三节）及聂佳梅（第八章第四节，第九章）。在本书的编写过程中，第八章第二节的数字化汽车造型技术部分参考了泛亚汽车技术中心有限公司江漫清编写的《解读数字化汽车造型设计技术》，特此说明并向作者表示感谢。

感谢东北林业大学交通学院关强教授参与了该书最初的写作提纲编写，本书的出版是对关强教授最好的纪念。

本书由崔淑华教授主审，崔淑华教授对本书进行了详细的审阅，并对本书的体系和编写大纲提出了许多宝贵意见，编者在此表示衷心的感谢。

本书可以作为高等院校车辆工程及其相关专业的本科生教材或硕士研究生选修课参考书，也可供从事汽车及其零部件设计的工程技术人员参考。

由于本书编写时间仓促，编者水平有限，书中难免有错漏之处，诚恳欢迎使用本书的师生及广大读者批评指教，以便再版时订正。

编　者

目　　录

序

前言

第一章　绪论 …… 1

第一节　概述 …… 1

第二节　现代设计方法的主要内容及特点 …… 3

第三节　传统汽车设计方法与现代汽车设计方法 …… 7

第二章　计算机辅助设计 …… 10

第一节　概述 …… 10

第二节　CAD 系统结构 …… 13

第三节　CAD 系统的功能和种类 …… 23

第四节　常用 CAD 软件 …… 24

第五节　CAD 技术在汽车设计中的应用 …… 28

第三章　优化设计方法 …… 34

第一节　优化设计概述 …… 34

第二节　优化设计的数学模型 …… 37

第三节　几种常用的优化设计方法 …… 40

第四节　优化设计在汽车设计中的应用 …… 41

第四章　有限元法 …… 46

第一节　引言 …… 46

第二节　有限元法概述 …… 47

第三节　有限元分析软件简介 …… 50

第四节　汽车车架的静态分析 …… 54

第五节　ANSYS 软件在汽车驱动桥壳设计中的应用 …… 60

第五章　车辆可靠性设计 …… 64

第一节　概述 …… 64

第二节　汽车可靠性的基础理论 …… 65

第三节　汽车零部件的可靠性设计 …… 72

第六章　逆向工程与快速原型制造技术 …… 82

第一节　逆向工程技术概述 …… 82

第二节　逆向工程技术基础 …… 82

第三节　快速原型制造技术 …… 96

第四节　逆向工程与快速原型在汽车设计中的应用 …… 109

第五节　应用实例 …… 109

第七章　并行工程 …… 113

第一节　概述 …… 113

第二节　并行工程的关键技术 …… 116

第三节　并行工程的实施 …… 122

第四节　并行工程在汽车设计中的应用 …… 128

第八章　汽车数字化工程 …… 131

第一节　概述 …… 131

第二节　数字化汽车造型技术 …… 133

第三节　数字化汽车仿真分析 …… 138

第四节　数字化汽车人机工程学分析 …… 141

第九章　绿色设计 …… 150

第一节　概述 …… 150

第二节　汽车的绿色设计 …… 153

第三节　汽车的再生与回收 …… 161

参考文献 …… 169

第一章 绪 论

第一节 概 述

一、现代设计方法特征

现代设计方法是传统设计方法的深入、丰富和完善，而非独立于传统设计方法的全新设计。虽然目前对现代设计方法尚无确切定义，但可从以下特征来理解。

1. 以计算机技术为核心

以计算机技术为核心是现代设计的主要特征。计算机技术的飞速发展对设计产生了巨大影响，表现为以下几个方面：

1）设计手段更新，甩掉图板的“无纸设计”作为现代设计的主流，极为显著地提高了设计效率。

2）产品表示从基于投影原理的二维转变到三维“产品模型（Product Model）”。这种表示不仅包括反映产品形状和尺寸的几何信息，还包括分析、加工、材料、特性等数据，从而可以直接用于分析与制造。

3）有限元法、优化设计、逆向工程设计、并行设计、虚拟设计、模态分析、计算机仿真，以及以神经网络与模糊方法为代表的智能设计方法等先进设计与分析方法的涌现和发展。

4）随着计算机技术的发展，设计方式从传统的串行方式发展到并行方式。

5）实现了 CAD、CAPP、CAM、CAE 一体化。

6）依赖于计算机技术的数据库技术的发展以及管理信息系统（MIS）、产品数据管理（PDM）等系统的广泛应用，使企业管理水平大大提高。

7）网络技术的发展缩短了企业之间的联系，可实现优势互补和资源共享，使得企业生产组织模式呈现较大的开放空间。

2. 以设计理论为指导

受科学技术发展水平的限制，传统设计是以生产经验为基础，以运用力学、数学和回归方法形成的公式、图表、手册等作为依据进行的。随着理论研究的深入，许多工程现象不断升华和总结，成为揭示事物内在规律和本质的理论，如关于车身设计的计算几何、各种优化设计理论、模态分析理论、可靠性理论、疲劳理论、人工智能理论等。现代设计方法是基于理论形成的方法，利用这种方法指导设计可减小经验设计的盲目性和随意性，提高设计的主动性、科学性和准确性。因此，现代设计是以理论指导为主、经验为辅的一种设计。

二、现代设计方法原则

设计原则是设计产品应满足的条件，也是对设计行为的约束。受设计水平、观念、体制等的限制，传统设计所考虑的原则着眼于产品的功能和技术范畴。现代设计原则是传统设计原则的扩充和完善，而更强调设计面向产品生命周期。这两者并无本质区别，可归纳出以下基本原则。

1. 功能满足原则

保证产品功能是产品设计的首要原则。如果产品不具备要求的功能，设计就失去价值。因此，满足功能是所有产品设计必须扼守的原则。

2. 质量保障原则

保证质量是产品设计的另一重要原则。产品质量主要由性能和可靠性决定，这类原则主要包括以下几方面：

（1）性能指标　是指产品的各类技术指标，如汽车的最高车速、汽车百公里燃油消耗量、车身加工精度、传动系统运动精度等。先进的技术指标是实现高质量产品的前提。

（2）可靠性　是指产品在规定的条件和时间内完成规定功能的能力，如半轴的可靠性、后桥的可靠性等。产品具有可靠性能才有使用价值，因此，性能的发挥依赖于可靠性。

（3）强度原则　要求产品零件具有抵抗整体断裂、塑性变形和某些表面损伤的能力，如汽车变速器齿轮强度的设计、汽车驱动桥强度的设计等。

（4）刚度原则　要求在外载作用下产品变形在规定的弹性变形之内，如车架与车身的设计等。

（5）稳定性　是指产品在外载作用下能够恢复其平衡性的能力。

（6）抗磨损性　要求零件在规定时间内，其材料的磨损量在规定值以内，如对汽车发动机缸体和汽车轮胎的耐磨性要求等。

（7）耐蚀性　要求产品在恶劣环境下具有不被周围介质侵蚀的特征。

（8）抗蠕变性　要求在高温环境工作的产品不发生蠕变或蠕变变形在规定值以内，如汽车发动机的缸体和活塞等。

（9）动态特性与平衡特性　是指在动载荷作用下产品具有良好的抗振特性，以保证产品的平稳和低噪声运行，以及旋转产品具有良好的静平衡和动平衡特性，如发动机曲轴等。

（10）热特性　保证产品具有要求的温度高低、温度分布和热流状态，以及热应力、热变形在规定值以内。

3. 工艺优良原则

工艺优良是指设计能够且容易通过生产过程实现，它包括以下内容：

（1）可制造性　是指利用现有设备能够制造出满足精度等要求的零件，且制造成本低、效率高。

（2）可装配性　是指能够将零件装配成满足装配精度要求的部件和整机、整车，且装配成本低、效率高。

（3）可测试性　是指能够通过适当方法对产品进行有关测试，以评估设计、制造和装配的技术水平。

4. 经济合理原则

要求产品具有较低的开发成本和使用费用，如汽车发动机百公里油耗量等。

5. 社会使用原则

社会使用原则考虑产品投放市场后的表现行为，包括以下内容：

（1）环境友好性　保证产品尽可能少地产生废水、废气、噪声、射线等，符合环保法规，对生态环境破坏最小。环境友好性是可持续发展战略在设计中的重要表现。

（2）环境适应性　适应使用环境的湿度、温度、载荷、振动等特殊条件。

（3）人机友好性　满足使用者生理、心理等方面要求，使产品外形美观，色彩宜人，操作简单、方便、舒适，如车辆人机工程学就是实现人机友好的主要学术分支。

（4）可维修性　使产品能够且易于维修，维修的停机时间、费用、复杂性、人员要求和差错尽可能最小。

（5）安全性　保证不对人的生命财产造成破坏，如主动安全、被动安全已成为汽车设计中被优先考虑的问题。

（6）可安装性　保证产品使用前安装容易、可靠，且安装费用最低。

（7）可拆卸性　考虑产品的材料回收和零件组件的重新使用。

（8）可回收性　考虑产品的报废及回收方式。绿色生命周期设计是社会使用原则中最为耀眼的新技术。

三、现代汽车设计理论方法

由于汽车是一种包罗各种典型机械元件、零部件、各种金属与非金属材料及各种机械加工工艺的典型的机械产品，因此，其设计理论显然要以机械设计理论为基础，并考虑到其结构特点、使用条件的复杂多变以及大批量生产等情况。它涉及许多基础理论、专业基础理论及专业知识，例如：工程数学、工程力学、热力学与传热学、流体力学、空气动力学、振动理论、机械制图、机械原理、机械零件、工程材料、机械强度、电工学、工业电子学、电控与微机控制技术、液压技术、液力传动、汽车理论（汽车动力学或汽车行驶性能）、发动机原理、汽车构造、车身美工与造型、汽车制造工艺、汽车维修等。

汽车设计理论用于指导汽车设计实践，而汽车设计实践经验的长期积累和汽车生产技术的发展与进步，又使汽车设计理论得到不断的发展与提高。汽车设计技术是汽车产品设计的方法和手段，是汽车设计实践的软件与硬件。

第二节　现代设计方法的主要内容及特点

一、现代设计方法的主要内容

所谓现代设计方法，是指随着当代科学技术的飞速发展和计算机技术的广泛应用而在设计领域发展起来的一门新兴的多元交叉学科。它是对以设计产品为目标的一个总的知识群体的统称，是为了适应市场剧烈竞争的需要，为了提高设计质量和缩短设计周期，以及由于计算机在设计中的广泛应用，对自20世纪60年代以来在设计领域相继诞生与发展的一系列新兴学科的集成。其种类繁多、内容广泛，目前它的内容主要包括优化设计、可靠性设计、设计方法学、计算机辅助设计、动态设计、有限元法、工业艺术造型设计、人机工程、并行工程、价值工程、逆向工程设计、模块化设计、相似性设计、虚拟设计、疲劳设计、三次设计等。在运用它们进行工程设计时，一般都以计算机作为分析、计算、综合及决策的工具。这些学科汇集成了一个设计学的新体系，即现代设计方法，它们包含了现代设计理论与方法的各个方面。本节以计算机辅助设计、优化设计、可靠性设计、有限元法、工业艺术造型设计、设计方法学及三次设计等为例，来说明现代设计方法的基本内容与特点。

1. 计算机辅助设计

计算机辅助设计（Computer Aided Design，CAD）是把计算机技术引入设计过程，利用计算机来完成计算、造型、绘图及其他作业的一种现代设计方法。CAD 是设计中应用计算机进行设计信息处理的总称，它应包括产品分析计算和自动绘图两部分功能，甚至扩展到具有逻辑能力的智能 CAD。计算机、自动绘图机及其他外围设备构成 CAD 的系统硬件，而操作系统、文件管理系统、语言处理程序、数据库管理系统和应用软件等构成 CAD 的系统软件。通常所说的 CAD 系统是指由系统硬件和系统软件组成，兼有计算、图形处理、数据库等功能并能综合利用这些功能完成设计作业的系统。CAD 是产品或工程的设计系统，CAD 系统应支持设计过程的各个阶段，即从方案设计入手，使设计对象模型化，依据提供的设计技术参数进行总体设计和总图设计。通过对结构的静态或动态性能分析，最后确定技术参数，在此基础上完成详细设计和产品设计。所以，CAD 系统应能支持包括分析、计算、综合、创新、模拟及绘图等各项基本设计活动。

2. 优化设计

优化设计（Optimization Design）是把最优化数学原理应用于工程设计问题，在所有可行方案中寻求最佳设计方案的一种现代设计方法。进行工程优化设计时，首先需将工程问题按优化设计所规定的格式建立数学模型，然后选用合适的优化计算方法在计算机上对数学模型进行寻优求解，得到工程设计问题的最优设计方案。

在建立优化设计数学模型的过程中，把影响设计方案选取的那些参数称为设计变量，设计变量应当满足的条件称为约束条件，而设计者选定来衡量设计方案优劣并找到改进的指标表现为设计变量的函数，称为目标函数。设计变量、目标函数和约束条件组成了优化设计问题的数学模型。优化设计需把数学模型和优化算法放到计算机程序中，用计算机自动寻优求解。常用的优化算法有 0.618 法、鲍威尔法、变尺度法及惩罚函数法等。

3. 可靠性设计

可靠性设计（Reliability Design）是以概率论和数理统计为理论基础，以失效分析、失效预测及各种可靠性试验为依据，以保证产品的可靠性为目标的现代设计方法。可靠性设计的基本内容是：选定产品的可靠性指标及量值，对可靠性指标进行合理的分配，再把规定的可靠性指标设计到产品中去。

4. 有限元法

有限元法（Finite Element Method）是以计算机为工具的一种现代数值计算方法。目前，该方法不仅能用于工程中复杂的非线性问题及非稳态问题（如结构力学、流体力学、热传导、电磁场等方面问题）的求解，而且还可用于工程设计中对复杂结构的静态和动力分析，并能准确地计算形状复杂零件（如机架、汽轮机叶片、齿轮等）的应力分布和变形，成为复杂零件强度和刚度计算的有力分析工具。

有限元法的基本思想是：首先假想将连续的结构分割成数目有限的小块体，称为有限单元，各单元之间仅在有限个指定结合点处相连接，用组成单元的集合体近似代替原来的结构，在结点上引入等效结点力以代替实际作用于单元上的动载荷；对于每个单元，选择一个简单的函数来近似地表达单元位移分量的分布规律，并按弹性力学中的变分原理建立单元结点力与结点位移（速度、加速度）的关系（质量、阻尼和刚度矩阵），最后把所有单元的这种关系集合起来，就可以得到以结点位移为基本未知量的动力学方程；给定初始条件和边界条件，就可求解动力学方程，得到系统的动态特性。依据这一思想，有限元法的计算过程是：①结构离散化（即将连续构件转化为若干个单元）；②单元特性分析与计算（即建立各单元的结点位移和结点力之间的关系式，求出各单元的刚度矩阵）；③单元组集求解方程（利用结构力的平衡条件和边界条件，求出结点位移及各单元内的应力值）。所以，有限元法的计算过程思想是“一分一合”，先分是为了进行单元分析，后合则是为了对整个结构进行综合分析。

近些年来，有限元法的应用得到蓬勃发展，国际上不仅研制出功能完善的各类有限元分析通用程序，如NASTRAN、ANSYS、ASKA、SAP等，而且还带有功能强大的前处理（自动生成单元网格，形成输入数据文件）和后处理（显示计算结果，绘制变形图、等值线图、振形图并可动态显示结构的动力响应等）程序。由于有限元通用程序使用方便，计算精度高，其计算结果已成为各类工业产品设计和性能分析的可靠依据。

5. 工业艺术造型设计

工业艺术造型设计是工程技术与美学艺术相结合的一门新学科，是指在保证产品实用功能的前提下，采用艺术手段按照美学法则对工业产品进行造型活动，对工业产品的结构尺寸、体面形态、色彩材质、线条装饰及人机关系等因素进行有机的综合处理，从而设计出优质美观的产品造型。实用和美观的最佳统一是工业艺术造型设计的基本原则，最终应使产品在保证实用的前提下，具有美的富有表现力的审美特性。这一学科介绍的内容主要包括造型设计的基本要素、造型设计的基本原则、美学法则、色彩设计、色彩设计的原则、人机工程学等。

6. 设计方法学

设计方法学（Design Methodology）是研究设计的一般性方法、技巧、手段、进程及规律的一门新型综合学科。目前国际上对设计方法学的研究主要分为两大学派，即德国学派和英美学派。前者的特征是偏重研究设计的过程步骤和规律，进行系统化的逻辑分析，并将成熟的设计模式、解法等编成规范供设计人员参考，从而形成了系统分析设计法体系；后者则重视创造性设计的研究，强调创造能力的开发，在总结人类创造性思维特点类型的基础上，归纳出各种不同的创造性技法，形成了创造性设计法体系。

7. 逆向工程设计

逆向工程（Reverse Engineering）是消化吸收并改进国内外先进技术的一系列工作方法和技术的总和，也称为反求工程，它对提高我国的科技和管理水平有着重要的意义。反求工程是通过实物或技术资料对已有的先进产品进行分析、解剖、试验，了解其材料、组成、结构、性能、功能，掌握其工艺原理和工作机理，以进行消化仿制、改进或发展，从而创造新产品的一种方法和技术，它是针对消化吸收先进技术的系列分析方法和应用技术的组合。反求工程包括设计反求、工艺反求、管理反求等各个方面。

8. 三次设计

三次设计（Taguchi Method）是日本著名质量管理学家田口玄一于20世纪60年代创造

的一种设计方法，该方法把新产品、新工艺分为三个阶段设计，故称为三次设计法。第一次设计称为系统设计，即根据市场调查规划产品的功能，确定产品的基本结构以及组成该产品的各种零部件的参数，提出初始设计方案，该设计主要依靠专业技术人员的专业知识进行。第二次设计称为参数设计，即在专业人员提出的初始设计方案的基础上，对各零部件参数进行优化组合，求取最优设计方案，使得产品的技术特性合理、稳定性好、抗干扰性强、成本低廉。第三次设计称为容差设计，即在最佳设计方案的基础上，进一步分析导致产品技术特性波动的原因，找出关键零部件，确定合适的容差，进而确定定差，并求得质量和成本的最佳平衡。

二、现代设计方法的特点

通过上述几种典型现代设计方法的内容介绍可知，现代设计方法的基本特点如下：

（1）程式性　研究设计的全过程，要求设计者从产品规划、方案设计、技术设计、施工设计到试验、试制进行全面考虑，按步骤有计划地进行设计。

（2）创造性　突出人的创造性，发挥集体智慧，力求探寻更多的突破性方案，开发创新产品。

（3）系统性　强调用系统工程处理技术系统问题。设计时应分析各部分的有机关系，力求系统整体最优，同时考虑技术系统与外界的联系，即人-机-环境的大系统关系。

（4）最优化　设计的目的是得到功能全、性能好、成本低的价值最优的产品。设计中不仅考虑零部件参数及性能的最优，更重要的是争取产品的技术系统整体最优。

（5）综合性　现代设计方法是建立在系统工程及创造工程的基础上，综合运用信息论、优化论、相似论、模糊论、可靠性理论等自然科学理论和价值工程、决策论、预测论等社会科学理论，同时采用集合、矩阵、图论等数学工具和计算机技术，总结设计规律，提供多种解决设计问题的科学途径。

（6）计算机化　将计算机全面地引入设计，通过设计者和计算机的密切配合，采用先进的设计方法，提高设计质量和速度。计算机不仅用于设计计算和绘图，同时在信息存储、评价决策、动态模拟、人工智能等方面将发挥更大作用。

最后，应该指出的是，设计是一项涉及多种学科、多种技术的交叉工程，它既需要方法论的指导，也依赖于各种专业理论和专业技术，更离不开技术人员的经验和实践。现代设计方法是在继承和发展传统设计方法的基础上，融汇新的科学理论和新的科学技术成果而形成的。因此，学习使用现代设计方法，并不是要完全抛弃传统的方法和经验，而是要让广大设计人员在传统方法和实践经验的基础上掌握一种新的设计思想。所以，不能把现代设计与传统设计截然分开，传统设计方法在一些适合的工业产品设计中还在应用。当然，现代设计方法也并非万能良药，现代设计中各种方法都有其特定作用和应用场合。例如，优化设计目前只能在指定方案下进行参数优化，不可能自行创造最优设计方案，而计算机辅助设计也只能在“寻找”方面帮助人的脑和手工作，决不能代替人脑进行“创造性思维”，这就是现代设计与传统设计方法之间继承与改革的辩证关系。

现代设计方法是一门种类繁多、知识面广的学科群，它所涉及的内容十分广泛，而且随着科学技术的飞速发展，必将会有许多新的设计方法不断涌现，因此它的内容还会不断发展。

第三节　传统汽车设计方法与现代汽车设计方法

汽车设计的发展大致可以划分成以下三个阶段：

1）17 世纪前的“直觉设计阶段”。

2）17 世纪后的“经验设计阶段”及其后形成的“传统设计阶段”。

3）“现代设计阶段”。

一、传统汽车设计方法

汽车设计技术在近百年中也经历了由经验设计发展到以科学实验和技术分析为基础的设计阶段，自 20 世纪 60 年代中期在设计中引入电子计算机后又形成了计算机辅助设计（CAD）等新方法，并使设计逐步实现了半自动化和自动化。

最早的设计是由经验丰富、技术熟练的手工艺人进行的。这种设计只存在于手工艺人的头脑中，产品也是比较简单的。随着生产的发展，需要更多、更好、更复杂的产品，促使手工艺人联合起来，互相协作，从而出现了图样。按图样制造产品，既可满足多人同时参加制造的需要，又使手工艺人的经验和知识被记录并流传下来，还可以利用图样对产品进行精心分析和改进，推动设计工作的发展，从而使设计工作具有相对独立的性质。

传统的汽车设计是以经验设计为主，即是以已有产品的经验数据为依据，运用一些带有经验常数或安全系数的经验公式进行设计计算的一种传统的设计方法。这种设计由于缺乏精确的设计数据和科学的计算方法，使所设计的产品不是过于笨重就是可靠性差。一种新车型的开发往往要经过设计→试制→试验→改进设计→试制→试验等二次或多次循环，需反复修改图样，完善设计后才能定型，其设计周期长、质量差、消耗大。

到了 20 世纪后期，由于科学技术的发展，设计工作所需要的理论基础有了进步，特别是电子计算机技术的发展对设计工作产生了很大冲击，提出了设计现代化的要求。此外，产品的设计已不能仅考虑产品本身，还要考虑系统和环境的影响，不仅涉及技术领域，还涉及社会因素，应统筹考虑。

传统设计方法是静态的、经验的、手工式的方法；现代设计方法是动态的、科学的、计算机化的方法，它将在科学领域内得到应用的所有科学方法论应用于工程设计中。现代设计方法应推广并在更大的范围内应用。

二、现代汽车设计方法

随着测试技术的发展与完善，在汽车设计过程中引进新的测试技术和各种专用的实验设备，进行科学实验，从各方面对产品的结构、性能和零部件的强度、寿命进行测试。同时，广泛采用近代数学物理分析方法，对产品及其总成、零部件进行全面的技术分析、研究，这样就使汽车设计发展到以科学实验和技术分析为基础的阶段。

电子计算机的出现和在工程设计中的推广应用，使得汽车设计技术飞跃发展，设计过程完全改观。汽车结构参数及性能参数等的优化选择与匹配、零部件的强度核算与寿命预测、产品有关方面的模拟计算或仿真分析、车身的美工造型等设计方案的选择和定型以及设计图样的绘制等，均可在计算机上进行。采用电子计算机作为分析计算手段，由于其计算速度很快且数据容量很大，就可采用较准确的多自由度的数学模型来模拟汽车在各种工况下的运动，从而采用现代先进的数学方法进行分析，可取得较准确的结果，这就为设计人员分析多种方案并进行创造性的工作提供了很大的方便。当前，由于计算机的外部设备及人机方面联系的成就，已可将计算机的快速计算和逻辑判断能力、大容量的数据存储及高效的数据处理能力、计算结果的动态图像显示功能与人的创造性思维能力及经验结合起来，实现人机对话式的半自动化设计，或与产品设计的专家系统相结合，实现自动化设计。其设计过程可由电子计算机对有关产品的大量数据及资料进行检索，对有关涉及问题进行高速的设计计算，通过计算机屏幕显示设计图形和计算结果；设计人员亦可用光笔和人机对话语言直接对图形进行修改，取得最佳设计方案后，再由与计算机连接的绘图设备绘出产品图样。这种利用计算机及其外部设备进行产品设计的方法即为 CAD 法（Computer Aided Design，计算机辅助设计），今后，CAD 将与 CAM（Computer Aided Manufacture，计算机辅助制造）、CAT（Computer Aided Test，计算机辅助测试）结合成 CADMAT 系统，更将显示出其巨大的功用。

随着计算机在汽车设计中的推广应用，一些近代的数学物理方法和基础理论方面的新成就在汽车设计中也日益得到广泛应用。现代汽车设计在传统方法的基础上，除了引进计算机辅助设计方法外，还引进了最优化设计、可靠性设计、有限元分析、计算机模拟计算或仿真分析、模态分析等现代设计方法与分析手段，甚至还引进了雷达防撞、卫星导航、智能化电子仪表及显示系统等高新技术。汽车设计理论与设计技术达到当前的高水平，是百余年来特别是近 30 年来基础科学、应用技术、材料与制造工艺不断发展进步的结果，也是设计、生产与使用经验长期积累的结果。它立足于规模宏大的生产实践，以基础理论为指导，以体现当代科技成就的汽车设计软件及硬件为手段，以满足社会需求为目的，借助于材料、工艺、设备、工具、测试仪器、试验技术及经营管理等领域的成就，不断地发展进步。

随着社会的不断发展，现代汽车设计方法的发展也日新月异。归纳起来，可将现代汽车设计方法大致分成几大类：有限元设计方法、可靠性设计方法、优化设计方法和计算机辅助设计方法等。需要说明的是，这些现代的汽车设计方法并不是各自孤立的，它们既有自己的优势，又互相渗透，在汽车设计的技术领域中发挥着各自的重要作用。

有限元设计方法大量地应用于汽车零部件的设计计算中，以解决复杂形状零部件的整体变形和应力分布的分析计算问题，使得一些薄弱环节在图样设计阶段就可以被发现并做出适当的修改。目前在汽车设计中，有限元设计方法普遍地应用于车架和车身的强度计算、车架和车身的振动特性分析、车身的结构动态特性对车内噪声的影响分析等。

可靠性设计方法随着汽车结构和使用条件日趋复杂化，而在汽车设计中得以应用并推广。与传统的安全系数设计方法相比，建立在大量统计数据基础上的可靠性设计方法有较大的不同。它是以概率论和数理统计为理论依据，利用应力-强度模型对汽车零部件的寿命进行较精确的计算，从而在设计阶段就有可能合理地解决汽车零部件的强度与轻量化之间的矛盾。

优化设计方法是在数学规划法的基础上，随着计算机技术的发展而发展起来的，它适用于影响因素众多、计算技术复杂的多种设计方案的选择。优化设计方法提供了一种选优的最佳路径，在路径中针对具体问题的计算方法可以是多种多样的。因而，有限元设计方法、可靠性设计方法以及传统的设计方法都可以与优化设计方法很好地结合而发挥更大的作用。

计算机辅助设计（CAD）方法充分发挥了人和计算机系统的优势，是一种人-机结合解决技术问题的现代方法。应用CAD技术，可以将各种现代的设计计算技术、计算机制图技术、人工智能技术、技术经济分析技术等有机地结合起来，极大地激发设计人员的创造力，缩短产品的设计周期，提高产品的设计质量。

目前，现代设计方法在国外已广泛应用于机械电子产品设计中，我国目前也进行了一些工作，取得了实用性成果，正在更大的范围内推广使用。

三、汽车设计方法的发展趋势

在“绿色浪潮”的冲击下，减轻汽车废气排放及噪声对环境的污染已成为市场竞争的重要指标，而节能与减轻排气污染又紧密相关。因此，世界各大汽车制造厂家都在积极采取措施，改进设计，减轻污染，甚至提出了“零污染排放及节能汽车”目标。

当前，在工业发达国家中，以环保为中心的设计思想，即所谓的“绿色设计”已被制造厂家普遍接受，其要点就是设计师在设计产品时，要考虑到当它达到使用寿命后可被重复利用，或可被安全地处理掉而无污染。

随着现代汽车向高速化和轻量化方向发展，振动和噪声控制日益成为汽车设计的一项关键技术。因此，国际上近十年来形成的一个新的工程领域——NVH（Noise，Vibration and Harshness）控制技术，已在汽车工业科技界的科研中占据了重要位置，以改善轿车的NVH控制性能。

现代汽车设计除了已表现出的上述重点和发展趋势外，随着电子计算机的飞速发展和广泛应用，汽车产品也和其他许多领域的产品一样，越来越多地引进了微处理器、各种传感器和调节装置，使汽车产品由单一的机械产品向机-电-仪一体化的产品过渡，并逐步向自动控制和智能化方向发展。例如，汽油发动机的电控燃油供给系统、变速器的电控自动换挡装置、制动器的电控防抱死装置、悬架（主动悬架和半主动悬架）的自动调节和半自动调节、车门锁的遥控开启和锁住及自动防盗报警、车门玻璃的电控升降、安全气囊的自动开启、雷达防撞装置等，都是这一发展趋势的成果。由此可见，现代汽车设计已不再是单一的机械设计，而是要综合运用多方面的基础理论、技术基础理论和专业知识以及许多当代技术成就而进行的一种交叉学科的现代化设计。

新技术带来用之不竭的新设计方法。汽车设计的发展主要来自制造工艺，目的是缩短生产时间、提高产品质量。总的趋势是采用轻质材料，如铝等，改进的工艺将取消大部分机加工工艺。造型设计将不断变化，以符合这些工艺的限制。例如，用硅代替橡胶中的碳，或用棱镜作为视镜。这些工艺会产生许多新的设计概念。设计人员应意识到这些新技术的潜力，以便使其得到充分利用。

第二章　计算机辅助设计

第一节　概　　述

一、CAD 概念

CAD 在早期是英文 Computer Aided Drafting（计算机辅助绘图）的缩写。随着计算机软、硬件技术的发展，人们逐步认识到，单纯使用计算机绘图还不能称为计算机辅助设计，真正的设计是整个产品的设计，它包括产品的构思、功能设计、结构设计、加工制造等。二维工程图设计只是产品设计中的一小部分，于是，CAD 的缩写也由 Computer Aided Drafting 改为 Computer Aided Design，CAD 也不再仅仅是辅助绘图，而是整个产品的辅助设计。

所谓计算机辅助设计，是指利用计算机及其图形设备帮助设计人员进行设计工作。在工程和产品设计中，计算机可以帮助设计人员担负计算、信息存储和制图等工作。在设计中通常可以利用计算机进行以下工作：①对不同方案进行大量的计算、分析和比较，以决定最优方案；②各种设计信息，不论是数字的、文字的或图形的，都能存放在计算机的内存或外存里，并能快速地检索；③设计人员通常用草图开始设计，将草图变为工作图的繁重工作可以交给计算机完成；④由计算机自动产生的设计结果可以快速以图形显示出来，使设计人员能够及时对设计作出判断和修改；⑤利用计算机可以进行与图形的编辑、放大、缩小、平移和旋转等有关的图形数据加工工作。

CAD 是产品或工程的设计系统。CAD 系统应支持设计过程的各个阶段，即从方案设计入手，使设计对象模型化，依据提供的设计技术参数进行总体设计和总图设计，通过对结构的静态或动态性能分析，最后确定技术参数，并在此基础上完成详细设计和产品设计。所以，CAD 系统应能支持包括创新、变型、分析、综合和模拟等各项基本设计活动。

二、CAD 技术的优点

计算机辅助技术和手段在产品设计中的应用不但拓宽了计算机应用领域，同时也对传统的设计观念和方法产生了很大冲击，具体体现在产品设计上，可以概括为以下几个方面：

（1）设计向“无纸笔化”转变　计算机辅助产品设计不需要各种各样的尺、规、笔、纸等传统工具，计算机的操作平台提供了用之不尽的空间，表现的实施过程就是鼠标的点击与键盘的操作，从前繁杂的工作瞬间即可完成，而且干净、简明、高效。数字化仪与手写板的出现和普及，更使得设计在创意草图阶段也可以脱离纸笔手绘的传统模式，从而形成彻底的“无纸笔化”设计。

（2）设计方案交流方便快捷　网络的发展拉近了人与人之间的距离，在计算机网络中，设计者与委托方之间可以更加方便地交流设计观点，而且可以在任何地方在第一时间与对方交流。另外，可以通过网上的资源共享，进行分工合作。

(3) 整体设计程序更具有灵活性和高效性 在计算机上，产品的创意方案可以通过快捷的三维建模及渲染实现立体设计，并且可以随时在形体感觉、形态调整、色彩、肌理等方面进行改变调整，传统的效果图已经失去了原有的地位。在设计中，大量的时间、精力可用在分析、评价及调整上，使传统的设计程序在侧重点上发生了变化。同时，计算机的内容都是数字化的，文件复制没有任何损失，这样对同一设计其他人也可以共享，设计任务也可分阶段、分人、分地点完成，大大提高了工作效率。

(4) 产品开发周期缩短，设计成果更为真实可靠 工作效率的提高使得产品开发周期明显缩短，计算机辅助制造使样机的制作周期也大大缩短。计算机辅助设计的结果具有真实的立体效果和质量感，尤其是数字技术的迅速发展使得虚拟现实成为可能。计算机虚拟现实技术能使静止的设计结果成为虚拟的真实世界，使人置身于真实的产品模拟使用环境中，以检验产品的各方面性能。

在计算机辅助产品设计中，产品的生产工艺过程也可以通过计算机模拟出来，由此可以极大地增强生产计划的科学性和可靠性，并能及时发现和纠正在设计阶段不易察觉的错误。

(5) 设计仿真和设计检验 利用CAD系统的三维图形功能，设计师可在计算机屏幕上模拟出所设计产品的外形状态，在设计之初就对产品进行优化。这样不但可使产品具有优越的品质、最低的消耗和最漂亮的外观，而且在新产品试投产前，就可以对其制造过程中的结构、加工、装配、装饰和动态特征做到恰如其分的分析和检验，从而可提高产品设计的一次成型率。

(6) 设计与制造紧密配合 CAD的设计数据既可用于设计仿真CAD（计算机辅助工程），也可以通过数据传输系统与数控加工设备连接，将设计数据直接用于产品零配件的加工，即CAM。计算机辅助设计CAD的引入可自动完成从设计到加工程序的转换。

三、CAD技术的发展历史

(1) 第一次CAD技术革命——曲面造型系统 20世纪60年代出现的三维CAD系统只是极为简单的线框式系统，这种初期的线框造型系统只能表达基本的几何信息，不能有效地表达几何数据间的拓扑关系。由于缺乏形体的表面信息，CAM及CAE均无法实现。

进入20世纪70年代，正是飞机和汽车工业的蓬勃发展时期。在此期间，在飞机及汽车制造中遇到了大量的自由曲面问题，当时只能采用多截面视图及特征纬线的方式来近似表达所设计的自由曲面。由于三视图方法表达的不完整性，经常发生设计完成后，制作出来的样品与设计者所想象的有很大差异甚至完全不同的情况。设计者对自己设计的曲面形状能否满足要求也无法保证，所以还要经常按比例制作油泥模型，作为设计评审或方案比较的依据。这样的制作过程大大拖延了产品的研发时间，因此要求更新设计手段。此时，法国人提出了贝赛尔算法，使得人们在用计算机处理曲线及曲面问题时变得可以操作，同时也使得法国的达索飞机制造公司的开发者们能够在二维绘图系统CADAM的基础上，开发出以表面模型为特点的自由曲面建模方法，推出了三维曲面造型系统CATIA。它的出现，标志着计算机辅助设计技术从单纯模仿工程图样的三视图模式中解放出来，首次实现了以计算机完整描述产品零件的主要信息，同时也使得CAM技术的开发有了现实的基础。曲面造型系统CATIA为人类带来了第一次CAD技术革命，改变了以往只能借助油泥模型来近似准确地表达曲面的落后的工作方式。

曲面造型系统带来的技术革新使得汽车开发手段比旧的模式有了质的飞跃，新车型开发速度也大幅度提高，许多车型的开发周期由原来的六年缩短到只需约三年。CAD 技术给使用者带来了巨大的好处及颇丰的收益，汽车工业开始大量采用 CAD 技术。20 世纪 80 年代初，几乎全世界所有的汽车工业和航空工业都购买过相当数量的 CATIA，其结果是 CATIA 跃居制造业 CAD 软件榜首，并且保持了许多年。最近几年，从造型理论上来说，CATIA 并没有突破性的进展，CAD 技术本身已相对落后。

（2）第二次 CAD 技术革命——实体造型技术　20 世纪 70 年代末到 80 年代初，由于计算机技术的进步，CAE、CAM 技术也开始有了较大发展。为了使自己的产品更有特色，以 CV、SDRC、VG 等软件为代表的系统开始朝各自的发展方向前进。UG 着重在曲面技术的基础上发展 CAM 技术，用以满足麦道飞机零部件的加工需求；CV 则将主要精力都放在 CAD 市场份额的争夺上。

有了表面模型，CAM 的问题可以基本解决。但由于表面模型技术只能表达形体的表面信息，难以准确表达零件的其他特性，如质量、重心、惯性矩等。基于对 CAD/CAE 一体化技术发展的探索，SDRC 公司于 1979 年发布了世界上第一个完全基于实体造型技术的大型 CAD/CAE 软件——I-DEAS。由于实体造型技术能够精确地表达零件的全部属性，在理论上有助于统一 CAD、CAE、CAM 的模型表达，给设计带来了方便。它代表着未来 CAD 技术的发展方向。可以说，实体造型技术的普及应用标志着 CAD 发展史上的第二次技术革命。

实体造型技术虽然使算法得到改进，但数据计算量极大。在当时的硬件条件下，实体造型的计算及显示速度很慢，实际应用较少，因此也没能迅速在整个行业全面推广。在以后的十几年里，随着硬件性能的提高，实体造型技术又逐渐被众多 CAD 系统所采用。

（3）第三次 CAD 技术革命——参数化技术　进入 20 世纪 80 年代中期，CV 公司提出了一种算法——参数化实体造型方法，它主要的特点是基于特征、全尺寸约束、全数据相关、尺寸驱动设计修改。当时的参数化技术方案还处于发展的初级阶段，很多技术难点有待于攻克。

由于参数化技术核心算法与以往的系统具有本质差别，若采用参数化技术，必须将全部软件重新改写。当时 CAD 技术主要应用在航空和汽车工业，这些工业中自由曲面的需求量非常大，参数化技术还不能提供解决自由曲面的有效工具（如实体曲面问题等）。于是，该设计团队开始研制命名为 Pro/E 的参数化软件。早期的 Pro/E 软件性能很低，只能完成简单的工作，但由于第一次实现了尺寸驱动零件设计修改，使人们看到了它今后将给设计者带来的方便。

20 世纪 80 年代初，CAD 系统价格依然较高，这使得 CAD 技术无法大范围普及。到了 20 世纪 80 年代末，计算机技术迅猛发展，CAD 技术的硬件成本大幅度下降，很多中小型企业开始使用 CAD 技术，Pro/E 软件得到了广泛的应用。可以认为，参数化技术的应用主导了 CAD 发展史上的第三次技术革命。

（4）第四次 CAD 技术革命——变量化技术　参数化技术的成功应用，使得它在 1990 年前后几乎成为 CAD 业界的标准。但是，由于 CATIA、CV、UG、EUCLID 都在原来的非参数化模型基础上开发或集成了许多其他应用，包括 CAM、PIPING 和 CAE 接口等，在 CAD 方面也做了许多应用模块开发，所以重新开发一套完全参数化的造型系统困难很大，因为这样做意味着必须将软件全部重新改写，何况它们在参数化技术上并没有完全解决好所有问题。

因此采用的参数化系统基本上都是在原有模型技术的基础上进行局部、小块的修补。考虑到这种参数化的不完整性以及需要很长时间的过渡时期，CV、CATIA、UG 在推出自己的参数化技术以后均采用复合建模技术，并强调复合建模技术的优越性。这种把线框模型、曲面模型及实体模型叠加在一起的复合建模技术并非完全基于实体，只是主模型技术的雏形，难以全面应用参数化技术。由于参数化技术和非参数化技术的内核本质不同，用参数化技术造型后进入非参数化系统还要进行内部转换，才能被系统接受，而大量的转换极易导致数据丢失或其他不利条件。这样的系统由于在参数化技术上和非参数化技术上均不具备优势，其系统整体竞争力自然不高，只能依靠某些实用性模块上的特殊能力来增强竞争力。

变量化技术既保持了参数化技术的原有优点，同时又克服了它的许多不足之处。它的成功应用，为 CAD 技术的发展提供了更大的空间和机遇。

第二节　CAD 系统结构

一个 CAD 系统由硬件和软件两部分组成，如图 2-1 所示。

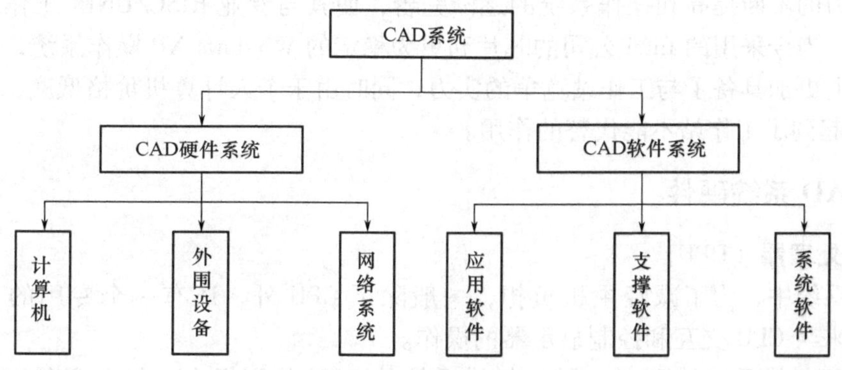

图 2-1　CAD 系统组成

要想充分发挥 CAD 的作用，必须要有高性能的硬件和功能强大的软件。CAD 系统的硬件是以主计算机为核心，另外还包括显示处理器、显示器、硬拷贝设备、输入设备及存储装置等一系列计算机硬件，如图 2-2 所示。

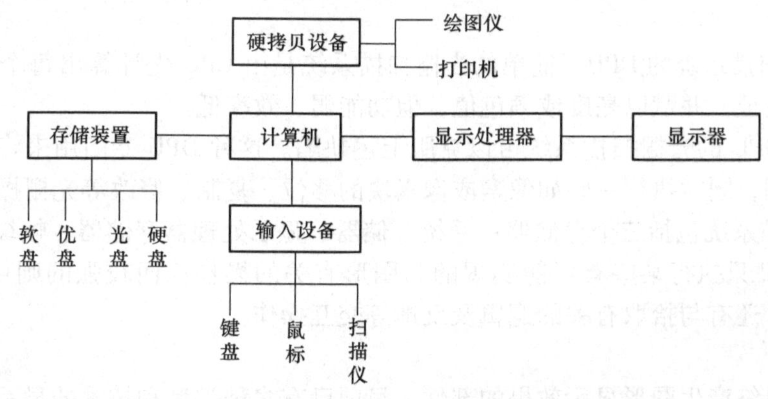

图 2-2　CAD 系统的硬件组成

CAD 系统的软件除了最基本的操作系统和设备驱动程序外，主要可以分为图形软件、应用软件、设计数据库和数据管理系统三大类。

一、CAD 系统的硬件环境

当前 CAD 系统的硬件环境主要是工程工作站和个人计算机。工作站是具有高速的科学计算、丰富的图形处理及灵活的窗口与网络管理功能的交互式计算机系统，它一般具有 32 位或 64 位字长的中央处理器，广泛采用精简指令（RISC）超标量、超流水线及超长指令技术，具有 UNIX 操作系统和 X 窗口管理系统，在一个分布式的网络环境下运行。目前流行的工作站主要有：Sun 公司的 SPARC Station10 工作站，惠普（HP）公司的 HP-PA 工作站，DEC 公司的 Alpha 工作站、SGI 工作站以及 IBM 公司的 RS/6000 工作站。工作站虽然性能优越，图形处理能力强，速度快，但价格昂贵。

以前，个人计算机和工作站相比在计算、图形、网络及并行处理等方面均有较大的差别。在个人计算机上运行的 DOS 及 Windows 等系统软件在可靠性、安全性及效率等方面也不如工作站的系统软件。然而，随着计算机硬件技术的飞速发展，个人计算机的计算能力、图形处理能力的不断提高和操作系统的逐渐完善，使其与专业 RISC/UNIX 工作站的性能差距逐渐缩小。当今采用的 Intel 公司的芯片和更为稳定的 Windows XP 操作系统，使得个人计算机在性能上更加具备了与工作站竞争的实力，同时由于个人计算机价格低廉，使其在普及 CAD 应用中起到了工作站不能代替的作用。

二、CAD 系统硬件

1. 显示处理器（DPU）

在图形系统中，为了减轻主机负担，一般除了 CPU 外，还有一个专用的显示处理器（DPU），用来与 CPU 交互和控制显示器的操作。

（1）随机扫描系统的 DPU　随机扫描系统的 DPU 差别很大，复杂度各有不同。这种 DPU 可以设有缓存，也可不设（借助主存）。不设缓存时，由主机 CPU 运行程序，形成 DPU 的显示文件，并由主机 CPU 把显示文件的起始地址送入 DPU 的指令计数器。DPU 按这个起始地址从内存中依次读出显示指令，并送入指令寄存器，然后对操作码译码，在控制逻辑的参与下执行指令。这种 DPU 比较简单，而具有缓存的 DPU 则比较复杂，功能也比较强。

（2）光栅扫描系统的 DPU　简单的光栅扫描系统是由 CPU 先计算出每个像素点坐标所对应的帧缓存地址，并赋以亮度或颜色值，但功能弱、效率低。

具有独立 DPU 的光栅扫描系统可以克服上述缺陷。这种 DPU 专门用来将输出图素扫描转换成像素位图，同时执行一些如像素或像素块的移位、复制、修改等光栅操作。具有独立 DPU 的光栅扫描系统包括三个存储器：系统存储器、显示处理器存储器、帧缓冲存储器。

简单的 DPU 只执行某些有可能实现的与图形有关的操作；而较强的则可以实现裁剪、窗口视图变换，还有与拾取有关的逻辑及反馈等交互操作。

2. 显示器

显示器是最终产生图形显示效果的部件，目前已有多种类型和技术的显示器出现，但占统治地位的仍是阴极射线管（CRT）。

（1）单色 CRT　利用电场产生高速聚焦电子束，偏转到屏幕表面的不同部位，以产生可见图形。

单色 CRT 由电子枪、偏转系统和荧光屏组成。

1）电子枪。电流通过灯丝产生热量，即对阴极加热而发出电子束，在聚焦极上加一定的正电压，使之聚焦成电子束，再由加速极（可能是多个）加上正电压对电子束加速，使之有足够的能量射向荧光屏。靠近阴极有一个控制极，加上负电压后可控制电子束的强弱，也可截止电子束。

2）偏转系统。可用静电场或磁场控制偏转（多数使用磁偏转系统）。使用静电场时，垂直和水平两套平板放在阴极射线管的管颈内部。

磁偏转系统是外部偏转系统，它有两个线圈绕在管颈上，当电子束通过线圈时，一个线圈的磁场使电子束产生水平偏转，另一个使之产生垂直偏转。

偏转系统最重要的特性是灵敏度，它反映了偏转信号所能产生的偏转角度的大小。

3）荧光屏。荧光屏上涂有荧光粉，电子束轰击荧光层某点产生荧光亮点，当电子束离开该点后，其亮度值随时间按指数规律衰减。余辉时间是指光亮值衰减到初始值的 1/10 所需的时间。用于图形设备的荧光物质的余辉时间一般是几十到几百毫秒。为了得到稳定、不闪烁的画面，需不断进行刷新。

单色 CRT 显示图像的质量取决于设备固有的单个光点直径的大小以及“可寻址能力”。可寻址能力可以理解为单位长度内能够利用的单个光点的数目，通常希望点的直径大于点间距。一个 CRT 在水平或垂直方向上能够识别出的最大光点数称为分辨率。

（2）彩色 CRT　产生彩色显示的基本方法有两种：射线穿透法、影孔板法。

1）射线穿透法。用于随机扫描显示器中，它是在屏幕上涂有两层荧光粉（红和绿），显示的颜色取决于射线穿透荧光层的深浅。低速电子只能激励外层红粉；中速电子可以激励绿粉和红粉，产生两种附加颜色，即橙和黄；高速电子可以穿透红色层而激励绿色粉。这是一种廉价的方法，但图形质量较低。

2）影孔板法。广泛用于光栅扫描系统，这种 CRT 在屏幕内部涂有很多组呈三角形的荧光粉，每一组有三个荧光点，当某组荧光粉被激励时，分别发出三原色。与之对应的是三个电子枪。在屏幕后面有影孔板栅网，上面有很多小孔，与屏幕上的三元组对应。三束电子聚焦成一组射线，穿过小孔，激活屏幕上的一个三元组，出现色点。通过控制电子束的强弱，就可使激发出来的三原色混合成很宽的色彩等级。影孔板的径距对 CRT 的分辨率影响较大，径距小则图形质量好，但成本高、难度大。

（3）直视型存储管 DVST　这种存储管的写电子枪与普通的 CRT 没有区别，但电子束不是直接写在荧光屏上，而是写在荧光屏前的存储栅上。它是一个很细的金属网，上面有介质，由写电子枪射出的高能电子束将栅网上介质的电子轰击出来，栅网上被轰击的地方呈正电荷，即形成正电荷轨迹。第二电子枪（读出电子枪）发出的低能电子向收集极流去，收集极使这些电子均匀散开，流向存储栅。存储栅上呈正电荷的地方吸引电子，使之通过轰击荧光屏而发光，其他位置不通过电子，即存储栅起存储图形和控制电子通过的作用。

这种显示器的优点是价格低、不需高刷新，缺点是不能作选择性修改。

（4）随机扫描显示器　显示的图形由计算机加工成显示器的显示指令，即显示档案或显示文件。显示指令经接口电路送到显示器的缓冲存储器中，固定存储器用于存放常用字符、数字等显示指令。图形控制器取出缓冲存储器或固定存储器中的显示指令，依次执行。显示指令中的亮度、位移量等数字信息经线产生器化为控制电子束偏转和明暗的物理量，即电压和电流。再由管头控制电路使电子束以所需亮度偏转到所需的位置，并不断进行刷新，使之稳定显示。由于电子束的定位及偏转具有随机性，故称为随机扫描。

这种显示器的优点是分辨率高、对比明显、软件丰富，缺点是价格高。

（5）光栅扫描显示器　光栅扫描 CRT 的屏幕可分为 m 行扫描线，每行分为 n 个小点，每个小点称为像素，每个像素都对应帧缓冲存储器中的若干位，黑白图像只需一位。若每个像素用 i 位表示其灰度，则可产生 $2i$ 级灰度或颜色，即在光栅扫描显示器的帧缓存中，存放的不是显示指令，而是对应像素的亮度或色彩信息，这种信息称为位图。

计算机将要显示的图形、图像转化为位图，经接口电路送入帧缓存，图形控制器控制电子束按照固定的扫描线和扫描顺序，按从帧缓存中读出的像素值对整个屏幕进行扫描。扫描完成后，显示控制器向计算机申请中断，使计算机能利用帧回扫的时间修改帧缓存中的内容，以实现画面的修改。

要想得到稳定的画面，需进行刷新，还需要高速大容量的存储器。扫描分为隔行和逐行两种类型。

这种显示器的优点是线、面图形图感真实，价格低；其缺点是转换费时，软件复杂。

（6）其他类型显示器

1）等离子板显示器。其优点是质量轻、不需要刷新缓存，缺点是分辨率低、价格高。

2）液晶显示器 LCD。其优点是价格低、质量轻、尺寸小且功耗低，缺点是被动显示。

3）电子发光显示器。其优点是亮度高、通断迅速，缺点是价格高、功耗大。

3. 硬拷贝设备

（1）打印机　打印机是最廉价的图形硬拷贝设备，分为击打式和非击打式两种。行式打印机和点阵式打印机都属于击打式打印机，利用字符将图形通过色带打印在纸上，产生的图形质量差。非击打式打印机有喷墨打印机、激光打印机等。

（2）绘图仪　绘图仪是最常见的图形硬拷贝设备，目前使用较多的是笔式绘图仪，也有的是采用喷墨、激光和静电技术来实现的。绘图仪与打印机不同，它需要附加的支持软件，以根据应用程序的要求控制绘图仪绘出图形，还可以对图形进行缩放、旋转等图形处理。笔式绘图仪利用电脉冲驱动电动机与传动机构，使绘图笔与图纸产生相对位移以实现绘图。笔式绘图仪的结构有滚筒式和平板式两种。平板式的特点是纸不动、笔在 x、y 两方向运动，绘图者可自始至终观察绘图过程，速度稍慢，精度高，工程图样质量高，但价格比较高，而且占地面积大，幅面受限制，滚筒式的特点是纸和笔都动，结构紧凑，速度快，精度低，适合绘制大型工程图，但不能填实（如剖面线）。

4. 输入设备

图形输入设备可将用户的图形数据及各种命令等转换为电信号，并传输给计算机。从逻辑上看，可将输入设备分为六种功能，即定位、笔画、送值、选择、拾取及字符串，也称为六种逻辑设备。所谓逻辑设备，是指按逻辑功能定义的设备，并非具体的物理设备，实际的物理设备往往是某些逻辑设备的组合。

（1）定位器　用于指示一个位置，其输入量是 x、y。常见的定位器有坐标数字化仪、图形输入板、鼠标、跟踪球、操纵杆、接触控制板、声学输入板等。数字化板和数字化仪由两部分组成，即数字板和测量指示笔或手动指示器。在数字化板表面嵌有由导线组成的网格，网状导线与指示笔或指示器中的线圈感应产生一个电信号，根据它的强弱可以确定指示笔或指示器的位置。

（2）拾取器　用于拾取显示屏上的一个形体、图组或图素。典型的拾取器包括光笔和图形输入板，其中光笔是一种具有拾取功能的设备，既能用于图形输入，又能用于图形输出。当光笔在光栅显示器上拾取到一个像素时，图像显示系统能够把光栅扫描的当前位置转换为与其连接的计算机可以利用的数据。

（3）定值器　用于提供标量值的物理设备。

（4）键盘　用来输入字符或字符串等。

（5）按键　用于从一组动作或功能中做出选择，如已编程的功能键盘。

（6）其他设备　如语音识别器等。

5. 存储设备

存储设备分为内存和外存两种类型。内存一般用磁芯作为介质，它直接与中央处理单元相连，存储速度快；外存是用于补充内存、减轻主机负荷的一种辅助存储设备，用来存放大量暂时不用而等待调用的程序和数据，它通过内存参与计算机的工作，容量比内存大，速度慢。常见的外存储器有：①软盘；②光盘（利用激光技术发展起来，20 世纪 70 年代发明，80 年代应用，有只读型、一次写入型和可擦写型光盘，光盘的存储容量可达 600MB 以上，常用于保存信息量庞大的数据、资料）；③硬盘（8. 4GB、10GB、20GB、30GB）；④磁带（容量在 250MB 到 2GB 之间，用于工作站的大、中、小型机，顺序存储，用于批量大、不频繁使用的数据备份）。

三、CAD 系统软件

为了充分发挥计算机硬件的作用，CAD 系统还必须配备各种功能齐全的软件。软件是相对于硬件而言的，它包括机器运行所需的各种程序及其有关资料。CAD 系统的软件组成如图 2-3 所示。

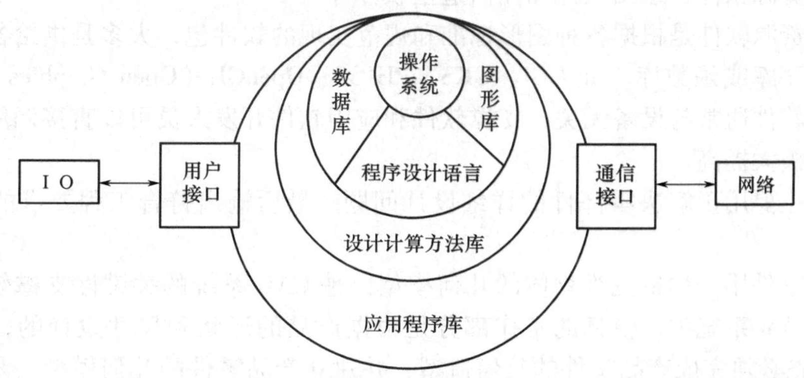

图 2-3　CAD 系统的软件组成

CAD 系统的软件按照功能可分为三个层次，即系统软件（System Software）、支撑软件（Support Software）和应用软件（Application Software）。

1. 系统软件

系统软件是指与计算机硬件直接关联的软件，主要是指操作系统和编译系统等，它处在整个软件的内层，用于计算机的管理、控制、运行和维护。系统软件有两大特点：一个是公用性，无论哪个应用领域都要用到系统软件；另一个是基础性，各种支撑软件和应用软件都需要在系统软件之上运行。

（1）操作系统　操作系统是指挥计算机运行和管理用户作业的软件，是用户和计算机之间的接口。操作系统把计算机的硬件组织成一个协调一致的整体，以便尽可能地发挥计算机的卓越功能，它包括文件管理（建立、存储、删除、检索文件）、外部设备管理（管理计算机的输入、输出等外部硬件设备）、内存分配管理、作业管理和中断管理等多种管理功能。操作系统的种类较多，目前在工作站上主要采用 UNIX、Windows NT/2000/XP 等，在微机上主要采用 Windows 操作系统。

（2）编译系统　计算机程序设计需要使用计算机语言，计算机语言分为机器语言、汇编语言和高级语言三种类型。机器语言是计算机可以直接执行的语言，汇编语言必须由汇编程序（Assembler）编译成机器语言，高级语言也必须用编译程序（Compiler）编译成机器语言，才能由计算机识别和执行。因此，编译系统的作用是将汇编语言、高级语言编写的程序翻译成计算机能够直接执行的机器命令。有了编译系统，用户就可以用接近人类自然语言和数学语言的方式编写程序，而翻译成机器指令的工作则由编译系统完成。

目前国内外广泛应用的高级语言，如 FORTRAN、PASCAL、Visual C + +、Visual Basic 等均有各自的编译系统。

2. 支撑软件

支撑软件是为了满足 CAD 中一些用户的共同需要而开发的通用软件，利用支撑软件可以高效、优质、低成本地建立并运行专业 CAD 软件。CAD 支撑软件主要包括图形处理软件、工程分析与计算软件、模拟仿真软件、数据库管理系统、网络工程软件、NC 编程软件等。

（1）图形处理软件　图形处理软件是 CAD/ CAM 系统中最基础、最重要的支撑软件，包括基本图形资源软件、绘图软件和几何造型软件等。

基本图形资源软件是根据各种图形标准和规范实现的软件包，大多是供给各种应用程序调用的图形程序库或函数库，如 CGI、GKS、PHIGS、OpenGL（Open Graphies Library）等。这类图形资源软件通常与设备无关，支撑软件和应用软件开发人员可以直接调用，使软件的可移植性得到极大提高。

绘图软件主要用于解决零部件的详细设计问题，最后输出符合工程要求的零件图和装配图。

几何造型软件用于构造三维物体的几何模型，是 CAD 系统的关键性支撑软件。尤其是在模具 CAD/CAM 系统中，模具的工作部分是根据产品的形状和尺寸设计的，要实现模具 CAD/CAM 首先必须完成产品零件的几何造型，并建立产品零件的几何模型。几何模型的构造是计算、分析、绘图及加工的基础，后续的一切处理和操作皆在此模型的基础上进行。

通常，几何造型软件包括实体造型和曲面造型，以及近年来得到迅速发展的特征造型、参数化造型、装配造型等。

（2）工程分析与计算软件　工程分析与计算软件主要用来解决各类分析和数值计算问

题，根据工程设计的需要，一般应配置以下软件：

1）常用数学方法库。用于解决各类数学问题，如提供解微分方程、线性方程组、数值分析、有限差分、曲线（面）拟合等的计算机程序。

2）优化方法软件。优化设计是在最优化数学理论和现代计算基础上，运用计算机求解设计的最佳方案。应用优化方法软件的目的在于优选最佳设计方案。

3）有限元分析软件。有限元理论和方法均已成熟，除了固体及流体力学问题外，还应用于金属及材料成形、电磁场分析、无损检测等领域，在工程设计中应用也很广泛。有限元分析在材料成形模拟中的应用发挥着重要作用，如冲压成形分析、注射和压铸流动分析、冷却分析、翘曲分析、收缩分析等。

（3）模拟仿真软件　模拟仿真软件包括运动仿真、成形仿真和加工仿真。运动仿真用于大型装配的运动模拟和干涉检验；成形仿真主要用于钣金零件成形过程模拟及成形缺陷分析与预测；加工仿真主要用于设计表面的数控加工模拟，以检验过切、少切及加工精度。

（4）数据库管理系统　在CAD/ CAM系统中离不开数据管理，为了满足数量庞大的数据处理和信息交换的需要，开发了数据库管理系统（Data Basic Management System，DBMS）。DBMS是在操作系统的基础上建立的操纵和管理数据库的软件，该系统除了保证数据资源共享、信息保密、数据安全之外，还能尽量减少数据库的数据冗余。用户需通过数据库管理系统使用数据库，因而它是用户和数据库之间的接口。目前广泛应用的FoxPro等商用数据库管理系统均属于关系型数据库，主要用于非图形数据的管理。CAD/ CAM涉及大量的图形信息，需要工程数据库的支持，但这类软件尚不成熟。近年来，PDM在产品和工程设计领域的数据管理方面发挥着越来越大的作用。

（5）网络工程软件　是基于网络的微机-工作站CAD系统的主要使用环境之一，因此，网络工程软件是不可缺少的支撑软件。网络工程软件包括服务器操作系统、文件服务器软件、通信软件等。应用这些软件可进行网络文件的系统管理、存储管理、任务调度、用户间通信、软硬件共享等工作。

（6）NC编程软件　供CAD/ CAM系统自动转换和输出NC加工指令之用。

3. 应用软件

应用软件是在系统软件和支撑软件的基础上，针对某一特定应用领域而专门开发的软件。这类软件通常由用户结合当前设计工作的需要自行研究开发，或委托相关开发商进行开发。例如，冲压模CAD/ CAM软件、机床设计软件等都属于应用软件。

四、CAD系统的类型

CAD系统通常按系统的硬件组成、工作方式和功能的不同进行分类。

1. 按硬件组成分类

CAD系统按其硬件组成和计算机技术的发展历程，可分为主机系统、小型机系统、工作站系统、微机系统和基于网络的微机-工作站系统五种类型。

（1）主机系统　又称为大型主机系统，这类系统以一台大（中）型计算机为中心，采用分时操作系统集中支持几十个甚至上百个CAD终端运行。主机系统通常具有高速、大容量的内存和外存，可配置高精度、高速度、大幅面的图形输入/输出设备，通常用于运行规模较大的支撑软件或自行开发的大型应用软件，可以将设计、分析、计算、图像处理等工作站合起来进行复杂的 CAD 工作。

主机系统具有强大的应用处理功能，主要用于支持复杂的工程设计和科学计算。但其原始投资较大，另外一旦主机出现障碍，将影响所有用户，而且随着同时使用终端的用户增加或计算工作量的增大，多用户争夺资源的问题越显突出，会使系统响应变慢，目前已不再采用。

（2）小型机系统　又称为小型机成套系统，出现于 20 世纪 70 年代后期。它以 32 位超级小型机为主机，通常带有几个到几十个终端。小型机配有专用的硬件和软件，是由从事 CAD 技术开发的公司专门为用户配置的计算机配套系统。

小型机系统具有很强的针对性，适于中等规模企业的应用要求，但小型机系统针对性过强，应用范围受到限制，用户难以进一步开发。目前，此类系统大多数已被淘汰。

（3）工作站系统　工作站包括工程工作站和图形站，是为了满足用户在工程和图形图像处理上的专业需求，并用于克服原有大型主机和小型机由于系统庞大，不能适应工程和图形处理中灵活多变的缺点而研制的专用计算机。工作站具有强大的科学计算、丰富的图形处理、灵活的窗口及网络管理功能，通过网络可以共享系统资源。

工作站具有便于逐步投资、逐步发展等优点，受到用户的广泛欢迎。目前，大多数高端 CAD 支撑软件和应用软件主要以工作站为运行平台。随着工作站本身的性能发展，向上越来越多地覆盖中、小型机乃至大型机、巨型机的应用领域，向下则可与个人计算机争夺巨大的低端市场。

（4）微机系统　微机 CAD 系统以 64 位超级微机为主，并配有高分辨率的图形显示系统、大幅面绘图仪、高容量硬盘等 CAD 必备硬件，从而保证了 CAD 作业的顺利进行。基于微机的 CAD 系统主要用于绘制二维工程图和进行一些简单的三维设计。随着微机运算和图形处理性能的迅速提高，许多过去只能在工作站上运行的著名的高端 CAD/CAM 软件，如 CATIA、Unigraphics、Pro/Engineer、I-DEAS 等，目前均已移植到微机上，使微机系统不仅具有较强的计算分析能力，而且还可满足三维图形处理的要求。但由于微机系统总体上在运算和图形处理性能上与工作站仍有相当的差距（尽管随着微机性能的迅速提高，二者的差距正在日益缩小），微机 CAD 系统目前主要用于运行中低端的 CAD 支撑软件和应用软件。

微机具有丰富的商品化的支撑软件和应用软件，其原始投资少、见效快、成本低，具有良好的可扩充性。因此，这类系统受到中小型企业和个人的普遍欢迎，成为国内外中小企业开展 CAD 工作的主要形式，并在相当长的时期内与工作站互为补充。

（5）基于网络的微机-工作站系统　独立的微机 CAD 系统和在一定范围内联网的工作站 CAD 系统，其作业的分散性和各自独立或孤岛式的工作方式使设计信息无法进行充分交流，也无法使各种作业协调一致地进行。由于并行工程的要求和现代网络技术的迅速发展，基于网络的微机-工作站系统得到迅速发展。这类系统可以使分散于同一单位不同部门、不同地点的微机及工作站共享软、硬件资源，充分和准确地交流设计信息，协调各种作业，完成并行工程。

基于网络的微机-工作站系统应用计算机技术和网络通信技术，可将分布于各处的多台各类计算机以网络的形式连接起来。目前，采用局域网（Local Area Network，LAN）可以将一座大楼、一个工厂、一所学校范围内的计算机联网；通过万维网（World Wide Web，

WWW）则可将多个局域网连接起来，并可以访问分布在世界各地的本部门或本公司的各个设计小组与设计人员，以沟通设计信息。

2. 按工作方式分类

CAD 系统按其工作方式可分为检索型、自动型、交互性和智能型四大类。

（1）检索型 CAD 系统　检索型 CAD 系统主要用于标准化、系列化、模块化的工程和产品，如图 2-4 所示。这些产品和工程图样、有关程序都已经存储在计算机内部，在设计过程中，用户只需要按照要求给出不同的参数与设计数据，自动运行程序即可生成符合要求的电子图样；或在原有相似图形的基础上，按用户的技术要求及规范检索出所需要的零部件图，然后在 CAD 软件系统中完成产品或工程图的修改，形成装配图，并对产品性能进行校核，在满足设计要求的前提下，输出所需要的各种技术文件和图样。

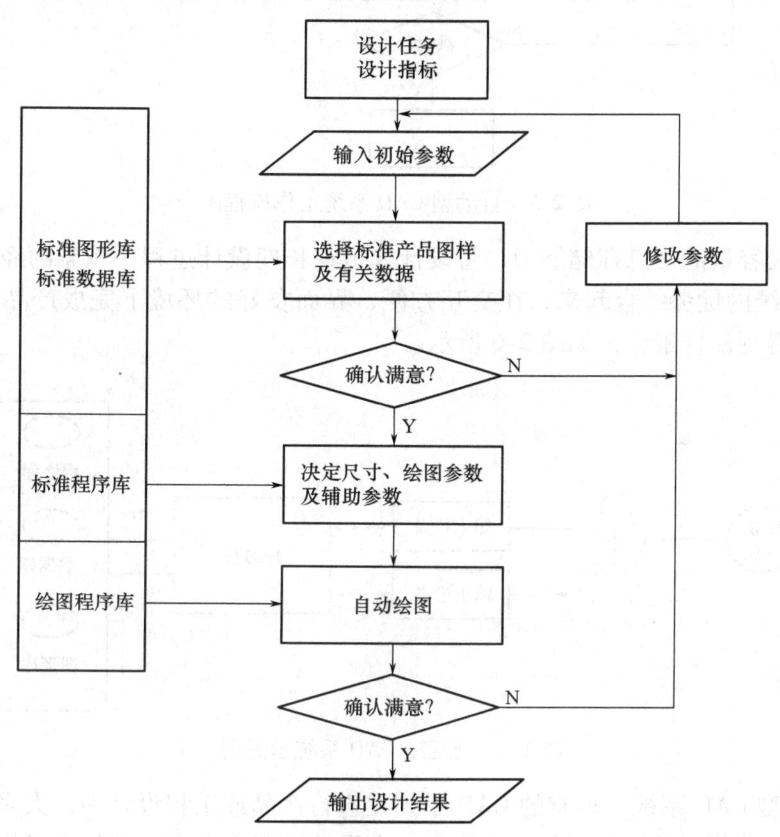

图 2-4　检索型 CAD 系统工作流程图

（2）自动型 CAD 系统　自动型 CAD 系统用于设计理论程序和计算公式确定、设计步骤和判别标准清楚、设计资料完备的产品或工程设计，如图 2-5 所示。用户根据产品或工程的性能、规格、要求输入基本参数后，不需要人工干预，系统即可按照既定的程序自动完成设计工作，并输出产品或工程设计的全部图样与技术文件。

（3）交互型 CAD 系统　在某些产品的设计过程中，方案的决策及结构布置很难完全实现自动化。交互式 CAD 系统能够最大限度地发挥计算机系统的高速运算能力、严格的逻辑

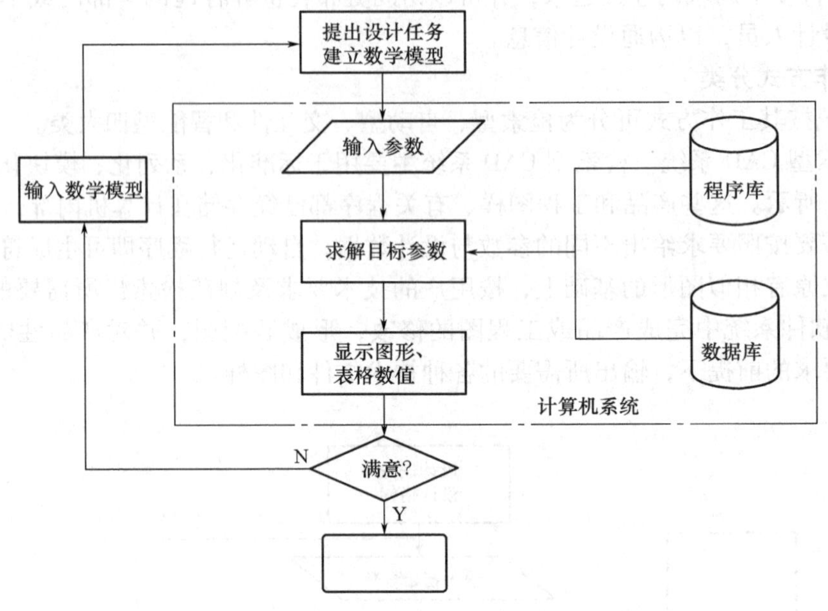

图 2-5　自动型 CAD 系统工作流程图

推理能力以及大容量的信息存储能力，将设计人员在长期设计过程中积累的经验、智慧通过计算机 CAD 系统的优势结合起来，在交互方便、界面友好的环境下完成产品或工程的设计工作，使人机得到最佳配合，如图 2-6 所示。

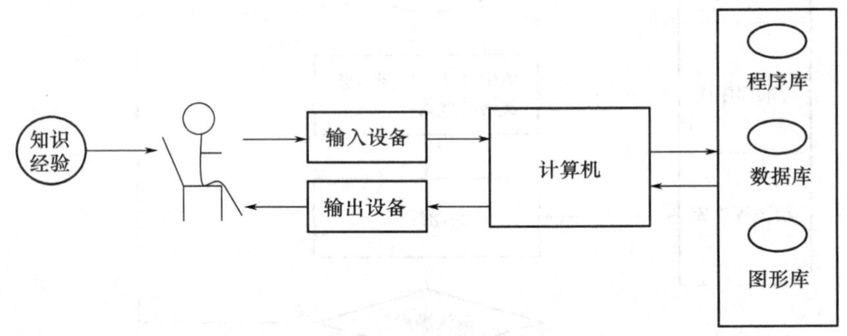

图 2-6　交互型 CAD 系统示意图

（4）智能型 CAD 系统　现有的 CAD 系统在进行产品或工程设计中，大多数情况下只能进行数值计算、分析、绘图等工作。实际上，在设计过程中还存在诸如方案构思、最佳方案选择、结构设计优化、设计评价及决策等内容，这类工作往往需要根据一定的知识模型，采用推理的方法才能获得比较圆满的结果。将人工智能技术，特别是专家系统应用于产品和工程设计中，即形成专业领域的设计型专家系统，这就是智能型 CAD 系统，如图 2-7 所示。智能型 CAD 系统主要由知识库、推理机、实时系统、知识获取系统和人机接口等组成，还包括各种先进技术的综合运用。使用这样的系统，用户只需要输入设计对象的概念、用途、性能等信息，利用系统提供的推理、决策、计算和电子数据处理等各种机制，即可完成产品或工程的详细设计。

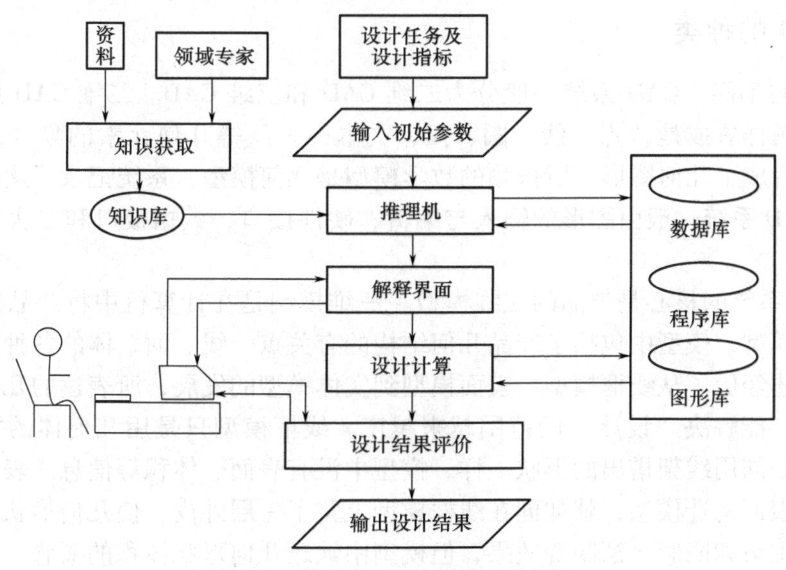

图 2-7　智能型 CAD 系统工作原理

第三节　CAD 系统的功能和种类

一、CAD 的功能

由于 CAD 系统所研究的对象和任务各有不同，所选择的支撑软件各有不同，因此对系统的硬件配置、选型也不同。系统总体与外界进行信息传递与交换的基本功能是靠硬件提供的，而系统所能解决的具体问题是由软件保证的。

（1）人机交互功能　在 CAD 系统中，人机接口是用户与系统连接的桥梁。采用友好的用户界面，是保证用户直接、有效地完成复杂设计任务的基本和必要条件。除此之外，还需有交互设备，以实现人与计算机之间的联络与通信过程。

（2）图形显示功能　CAD 是一个人机交互的过程，在这个过程中，用户的每一次操作都能从显示器上及时得到反馈，以便直接取得最佳的设计效果。

确定产品的造型、构思及方案时，系统应能保证用户随时观察、修改中间结果，实时进行编辑处理。图形显示功能不仅能够对二维平面图形进行显示控制，还具有对三维实体进行处理等功能。

（3）存储功能　CAD 系统运行时具有很大的数据量，且伴随着很多算法，将生成大量的中间数据，尤其是对图形的操作、交互式的设计、结构分析中的网格划分等。为了保证系统能够正常运行，CAD 系统必须配置容量较大的存储设备，以支持数据在各模块运行时的正常流通。工程数据库系统更要求具有较大存储空间的能力。

（4）输入输出功能　在 CAD 系统的运行过程中，一方面用户需不断地将有关设计要求及计算步骤的具体数据等输入计算机内，一方面需要通过计算机的处理，将系统处理的结果及时输出。这个输入输出功能也是系统的基本功能，输入输出的信息可以是数值，也可以是非数值，如图形数据、文本、字符等。

二、CAD 的种类

根据模型的不同，CAD 系统一般分为二维 CAD 和三维 CAD。二维 CAD 系统一般将产品和工程设计图样看成是“点、线、圆、弧、文本……”等几何元素的集合，系统内表达的任何设计都变成了几何图形，所依赖的数学模型是几何模型，系统记录了这些图素的几何特征。二维 CAD 系统一般由图形的输入与编辑、硬件接口、数据接口和二次开发工具等几部分组成。

三维 CAD 系统的核心是产品的三维模型。三维模型是在计算机中将产品的实际形状表示成为三维的模型，模型中包括了产品几何结构的有关点、线、面、体的各种信息。计算机三维模型的描述经历了从线框模型、表面模型到实体模型的发展，所表达的几何体信息越来越完整和准确，能解决“设计”的范围越来越广。线框模型只是用几何体的棱线表示几何体的外形，就如同用线架搭出的形状一样，模型中没有表面、体积等信息。表面模型是利用几何形状的外表面构造模型，就如同在线框模型上蒙了一层外皮，使几何形状具有了一定的轮廓，可以产生诸如阴影、消隐等效果，但模型中缺乏几何形状体积的概念，如同一个几何体的空壳。几何模型发展到实体模型阶段，封闭的几何表面构成了一定的体积，形成了几何形状的体的概念，如同在几何体的中间填充了一定的物质，使之具有了如质量、密度等特性，且可以检查两个几何体的碰撞和干涉等。由于三维 CAD 系统的模型包含了更多的实际结构特征，使用户在采用三维 CAD 造型工具进行产品结构设计时，更能反映实际产品的构造或加工制造过程。

随着 CAD 技术的发展和人们需求的不断提高，人工智能等各类技术逐渐融入到 CAD 系统中，形成了各种基于知识的 CAD 系统（或智能 CAD 系统）。知识的应用使 CAD 系统的设计功能和设计自动化水平大大提高，对产品设计全过程的支持程度大大加强，促进了产品和工程的创新开发。

单机 CAD 系统是安装在一台计算机中的进行独立工作的 CAD 系统。在经济全球化和网络技术高速发展的今天，基于因特网/企业内部网的网络化，CAD 系统得到了高速发展。网络化 CAD 系统可以在网络环境中由多人、异地进行产品的定义与建模、产品的分析与设计、产品的数据管理和数据交换等，是实现协同设计的重要手段，可为企业利用全球资源进行产品的快速开发提供支持。

专业化 CAD 应用系统是各专业根据各自的设计需要，利用通用 CAD 系统提供的二次开发工具或数据接口功能，将各类专业设计技术研制成 CAD 系统的各类设计工具和知识，从而使设计能够直接按照专业设计的方法进行，大大提高了 CAD 系统的设计能力和效率。但这类 CAD 系统针对具体的专业进行开发，在专业设计方面不具备通用性。

第四节　常用 CAD 软件

一、引进的国外主要软件

1. AutoCAD 及 MDT

AutoCAD 是美国 Autodesk 公司为微机开发的一个交互式绘图软件，是 Autodesk 公司的主导产品。Autodesk 公司是世界第四大 PC 软件公司，目前在 CAD/CAE/CAM 工业领域内是全球拥有用户最多的软件供应商，也是全球规模最大的基于 PC 平台的 CAD 和动画及可视化软件企业。Autodesk 公司的软件产品已被广泛用于机械设计、建筑设计、影视制作、视频游戏开发及 Web 网的数据开发等重大领域。AutoCAD 是当今世界最流行的二维绘图软件，它在二维绘图领域拥有广泛的用户群。AutoCAD 具有强大的二维功能，如绘图、编辑、剖面线和图案绘制、尺寸标注以及方便用户的二次开发功能等。在许多实际应用领域（如机械、建筑、电子）中，一些软件开发商在 AutoCAD 的基础上已开发出许多符合实际应用的软件，它也具有三维作图的部分造型功能。AutoCAD 是目前世界上应用最广的 CAD 软件，占整个世界个人微机 CAD/CAE/CAM 软件市场的 37% 左右，是诸多微机 CAD 软件中的佼佼者。

MDT（Mechanical Desktop）是 Autodesk 公司在机械行业推出的基于参数化特征实体造型和曲面造型的微机 CAD/CAM 软件。它以三维设计为基础，集设计、分析、制造以及文档管理等多种功能于一体，为用户提供了从设计到制造一体化的解决方案。MDT 的主要功能特点如下：

1）基于特征的参数化实体造型。

2）基于 NURBS 的曲面造型，可以构造各种各样的复杂曲面，以满足如模具设计等方面对复杂曲面的要求。

3）可以比较方便地完成几百甚至上千个零件的大型装配。

4）MDT 提供相关联的绘图和草图功能，提供完整的模型和绘图的双向连接。

MDT 的用户主要有：中国一汽集团、荷兰飞利浦公司、德国西门子公司、日本东芝公司、美国休斯公司等。

2. Pro/Engineer

Pro/Engineer 是美国参数技术公司（Parametric Technology Corporation，PTC）的产品，由于采用面向对象的统一数据库和全参数化造型技术，为三维实体造型提供了一个优良的平台，因此一面市（1988 年）就深受用户的欢迎，随后各大 CAD/CAM 公司也纷纷推出了基于约束的参数化造型模块。此外，Pro/Engineer 一开始就建立在工作站上，使系统独立于硬件，便于移植；该系统用户界面简洁，概念清晰，符合工程人员的设计思想与习惯。Pro/Engineer 整个系统建立在统一的数据库上，具有完整而统一的模型，能将整个设计至生产过程集成在一起，它一共有 20 多个模块供用户选择。其工业设计方案可以直接读取内部的零件和装配文件，当原始造型被修改后，具有自动更新的功能。其 MOLDESIGN 模块用于建立几何外形，产生模具的型芯和型腔，产生精加工零件和完善的模具装配文件。基于以上原因，Pro/Engineer 在最近几年已成为三维机械设计领域里最富有魅力的系统。其发布的野火 3.0 版能够提供最佳加工路径控制和智能化加工路径创建，允许 NC（Numerical Control）编程人员控制整体的加工路径直到最细节的部分。该软件还支持高速加工和多轴加工，带有多种图形文件接口。

3. I-DEAS Master Series

I-DEAS Master Series 是美国 SDRC（Structural Dynamics Research Corporation）公司自 1993 年推出的新一代机械设计自动化软件，其侧重点是工程分析和产品建模，也是该公司在 CAD/CAE/CAM 领域的旗舰产品，并以其高度一体化、功能强大、易学易用等特点而著称。它采用开放型的数据结构，把实体建模、有限元模型与分析、计算机绘图、实验数据分析与综合、数据编程以及文件管理等集成为一体，因而可以在设计过程中较好地实现计算机辅助设计。通过公用接口以及共享的应用数据库，把软件各模块集成于一个系统中。其中实体建模是I-DEAS的基础，它包含了物体建模、系统组装及机构设计等模块。在我国，正式使用I-DEAS Master Series软件的用户已经超过400家，居于三维实体机械设计自动化软件的主导地位。由于SDRC公司早期是以工程与结构分析为主逐步发展起来的，所以工程分析是该公司的特长。

4. CATIA

CATIA系统是法国达索（Dassault）飞机公司Dassault Systems工程部开发的产品。该系统是在CADAM系统基础上扩充开发的，在CAD方面购买了原CADAM系统的源程序，在加工方面则购买了著名的APT系统的源程序，并经过几年的努力，形成了商品化的系统，是一个高档的CAD/CAE/CAM系统，广泛用于航空、汽车等领域。CATIA系统如今已经发展成为集成化的CAD/CAE/CAM系统，具有用户界面、管理数据以及兼容的数据库和应用程序接口。它采用特征造型和参数化造型技术，允许自动制定或用户指定参数化设计、几何或功能化约束的变量式设计。根据其提供的3D线架，用户可以精确地建立、修改与分析3D几何模型。其曲面造型功能包含了高级曲面设计和自用外形设计，用于处理复杂的曲线和曲面定义，并有许多自动化功能，包括分析工具等，加速了曲面设计过程。CATIA提供的装配设计模块可以建立并管理基于3D的零件和约束的机械装配件，自动对两件间的连接进行定义，便于对运动机构进行早期分析，大大加速了装配件的设计，后续应用则可利用此模型进行进一步的设计、分析和制造。CATIA具有一个NC工艺数据库，存有刀具、刀具组件、材料和切削状态等信息，可自动计算加工时间，并对刀具路径进行重放和验证，用户可以通过图形化显示来检查和修改刀具轨迹。该软件的后处理程序支持铣床、车床和多轴加工。美国波音飞机公司的“波音777”飞机便是其杰作之一。

5. Unigraphics（UG）

UG是起源于美国麦道（MD）公司的产品，广泛应用于航空航天、汽车、通用机械及模具等领域。1991年11月MD公司并入美国通用汽车公司EDS分部。如今，EDS是全世界最大的信息技术（IT）服务公司，UG由其独立子公司Unigraphics Solutions开发。UG是一个集CAD、CAE和CAM于一体的机械工程辅助系统，适用于航空航天器、汽车、通用机械及模具等的设计、分析和制造工程。目前，国内外已有许多科研院所和厂家选择UG作为企业的CAD/CAM系统，该软件可在HP、Sun、SGI等工作站上运行。UG采用基于特征的实体造型，无论装配图还是零件图设计，都从三维实体造型开始，可视化程度很高。三维实体生成后，可自动生成二维视图，如三视图、轴测图、剖视图等。UG具有尺寸驱动编辑功能和统一的数据库，一个零件尺寸修改可致使相关零件的变化。该软件还具有人机交互方式下的有限元解算程序，可以进行应变、应力及位移分析。UG的CAM模块提供了一种产生精确刀具路径的方法，该模块允许用户通过观察刀具运动图来图形化地编辑刀轨，如延伸、修剪等，其所带的后处理程序支持多种数控机床，实现了CAD、CAE和CAM之间的无数据交换的自由切换。它还具有强大的数控加工能力，可以进行2~2.5轴、3~5轴联动的复杂曲面加工和镗铣。UG还提供了二次开发工具GRIP、UFUNG、ITK，允许用户扩展UG的功能。UG具有多种图形文件接口，可用于复杂形体的造型设计，特别适合大型企业和研究所使用。

6. SolidWorks

SolidWorks 是生信国际有限公司推出的基于 Windows 的机械设计软件。生信公司是一家专业化的信息高速技术服务公司，在信息和技术方面一直保持与国际 CAD/CAE/CAM 市场同步。该公司提倡的“基于 Windows 的 CAD/CAE/CAM 桌面集成系统”以 Windows 为平台，采用自顶向下的设计方法，可动态模拟装配过程，采用基于特征的实体建模。以 SolidWorks 为核心的各种应用的集成包括结构分析、运动分析、工程数据管理和数控加工等。SolidWorks 是微机版参数化特征造型软件的新秀，该软件旨在以工作站版的相应软件价格的 1/5 ~ 1/4 向广大机械设计人员提供用户界面更友好、运行环境更大众化的实体造型实用功能。

二、国内二次开发的主要软件

1. PICAD

PICAD 系统及系列软件是中科院凯思软件集团及北京凯思博宏应用工程公司开发的具有自主版权的 CAD 软件。该软件具有智能化、参数化和较强的开放性，对特征点和特征坐标可自动捕捉及动态导航。系统提供局部图形参数化、参数化图素拼装机可扩充的参数图符库；提供交互环境下开放的二次开发工具，用户可以任意增加功能或开发专业应用软件。PICAD 是国内商品化最早、市场占有率最大的 CAD 支撑平台及交互式工程绘图系统，自从 1991 年推出我国第一个商品化的二维 CAD 系统以来，经过几年的发展，PICAD 的用户已经遍及各行各业。

2. 高华 CAD

北京高华计算机有限公司是由清华大学和广东科龙（容声）集团联合创建的高技术企业，其总部位于清华大学。高华 CAD 系列产品包括计算机辅助绘图支撑系统 GHDrafting、机械设计及绘图系统 GHMDS、工艺设计系统 GHCAPP、三维几何造型系统 GHGEMS、产品数据管理系统 GHPDMS 及自动数控编程系统 GHCAM。高华 CAD 也是基于参数化设计的 CAD/CAE/CAM 集成系统，它具有全程导航、图形绘制、明细表处理、全约束参数化设计、参数化图素拼装、尺寸标注、标准件库、图像编辑等功能模块。

3. 清华 XTMCAD

清华 XTMCAD 是清华大学机械 CAD 中心和北京清华埃克斯特 CIMS 技术公司共同开发的基于 Windows 95 和 AutoCAD R12 及 R13 的二次开发的 CAD 软件。它具有动态导航、参数化设计及图库建立与管理功能，还具有常用零件优化设计、工艺模块及工程图样管理等模块。作为 Autodesk 注册认可的软件增值开发商，可直接得到 Autodesk 公司的技术支持，其优势体现在对 CIMS 工程支持数据的交换与共享上。

4. 开目 CAD

开目 CAD 是华中科技大学机械学院开发的具有自主版权的基于微机平台的 CAD 和图样管理软件，它面向工程实际，模拟人的设计绘图思路，操作简单，机械绘图效率比 AutoCAD 高得多。开目 CAD 支持多种几何约束种类及多视图同时驱动，具有局部参数化的功能，能够处理设计中的过约束和欠约束的情况。开目 CAD 实现了 CAD、CAPP、CAM 的集成，适合我国设计人员的习惯。

5. 金银花系统

金银花（Lonicera）系统是由广州红地技术有限公司开发的基于STEP标准的CAD/CAM系统。该软件采用面向对象的技术，使用先进的实体建模、参数化特征造型、二维和三维一体化、SDAI标准数据存取借口的技术，具备机械产品设计、工艺规划设计和数控加工程序自动生成等功能，同时还具有多种标准数据接口，如STEP、DXF等，支持产品数据管理（PDM）。

第五节 CAD技术在汽车设计中的应用

汽车行业是CAD技术最先应用的领域之一，国外一些著名的汽车公司很早就自行开发了CAD软件。到了现在，CAD技术几乎被所有汽车公司采用。可以说，CAD技术（包括计算机辅助制造、计算机辅助工程分析）的应用水平已经成为评价一个国家汽车工业水平的重要指标。在我国，汽车企业一直都是国家和地方的利税大户，同时也是CAD技术应用的先锋。CAD技术在企业中的成功应用不仅带来了企业技术上的创新，同时也带动了企业经营和管理旧模式的变革。因此，它对我国传统产业的改造、新技术的兴起以及汽车工业提高国际竞争力等方面，都起到了巨大的推动作用。

一、汽车模具覆盖件CAD技术

汽车覆盖件（简称覆盖件）是指用于覆盖发动机和底盘，构成驾驶室和车身的薄钢板异型体表面零件和内部零件。覆盖件具有材料薄、形状复杂、多为立体曲面、结构尺寸大以及表面质量高等特点。覆盖件的冲压工艺、冲模设计和冲模制造工艺也有其独自的特点。同时，由于覆盖件的质量直接影响车身的质量，因此对覆盖件的表面质量、尺寸、刚性以及工艺性等方面都提出了更高的要求。

1. 应用CAD技术的重要性

在新车型的研制和开发过程中，车身的开发与生产准备占有重要地位，其中冲压模具设计与制造的地位尤为突出。传统的车身开发与生产准备是以实物模型来表示车身表面的几何信息，在信息传递过程中，因制造误差、实物模型变形、磕碰等诸多因素，使模具在制造的各个阶段均易产生误差，从而影响车身覆盖件模具的制造精度，同时使生产周期延长。要想提高车身覆盖件的制造质量及设计效率，就必须打破落后的模具制造方法，采用CAD/CAM技术是解决问题的关键。

2. 汽车覆盖件模具CAD的内容

传统的覆盖件模具设计是指模具结构设计。随着CAD技术被引入到模具设计中，模具设计的概念也在发生着变化，现代覆盖件模具设计包括模具型面设计和模具结构设计。模具型面设计主要是指在计算机中对冲压件的三维设计以及工艺补充面的三维设计。目前国际上通用的一些CAD软件，如法国MDTV公司的EUCLID3、美国EDS公司的UG等，其曲面造型和加工功能都较强。某汽车模具如图2-8所示。

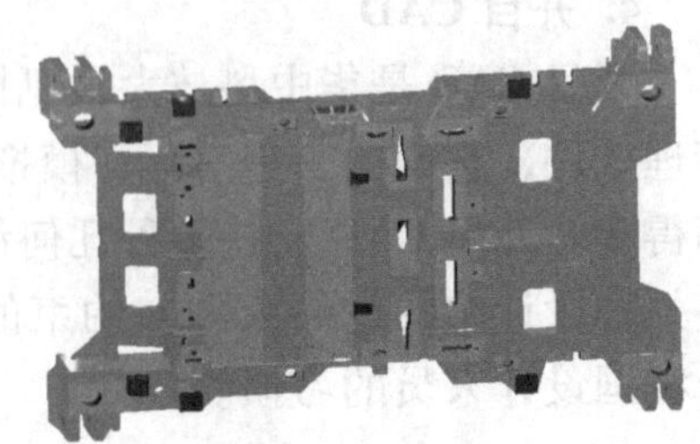

图2-8 某汽车模具

模具结构设计是指除了型面之外的所有模具部件的

设计。冲压模具具有结构复杂、装配零件多等特点。不同的冲压零件，其模具的结构也各不相同。模具设计一般包括上、下模座，工作部分零件，导向部件，定位零件和进出料装置等的设计。大、中型汽车覆盖件模具的主要特点是对模具零件本身的尺寸设计精度要求不高，但设计周期长，工作量大，没有固定的结构。设计的目的是作出图样，为工人制造模具和零件提供依据。

一般覆盖件都要经过拉延、修边、整形及翻边冲孔等几道工序。在第一道工序拉延模的设计中，最重要的是工艺补充面设计。工艺补充面设计的好坏直接影响到所设计的模具能否拉出合格的零件，从而减少调试模具的时间，缩短整个模具生产周期。

大型模具结构一般都比较复杂，一副模具有上百个零件，模具外形尺寸也比较大。模具结构设计一般可分为二维设计和三维设计两种类型，两种方法各有其优、缺点。计算机二维设计与手工图板设计相似，属于平面绘图，其优点是设计速度快、占用计算机内存小、对计算机硬件配置要求不高，是一种投资小且见效快的方法，缺点是设计错误不易发现，不能直接用于分析和加工。三维设计的开发是随着计算机技术和商品化软件的发展而在 20 世纪 80 年代末、90 年代初发展起来的。三维设计有很多优点，如能实现参数化、基于特征、全相关等，使得产品在设计阶段易于修改，同时也使并行工程成为可能。三维设计形象、直观，设计的结构是否合理使人一目了然。另外，三维设计的自动标注尺寸减少了人为设计错误。但三维模具设计目前也存在一些问题，如计算机运算速度问题、软件占有硬盘和内存空间大、模具结构投影线条过多、设计速度慢等。

3. 汽车覆盖件模具 CAD 的发展趋势

（1）模具结构的通用化与模具零件的标准化　由于任何模具结构设计的结果都是模具零件及其装配图，而且同种类型模具的结构是固定的，因此，在客观上存在着模具结构通用化的可能性。

一般模具零件可分为标准件和非标准件两大类。因此，依据特征对零件进行划分，进而建立相应的标准件库和非标准件库，这是实现模具零件标准化的有效途径，而模具结构的通用化则可依靠建立典型模具结构库来实现。

模具零件标准件一般包括模柄、螺栓、螺钉等。为了提高 CAD 的质量及效率，可以把在模具设计中的标准件输入计算机中，建立标准件图，供在进行模具 CAD 过程中调用。建立标准件库通常有以下两种方法：①用语言方式来建立，它是根据被描述零件的形状及大小，调用相应几何元素类型程序段，并对相应参数进行赋值，来达到描述零件几何形状的目的；②用图形参数化方式来建立标准件库，它是根据零件的形状及尺寸，首先在计算机屏幕上以工程草图的形式画出，尺寸以参数形式表示，然后对这些参数赋以不同的值，就能建立起一组具有形状相同、规格不同的标准件。

非标准件一般包括凸凹模、固定板以及大型覆盖件的上、下模座等。凸凹模由于因件而异，不便于建库；但对于一些大型模座、固定板等，如果采用相应的特征辅助设计方法，就可以在很大程度上加快设计过程。例如，大型汽车覆盖件的典型模座设计，就可以根据模具导向方式的不同，将模座分成几个子块，对每个子块进行参数化设计，然后再拼装成整个模座。

由于大型汽车覆盖件的模具结构轮廓尺寸大，模具结构复杂，因而模具生产周期长，模具结构设计效率低。解决这个问题的一个有效的方法就是建立典型覆盖件模具结构库，即将设计好的典型覆盖件模具结构模型输入库中，并对一些主要尺寸进行参数化。在需要设计其他结构相似的模具时，可在库中调出典型模具结构模型，并对其进行修改，使其达到新模具的要求。这种设计方法可以省去一些重复性的设计步骤，大大地提高覆盖件模具的设计效率。

（2）特征技术的应用　特征技术是一种基于零件特征的设计技术。它是以特征为对象进行操作，在其数据结构中包含了完整的特征定义数据，可以实现对零件信息的准确描述。

利用特征技术，理论上可以方便地将 CAD、CAPP、CAM 等系统连接在一起，大大地降低覆盖件模具系统开发研制的复杂程度，提高设计质量，降低设计成本。此外，由于冲压零件的特征表明了零件的几何形状以及与几何形状相关的加工工艺，因此，设计产品时应事先对特征有所了解，这样有助于设计者建立设计约束，进行优化设计。

特征技术的设计方法就是以工序零件为依据，从冲压工艺入手，实现从工艺特征到结构特征的映射，从而建立起模具结构与特征参数间的关系，完成模具的参数化设计。

工序零件是覆盖件模具设计的依据，定义工序零件是整个模具设计过程的起点。根据工序零件的要求，确定模具所应具备的功能，从而建立相应的功能模型，并映射成模具的结构模型，初步确定模具的结构。在此基础上进行详细设计，并对模具结果进行功能评价，直到获得满足工序零件功能要求的设计结果。

（3）参数化造型方法　参数化造型的基本方法是针对各种冲压模具总体结构一般均具有较规范的形式，为零件的基本尺寸建立相应的参变量，并将变量与尺寸之间的对应关系生成为一个与零件模型相关联的外部参数文件。当改变参数文件中有关变量的取值时，与之相关的零件模型中的相应尺寸标注值亦发生变化，通过尺寸驱动模块处理后即可生成大小符合实际尺寸标注的零件。

（4）模具 CAD 的智能化　为了提高产品质量，降低成本，增强产品的市场竞争力，必须开展智能化研究工作，总结出设计制造经验和教训，把成功的经验应用于模具设计中，形成计算机里的知识库和智能库，生成专家系统，为以后所用。

（5）模具 CAD 的专业化　未来的模具 CAD 将走向更加专业化的道路。一些通用的软件由于其功能繁多，专业性较差，已不能满足大型模具 CAD 的需要，更好的方法是软件公司与专业模具厂密切合作，开发专用性很强的模具 CAD 软件。例如，美国 PTC 公司与日本 TOYOTA（丰田）公司在 Pro/E 软件基础上开发的模具型面设计模块 Pro/DIEFACE 等，这也是模具 CAD 的一个发展方向。对于国内的模具厂家来说，在引进国外先进 CAD 软件（如 UG、Pro/E 等）的基础上，针对本部门产品的特点，利用二次开发技术，开发专用的模具 CAD 系统是一条可行的经济之路。

二、汽车车身 CAD 技术

车身是汽车的一个非常重要的组成，占汽车车身质量和造价的 40% ~60%，其设计的好坏直接影响着汽车的使用性能。车身又决定了汽车外形的美观程度，而汽车外形是消费者在购车时首先考虑的因素，对影响消费者的决策起着关键性的作用。同时，车身还必须具有足够的强度和静刚度以及良好的动力学性能指标，以达到保证乘员安全和汽车寿命，抗振抗噪、节约能源等目标。

（1）车身 CAD 技术以三维造型为基础　在传统的设计中，由于缺乏有效的辅助工具，开发人员常常以二维为基础进行构思，然后扩张到三维。CAD 技术在车身开发中的应用，使原来的旧模式有了彻底的改观。设计人员通过与 CAD 系统的交互，将自己脑中的概念模式转化为清晰的视觉模式，即几何实体，以易于优化和改进，提高了工作效率和设计质量。

（2）车身 CAD 技术面向制造和装配　能够熟练使用 CAD 进行产品设计的开发人员，主要集中于产品的数学建模，由于缺乏对制造技术的了解而未考虑设计产生的数据对后续加工的影响。为了精确加工产品，CAD 系统提供的数据应该面向制造，保证其完整性和一致性，直接作为数控机床的输入数据。

（3）车身 CAD 技术基于 PDM　在车身部件的开发中，可能会有多个车型设计需要交替进行，产生多种数据版本。因此，引入产品数据管理技术，建立统一的 CAD 工程数据库，消除车身开发中各部分内部信息和数据间的矛盾和数据冗余，从而保证开发过程顺利进行。某乘用车车身的三维模型及其承载式车身如图 2-9 和图 2-10 所示。

图 2-9　某乘用车车身的三维模型

三、汽车底盘总体布置 CAD 技术

汽车总布置是汽车设计中重要的一环，它对汽车的设计质量、汽车的性能和产品的生命力有着决定性影响。传统设计方法是经验设计，通过手工查阅国内外类似汽车获得设计参数，绘制出总布置图和总成部件图，初步得出整车参数和性能指标，其设计周期长，准确性差，费力又费时。

图 2-10　某乘用车的承载式车身

应用 CAD 技术，总体布置采用模块化设计，模块之间互相联系，彼此间可以交换数据。在进行布置设计时，都是在三维空间内进行，因此必须确定零部件位置，这对建立整车坐标系及总成的坐标系很有必要。在已建立的坐标系中建立数学模型，用坐标点的方法完成总成装配。待设计完成后，要进行干涉检查，一般分为位置干涉检查和运动干涉检查。汽车动力性、操纵稳定性及制动性都是性能分析的重要工作。某汽车离合器总成及传动轴如图 2-11 和图 2-12 所示。

四、汽车轻量化 CAD 技术

减轻汽车自重，不仅可减小汽车的行驶阻力，降低油耗，还有利于改善汽车的转向、加速、制动等性能，有利于降低噪声、减轻振动，为实现大功率创造条件。同时，轻量化带来的低油耗使汽车的废气排放减少，对环境的污染程度也减小。

汽车轻量化有两大途径：一是采用轻量化材料，如采用超高强度钢板以及铝合金、镁合

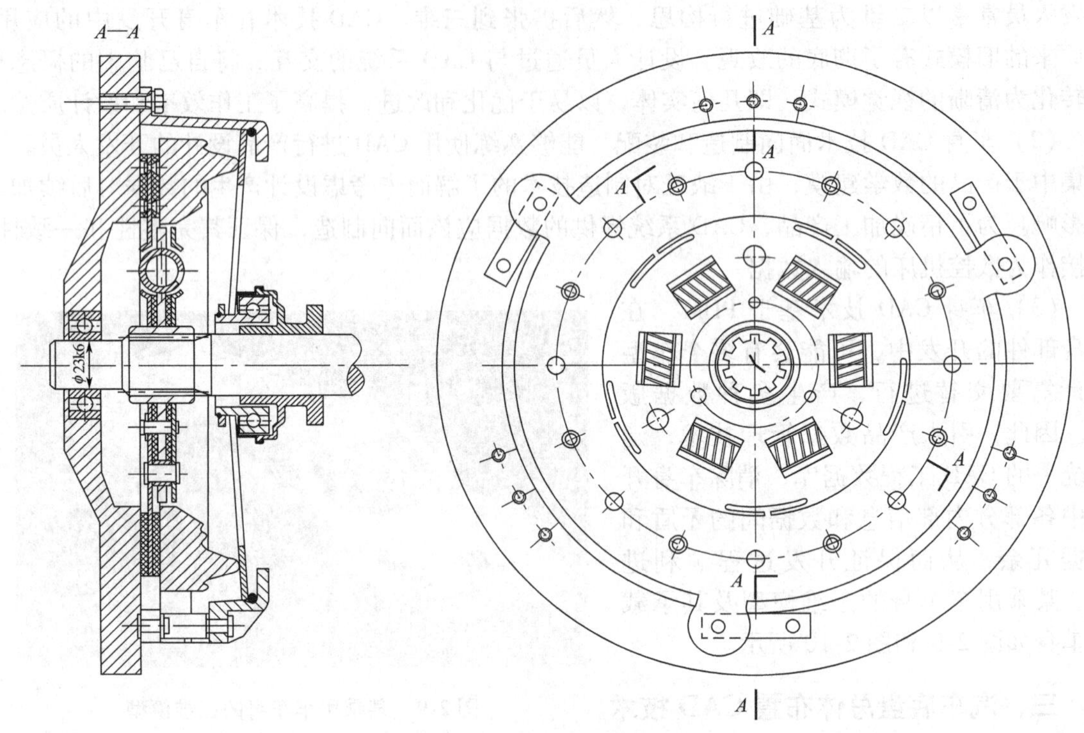

图 2-11　某汽车离合器总成

金等轻质材料代替传统的钢铁材料；二是优化、更改汽车的结构，缩小零部件尺寸，最大限度地减轻零部件的质量。

采用 CAD 技术，在产品的开发阶段就能对汽车的各种性能、强度、可靠性和耐久性、排放和噪声进行计算分析；在产品的研制开发过程中，对可能发生的问题进行分析并予以解决，可大大缩短产品的制造周期，节约开发成本。

在现代汽车工业中，CAD/CAE/CAM 一体化技术起着重要的作用，涵盖了汽车设计和制造的各个环节，包括汽车的设计检验、整车的实体造型、车身的三维设计、汽车零部件的数控加工、整车的振动和疲劳分析、以计算机仿真技术代替实车测试和破坏性碰撞试验等，成为汽车工业实现多品种、高质量、短周期、低成本的有力保证。因而，该技术在汽车轻量化设计中具有良好的应用前景。

1. 实体结构设计和布局

汽车轻量化的手段之一就是对汽车总体结构进行分析和优化，实现对汽车零部件的精简化、整体化和轻质化。因而，在考虑轻量化时，要协调总成与整车、总成与总成之间可能出现的各种矛盾。以车身轻量化设计为例，当选用轻量化铝合金材料制造车身时，可使轿车车身质量减轻 40% 左右，同时能保证车身的节点具有最佳的刚度，满足防撞要求，提高碰撞安全性，减少油耗。利用 CAD 技术，可准确地实现车身实体结构设计和布局设计，对各构件的形状、配置、板材厚度的变化进行分析，并可从数据库中提取由系统直接生成的有关该车的相关数据，进行工程分析和强度、刚度计算。对于采用轻质材料的零部件，可利用 CAE 技术作布局干涉分析和运动干涉分析，使用三维数据检查复杂零部件是否相互干涉及零件的可维修性如何，以使轻量化材料能够满足车身设计的各项要求。

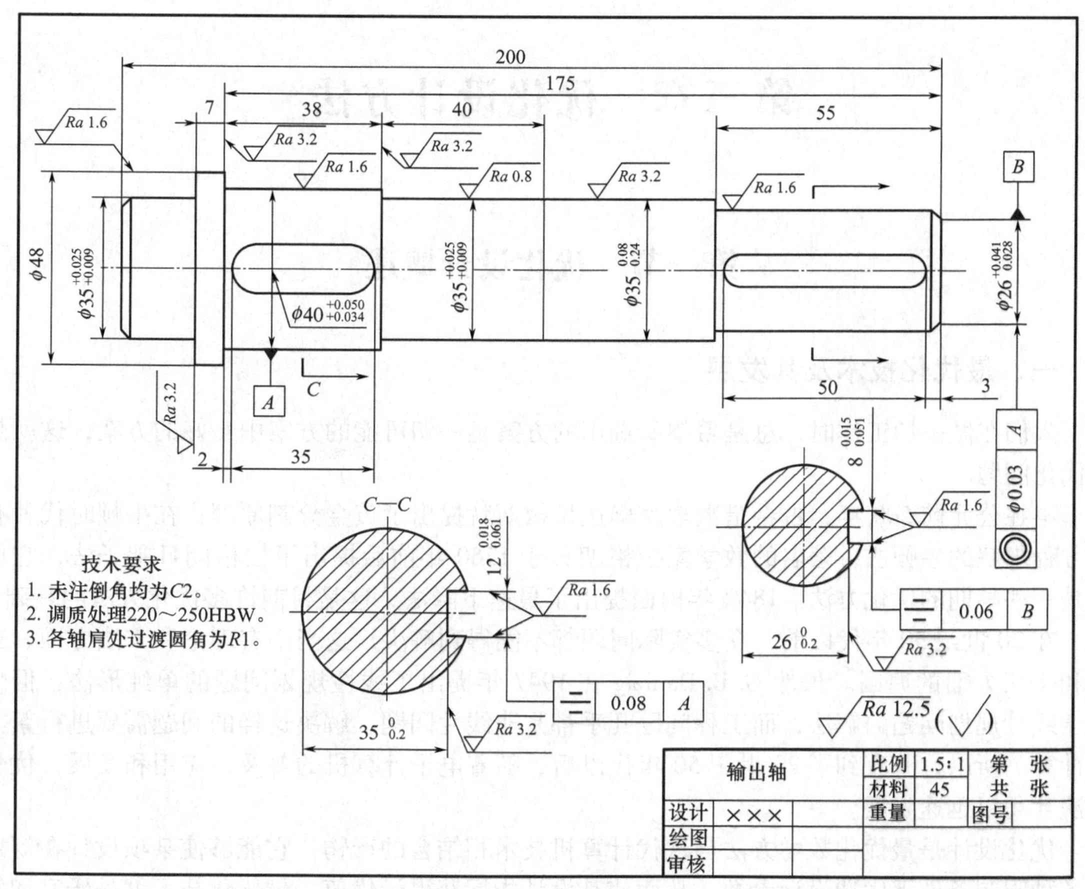

图 2-12　某汽车传动轴

2. 以仿真模拟代替实车试验

利用 CAD/CAE/CAM 一体化技术，可实现整车的实体造型、车身的三维设计、程控加工、整车振动和疲劳分析。也可利用超级计算仿真技术代替实车的测试及破坏性碰撞试验，对汽车的正面、侧面、后部和顶部在高速冲撞情况下的变化进行分析。例如，采用全铝材料进行车身轻量化设计时，可利用仿真破坏性碰撞试验来测试铝材零件在碰撞中的变形情况及对冲击力的吸收情况，从而判断其在碰撞中的安全性。

3. 噪声及振动分析

汽车运动零部件的轻量化，可减轻汽车的噪声和振动。利用噪声振动分析 CAE 系统，可对轻量化设计的汽车进行噪声和振动分析。以发动机设计为例，在设计开始阶段，就应把降低噪声和振动列入轻量化的开发目标中，以合理的结构和选材，运用振动和噪声计算分析手段，从系统、结构、激振、噪声及其传递路线、振动等方面对发动机及其配套装置进行综合分析和计算，以便快速完成对运动零部件的轻量化极限设计。

第三章　优化设计方法

第一节　优化设计概述

一、最优化技术及其发展

人们在做一切工作时，总是希望所选用的方案是一切可能的方案中最好的方案，这就是最优化问题。

早在公元前500年，古希腊数学家毕达哥拉斯就提出了黄金分割原理；在牛顿时代就有了方程求解的牛顿法；著名的数学家拉格朗日于1760年前后提出了拉格朗日乘子法，它们都是一些早期的优化方法。1847年柯西提出了最速下降法，这是目前许多优化方法的基础。

在20世纪50年代以前，众多实际问题都不能得到解决，这当中有理论和方法方面、工具和手段方面的原因。虽然G. B. Danizig在1947年提出了线性规划问题的单纯形法，但仍属于线性规划问题的解法，而工程问题几乎都是非线性问题，解决这样的问题需要进行繁冗的计算。所以，一直到了20世纪50年代以后，随着电子计算机的普及、应用和发展，优化方法才得以迅速发展。

优化设计是最优化数学方法与现代计算机技术相结合的产物，它能够使某项设计在规定的各种限制条件下优选设计参数，从而使其设计指标获得最优值。最优化技术就是研究和解决最优化问题的一门学科，它研究和解决如何在一切可能的方案中寻求最优化的方案。换言之，最优化技术研究和解决两大类问题：一是如何将最优化问题表示成数学模型；二是如何根据数学模型尽快地求出其最优解。

按照处理最优化问题的数学方法的不同，可将最优化技术发展分为两个阶段：第一次世界大战以前，处理最优化问题的数学方法主要是古典的微分法和变分法；第二次世界大战中，由于军事上的需要产生了运筹学，提出了大量不能用上述古典方法解决的最优化问题，从而产生了如线性规划、非线性规划、动态规划等新的方法。此后，最优化的理论和方法逐渐得到丰富和发展。特别是从20世纪60年代以来，最优化技术发展迅速，已成为一门新兴的学科，而且得到了广泛的应用。

我国开始从事这方面的研究与应用比较晚。值得注意的是，虽然在机械设计中采用最优化技术的历史很短，但其进展的速度却是十分惊人的。无论是在机构综合、通用机械零部件设计，还是在各种专业机械和工艺装备的设计中都由于采用了最优化技术而取得了显著成果。由于汽车工业的新技术不断引进和采用，特别是汽车CAD/CAE/CAM一体化技术的进步，为我国汽车工业形成独立自主的开发能力创造了良好的条件，也大大提高了工程技术人员的素质和水平，其中汽车优化设计理论与方法得到了推广和普及。

促进最优化技术迅速发展的主要原因有以下几点：

（1）近代科技与生产发展的需要　随着工程与技术的复杂化、大型化与精密化，以及新材料、新工艺、新技术的不断出现，机械产品的更新换代周期也日益缩短。与此相适应，迫切需要提高设计质量、寻找最优设计方案、缩短设计周期，这就促使了最优化技术的迅速发展。

（2）电子计算机的飞速发展为最优化技术提供了有力的手段 由于最优化技术是要在一切可能的方案中寻求最优的方案，往往需要进行大量的计算。若没有电子计算机而用人工进行计算，不仅工作量很大，而且有时是难以实现的。有了计算机这一有效的计算工具，就使最优化技术得以迅速发展。

运用计算机进行机械最优化设计，对整个机械设计学科产生了十分深刻的影响，使许多过去无法解决的关键性问题获得了重大突破，并取得了显著的经济效益与社会效益。机械优化设计作为一种新兴的技术，尽管目前还不太完善，有许多问题有待进一步研究探索，但可以预期，随着现代技术的迅速发展，最优化技术将在汽车行业中获得更广泛更有效的应用与发展。

优化设计是最优化数学方法与现代计算机技术相结合的产物，它能够使某项设计在规定的各种限制条件下优选设计参数，从而使其设计指标获得最优值。任何一个工程设计师都希望做出一个最优化的设计方案，使得设计的工程设施或产品具有最好的使用性能和最低的材料消耗与制造成本，以获得最佳的经济效益。在传统的设计过程中，通常是设计人员凭借自身或他人积累起来的经验和专业知识，在初始设计方案的基础上，通过反复地试验、比较和改进，最终得到一个较为满意的设计方案。这样的设计方法不仅设计周期长、人力物力消耗大，而且尽管可能找到一个较好的方案，但是一般不能够找到最优的设计方案。优化设计方法则提供了一条可能高效率地求得最优设计方案的途径。实践证明，优化设计方法是一种保证产品具有优良的性能、降低成本、减小质量和体积的有效的设计方法，同时也可以大大地缩短设计周期、提高设计效率，因此已经得到越来越广泛的应用。

汽车产品设计是一个极其复杂的问题，长期以来虽然积累了大量的各种类型的设计经验，并形成了一套成熟的设计方法，即根据产品的功能要求，经过调查分析、方案拟订、技术设计和零件工作图的绘制等环节，最后完成产品设计。以上这些环节过去都是由设计人员靠手工工具来完成的。随着科学技术的发展和市场竞争的需要，要求汽车产品更新换代的周期日益缩短，设计质量日益提高。因而，这样的设计方式越来越不能适应发展的需要。另外，这样的设计方法并不能从一系列可行方案中选出最佳设计方案。

近30年来，由于电子计算机的迅速推广应用，在汽车设计领域内，已经可以用现代化的设计方法和手段来进行结构的分析和综合设计，以满足国民经济和市场竞争对汽车产品提出的要求。但遗憾的是，直到目前为止，人们还是把注意力集中在提高分析能力（包括使用计算机、采用有限元方法等分析方法和手段）上，而不是或者根本不去考虑综合（优化设计）能力。例如，现在可以利用计算机对一个结构进行性能分析，但可能还不甚了解该结构应如何布置或如何选择参数（如几何尺寸等），才能在规定的应力、位移甚至固有频率等限制条件下，使材料得到充分利用。也就是说，现在已经具备利用计算机进行分析的能力，但是还需要解决如何选择最优的问题。

我们可以从众多的方案中选出一个较佳的方案，但这样既浪费时间，又不一定能选出最优的方案来。在结构设计中，应用优化方法既可以使方案在规定的设计要求下达到某些最优的结果，又不必浪费过多的工作量。因此，产品结构、生产工艺等的优化已成为市场竞争的一种手段。美国波音和贝尔飞机公司都已采用优化设计方法，取得了减轻质量、提高效率和承载能力的效果。

优化设计目前尚未获得广泛的应用，这是因为它不像分析方法那样，通常总是能够保证有解存在，并且保证解是稳定的。在优化设计中，即使是从原理上能够满足约束条件的解，也不能保证它一定存在，更不用说保证最优解的存在了。就是存在最优解，因为数值解法往往对初始值十分敏感，有时需要经过大量计算和多次迭代才能收敛，所以，在客观上就存在一个用它所获得的直接经济效益是否合适的问题。尽管如此，优化方法的社会效益还是很明显的，它还在继续发展，以寻求既获得稳定解而又快速收敛的方法。

进行汽车结构的优化设计时，需要掌握以下两个主要环节：

1）建立方程，即优化问题数学模型的建立。

2）选择优化方法，即优化问题的求解。

应该说明的是，优化方法从原理上讲是函数求极值的古老问题，但目前已经发展成为一门重要的数学分支——规划论。为了工程上的应用，应着重于掌握优化方法的选用，而不必追求严密的数学证明。但是，对于方法的几何及物理方面，方法的实质和发展以及它们之间的相互联系，也应有一个概要的了解。

二、优化设计的一般过程

机械优化设计的一般过程与传统设计方法有所不同，它是以计算机自动设计选优为其基本特征的，其过程分为以下四个阶段：

（1）工程设计问题的提出　首先决定设计目标，它既可以是单项设计指标，也可以是多项设计指标的组合。从技术经济观点出发，机器的运动学和动力学性能、体积、质量、效率、成本、可靠性等都可以作为设计所追求的目标，然后分析设计应满足的要求。需要考虑的工程设计问题主要有以下三类：一是某些设计参数的取值范围；二是由某种设计性能或指标根据设计规范推导出的性能要求；三是工艺条件对某些设计参数的限制等。

（2）建立数学模型　将以上工程设计问题用数学方程式的形式予以全面地、准确地描述，其中包括：①根据设计目标建立起评价设计方案优劣的目标函数；②把设计应满足的各类要求以等式或不等式的形式建立起约束方程；③确定哪些参数参与选优，也就是确定设计变量。这里需要注意两点：一是要准，必须严格地按照各种规范建立相应的数学描述；二是要全，必须把设计中应考虑的各种因素全部包括进去。这两点对于整个优化设计的效果是至关重要的。

（3）选择优化方法　根据数学模型中函数的性质、设计的精度要求等选择适用的优化方法，并做出相应的程序设计。

（4）得出最优设计方案　上机计算，并自动解得最优值，然后对计算结果做出分析和正确的判断，得出最优设计方案。

三、机械优化设计的技术经济效果

近十几年来机械优化设计研究的发展情况表明，优化设计已越来越多地应用于产品设计中。例如，零部件的优化设计、机构的优化设计、工艺装备基本参数的优化设计等，而且取得了显著的经济效果。

目前，对于在机械设计中最优化方法的实际应用还很难做出准确的评估。但是，有很多实例可以说明，与传统的设计方法相比，采用优化设计后经济效果显著。例如，对某一大型减速器进行优化设计，使其质量比原方案减轻了12%；对一行星减速器进行优化设计，使其体积比原设计缩小了13%；对20台桥式起重机箱式主梁进行优化设计，使其质量比原型平均减轻了14%，最多的减轻了35%。另外，对各种机构进行优化设计，不仅可以改善机构的动力学性能，还可以提高其运动精度。一般来说，设计问题越复杂，优化设计结果取得的技术经济效益也就越显著。尽管机械优化设计方法还处在不断发展的过程中，但仅从目前已经完成的一些工作实例来看，这种方法的推广和应用必将能够进一步提高产品质量、降低成本、缩短生产周期。

第二节 优化设计的数学模型

在汽车的优化设计中，所谓建立数学模型，是指根据设计对象的要求，运用力学和机械设计的基础知识以及汽车方面的专业知识，推导出一系列方程式或方程组。对于静态问题，其数学模型通常是建立一个代数方程组；而对于动力学问题，则多是建立常微分方程组，这些方程组反映所分析结构参数之间的内在联系，因此通过它们就可以研究各参数对设计对象工作性能的影响。

建立数学模型，就是用专业知识确定设计的限制条件和所追求的目标，确定各设计变量之间的相互关系。数学模型一旦建立，优化设计的工程问题就从物理问题变成了一个数学求解问题，这样，根据数学模型的特点，选择适当的优化方法，然后选取或自行编制程序，上机计算求得数学模型的最优解，从而得到工程问题的最优设计方案。它可以归结为在给定的条件（约束条件）下，求解目标函数的极值或最优值问题。

1. 设计变量

设计变量是设计过程中需要优选的独立参数，这类参数均可看做是变化的量，称为设计变量，如零件的几何尺寸、所用材料的性质等。优化设计的目的就是要寻求设计变量的最优数值。

设计变量是在优化过程中需要不断地进行修改、调整，一直处于变化状态的变量。设计变量的选取是根据实际问题确定的，其中某些基本参数，如工艺、结构布置、工作性能等，可以根据已有的经验预先取为定值，称为设计常数，而不是设计变量。有些优化设计问题会出现状态变量和控制变量。状态变量是描述对象性能的，可以根据物理及力学定律等用设计变量进行描述；控制变量虽然也是设计变量，但它是用于最优控制问题或形状优化设计中的变量。

设计变量可用向量的形式表示：$\boldsymbol{x}=[x_1\ x_2\cdots x_n]^{\mathrm{T}}$，它形成一个设计空间。设计空间的每一个向量就代表一个设计，即设计空间的一个点就是一个设计。

优化设计是在多种方案中优选，设计变量应可变才有多种方案优选。

例如，在活塞的设计中有许多尺寸，如D(活塞直径)、h(顶环以上的火力岸高)、H(总高)、H_i(活塞销中心至顶高)、d_i(活塞销径)，略去其他因素，则有

$$\bar{\boldsymbol{x}}=\begin{bmatrix}x_1\\x_2\\x_3\\x_4\\x_5\end{bmatrix}=\begin{bmatrix}D\\h\\H\\H_i\\d_i\end{bmatrix}=[DhHH_id_i]^{\mathrm{T}}$$

设计变量的全体可以用一个列向量表示，即 $\boldsymbol{x}=[x_1\ x_2\cdots x_n]^{\mathrm{T}}$，它是一个 n 维矢量。n 维矢量的全体被称为 n 维矢量空间（或设计空间），记为 $\boldsymbol{R}^n$。在设计空间中，自原点到某端点的一个向量可以称为一个设计方案。相邻两方案的关系为 $\Delta\bar{\boldsymbol{x}}=\bar{\boldsymbol{x}}^2-\bar{\boldsymbol{x}}^1$，则有

$$\bar{\boldsymbol{x}}^2=\bar{\boldsymbol{x}}^1+\Delta\bar{\boldsymbol{x}}=\begin{bmatrix}x_1^1\\x_2^1\\x_3^1\end{bmatrix}+\begin{bmatrix}\Delta x_1^1\\\Delta x_2^1\\\Delta x_3^1\end{bmatrix}=\bar{\boldsymbol{x}}^1+\alpha\bar{d}$$

式中，α 为步长因子；$\bar{d}$ 为搜索方向。

优化设计就是要找最佳的搜索方向 $\bar{d}$ 和步长因子 α。

设计变量越多，自由度越大，越容易找到最佳搜索方向。但在实际情况下，变量越多，建立模型越难，一般只要选取关键尺寸及容易建立模型的设计变量就足够了。

2. 约束条件

为了保证完成规定的功能，对设计变量的取值要有一定限制，这些限制条件当然是设计变量的函数，称为约束条件或约束函数。满足所有约束条件的设计就是可行设计。

约束条件可以是显式的或隐式的，如 $KY=F$、$K\bar{Y}=\omega^2M$，$\bar{Y}$ 就是隐式约束，也可是性能约束和侧面约束，还可以是等式约束和不等式约束。

约束条件按其性质不同可分为几何约束和性能约束两种类型。几何约束是只对设计变量的取值范围加以限制的约束；性能约束是具有某些必须满足的设计性能要求而得到的约束。例如，对零件强度、刚度、稳定性的要求等。

起作用约束所定义的设计空间是可行设计的活动范围，称为可行域。可行域是一个子空间，在可行域内或它的边界上分布着可行设计。

如果按数学表达形式可分为以下两种类型：

（1） 等式约束　表示为 $h(\bar{x})=0$，其设计点在约束曲面上。

（2） 不等式约束　表示为 $g(\bar{x})\leqslant 0$，其设计点在约束曲面的一侧（包括曲面本身）。

3. 目标函数 $f(\bar{x})$

目标函数是设计中预期要达到的目标与设计变量之间的关系表达式。目标函数可以是结构质量、体积、功耗、产量、成本或其他性能指标和经济指标等。例如，希望使用性能最好、质量或体积最小、制造成本最低等。目标函数的值是评价设计方案优劣程度的标准，一般情况下，为了应用通用优化设计方法计算程序的方便，追求目标函数的最小值，即目标函数越小，设计方案越优。目标函数一般用 $f(x)$ 或 $F(x)$ 表示，有单目标函数与多目标函数之分。仅根据一项设计准则建立起来的目标函数称为单目标函数。单目标函数与设计变量构成 $n+1$ 维空间（n 维变量）。若某项设计要求同时兼顾若干个设计准则，即在一个设计中有两个或两个以上需要优化的指标，则为多目标函数，表示如下

$$f_1(\bar{x})=f_1(x_1, x_2,\cdots, x_n), f_2(\bar{x})=f_2(x_1, x_2,\cdots, x_n)$$

例如，设计一个传动装置，不仅要求其质量最轻、临界转速最高，而且希望承载能力最强、寿命最长等。

4. 优化问题的数学模型

一般形式：求设计变量向量 $\boldsymbol{x}=(x_1\ x_2\cdots x_n)^{\mathrm{T}}$，使目标函数 $f(\bar{x})\to\min$，且满足等式约束

$$h_k(\bar{x})=0(k=1,2,\cdots,l),l<n$$

不等式约束

$$g_j(\bar{x})\leqslant 0(j=1,2,\cdots,m),l=m=0,\text{特例,无约束}$$

或为了简化，写成如下形式

$$\left.\begin{aligned}&\min_{x\in D}f(x)\\&sth_i(x)=0(i=1,2,\cdots,m)\\&g_i(x)\leqslant 0(j=1,2,\cdots,p)\end{aligned}\right\}$$

如果定义 $\boldsymbol{R}^n$ 为 n 维空间中的可行域，则上述数学模型又可写成

$$\min_{x\in D}f(\bar{x})$$

在数学模型的建立中，一方面要应用有关专业知识，使数学模型能较真实地反映实际设计问题，另一方面也要进行必要的简化，避免因模型过于复杂而难以求解或使计算机工作量增大。

下面举一个例子来说明建立数学模型的方法和步骤。

例题　要用薄钢板制作一个体积为 $20\mathrm{m}^3$ 的货箱，由于运输装卸要求其长度不小于 4m、不大于 7m，为了使耗费的钢板最少并减轻质量，应该如何选取货箱的长度 x_1、宽度 x_2、高度 x_3？

解：显然，钢板的耗费量与货箱的表面积成正比，如果货箱不带上盖，则目标函数为 $f(\bar{x})=f(x_1, x_2, x_3)=x_1x_2+2(x_1x_3+x_2x_3)$。

约束条件为
$$\begin{cases}x_1x_2x_3=20\\4-x_1\leqslant 0\\x_1-7\leqslant 0\\-x_2\leqslant 0\\-x_3\leqslant 0\end{cases}$$

所以，其数学模型为 $\min f(\bar{x})=\min f(x_1, x_2, x_3)=\min[x_1x_2+2(x_1x_3+x_2x_3)]$。

$$\text{s. t.}\begin{cases}x_1x_2x_3=20\\4-x_1\leqslant 0\\x_1-7\leqslant 0\\-x_2\leqslant 0\\-x_3\leqslant 0\end{cases}$$　其中有一个等式约束，四个不等式约束。

s. t. 表示满足约束条件。

有一个等式约束，在理论上可以减少一个设计变量，即 $x_3=20/x_1x_2$。所以，数学模型

可以简化为 $\min f(\bar{x}) = \min f(x_1, x_2) = \min\left[x_1x_2 + 40\left(\frac{1}{x_1} + \frac{1}{x_2}\right)\right]$

$$\text{s. t.}\begin{cases}4 - x_1 \leqslant 0\\x_1 - 7 \leqslant 0\\-x_2 \leqslant 0\end{cases}$$

第三节　几种常用的优化设计方法

一般优化方法可以分为两类，一类是无约束的优化问题的求解，另一类是有约束的优化问题的求解。

当数学模型建立以后，就要研究求解的具体方法，即优化设计方法。应当指出的是，优化方法实质上就是函数或泛函求极值的方法，可以用解析法求解，即用微分学或变分学中的数学解析方法求极值，也可以用迭代法求解。但是，由于工程问题多数是设计变量较多的约束优化问题，而且多为非线性的，因此不宜采用解析法求解，而宜采用迭代法逐步求解。所以，绝大多数优化方法都是迭代性质的数值解法，这就决定了它的近似性。

实际问题是相当复杂的，不能把所有参数都考虑到数学模型中去。有时无法通过数学方法描述过程本身，只能用试验数据进行曲线拟合，得到近似方程再求解；甚至只能从任取一点出发，通过探索的试验计算，对计算结果进行比较，并以数学原理作为指导来获得优化解。有时数学描述过于复杂，而采用线性化或二次型化，然后求解。

优化的基本方法若从总体角度上分类，可分为以下几种：①函数类优化方法（可称为静态优化方法）和泛函类优化方法（动态规划）；②连续优化、离散优化及模糊优化；③参数优化、形状优化及拓扑优化；④优化设计和优化控制等。从具体方法来说，有约束优化方法和无约束优化方法（包括一维搜索方法）、线性规划和非线性规划、几何规划和整数规划等。

1. 无约束优化方法

无约束优化方法包括坐标轮换法、鲍威尔法、共轭梯度法、DFP 变尺度法、BFGS 变尺度法等。

坐标轮换法的基本思路是每次搜索只允许沿一个变量变化，其余变量保持不变。它把多变量优化问题轮流地转化成单变量的优化问题，当 n 个变量依次进行过一维搜索后，即完成一轮计算，若未收敛，则以上一轮从最后一点开始继续下一轮计算。它的特点是只需计算函数值，无需求函数的导数，所以程序编制简单、存储量少，但计算效率低、可靠性差。

鲍威尔法是一种共轭方向法，它是利用函数梯度值来构造共轭方向，然后选取共轭方向作为每一次的搜索方向。它的特点是只需计算函数的一阶偏导数，程序编制容易，存储量少，收敛速度快，适用于维数较高的优化问题。

变尺度法有 DFP、BFGS 等方法。DFP 变尺度法是在梯度法与牛顿法两者的基础上提出的一种寻优方法，在其寻优迭代公式中，步长因子是随着迭代位置的变化而变化的。BFGS 变尺度法与 DFP 变尺度法具有完全相同的性质，其基本思想和迭代步骤相同，它们的差别在于计算构造矩阵的递推公式不同。变尺度法收敛快，计算稳定性好，适用于解决维数较高的非线性问题。

2. 约束优化方法

工程上出现的问题一般都是有约束的优化问题，其常用的方法有随机方向法、复合形法和惩罚函数法。

（1）直接解法 是在可行域内直接求解最优设计点的方法。常用的直接解法有随机方向法、复合形法。直接解法只能解决只有不等式约束的优化设计问题。

1）随机方向法是在可行域 D 内利用随机产生的可行下降方向进行搜索的一种直接解法。其特点是对目标函数无特殊要求，编制程序简单，计算量小，存储量少，收敛速度较快。

2）复合形法的基本思想是通过预定顶点数的多边形（称为复合型）各顶点的函数值相互比较，反复朝着函数值减小的方向进行点的映射与复合形的收缩，使之逐步逼近约束最优解。复合形法不需要计算目标函数的导数，也不进行一维寻优，对目标函数和约束条件都没有特殊的要求，适用范围较广，编制程序简单。

（2）间接解法 是把有约束优化问题变为无约束优化问题进行求解。具体地说，就是将约束优化问题中的约束函数进行特殊的加权处理，然后和目标函数结合起来，构成一个无约束的新目标函数。间接解法主要有惩罚函数法（SUMT 法）。根据新函数的不同构造法，可将惩罚函数法分为外点法、内点法及混合法三种类型。

1）内点惩罚函数法要求整个寻优过程在可行域内进行，迭代法均要为可行解，故初始点必须是一个内点。

2）外点惩罚函数法的初始点可以随便选择，而且其在迭代过程中生成的迭代法也可能在可行域外。

3）混合惩罚函数法将两者的惩罚函数形式结合在一起，用于求解既有不等式约束又有等式约束条件的最优化问题。它结合了内点法和外点法的优点，克服了缺点，初始点可任选，可适用于具有等式和不等式约束的优化问题，可处理多个变量及多个函数。

3. 解决优化设计问题的一般步骤

求解优化问题可认为是在约束限定的范围内找出目标函数的最小值，其基本步骤如下：

1）建立优化设计的数学模型。

2）选择使用的最优化方法及相应的计算程序。

3）确定初始数据和初始设计点。

4）编写有关的主程序及函数子程序。

5）计算机求解并输出结果。

6）对结果进行分析、比较。

第四节 优化设计在汽车设计中的应用

汽车优化设计理论和方法已应用于汽车诸多领域中的很多环节。例如，汽车整车动力传动系统优化和匹配，汽车的发动机、底盘、车身各主要总成的优化设计，机械加工的优化设计，汽车车身 CAD/CAE/CAM 一体优化技术等，使汽车产品的性能和水平得到了整体提高。

下面以常见的汽车离合器用膜片弹簧的优化为例，说明优化设计在汽车中的应用过程。

目前，汽车膜片弹簧离合器的应用越来越多，世界各国生产的汽车，特别是轿车已全部采用了膜片弹簧离合器，而且在中吨位的货车上也得到广泛的应用。

膜片弹簧的设计需要考虑的因素多，计算公式复杂。传统的方法是采用试凑法，按照一定步骤计算，得出结果，如果结果不合适则重新计算，直到满意为止。这样的设计方法很慢，而且很难得到最优解。采用优化设计方法则可以将以前作为简化的参数都考虑进去，通过编程，上机求解，得到最优解。

膜片弹簧的优化设计就是要确定一组弹簧的基本参数，使其弹性特性能够满足离合器的使用性能要求，而且弹簧强度也应满足设计要求，以达到最佳的综合效果。

1. 建立目标函数

目前，国内关于膜片弹簧优化设计的目标函数主要有以下几种：

1）弹簧工作时的最大应力为最小。

2）在从动盘摩擦片磨损前后，弹簧压紧力之差的绝对值为最小。

3）在分离行程中，驾驶人作用在分离轴承上的分离操纵力的平均值为最小。

4）在摩擦片磨损极限范围内，弹簧压紧力变化的绝对值的平均值为最小。

5）选3）和4）两个目标函数为双目标。

为了既保证离合器在使用过程中传递转矩的稳定性，又不致严重过载，且能保证操纵省力，选取5）作为目标函数。通过两个目标函数分配不同的权重来协调它们之间的矛盾，并用转换函数将两个目标合成为一个目标，构成统一的总目标函数，则有

$$f(X)=w_1f_1(X)+w_2f_2(X)$$

式中，w_1和w_2分别为两个目标函数$f_1(X)$和$f_2(X)$的加权因子，视设计要求选定。

2. 确定设计变量

通过支承环和压盘加在膜片弹簧上的载荷F_1(N)集中在支承点处，加载点间的相对轴向变形为λ_1（mm），则有膜片弹簧的弹性特性计算式。从式中可以看出

$$F_1=f(\lambda_1)=\left[\frac{\pi Eh\lambda_1}{6(1-\mu^2)}\right]\frac{\ln\dfrac{R}{r}}{(R_1-r_1)^2}\left[\left(H-\lambda_1\frac{R-r}{R_1-r_1}\right)\left(H-\frac{\lambda_2}{2}\frac{R-r}{R_1-r_1}\right)+h^2\right]$$

式中，H为膜片弹簧自由状态下碟簧部分的内锥高度（mm）；h为膜片弹簧的钢板厚度（mm）；R、r为分别为自由状态下碟簧部分的大、小端半径（mm）；R_1、r_1为分别为压盘加载点和支承环加载点的半径（mm）；E为材料的弹性模量（MPa）；μ为材料的泊松比。

应选H、h、R、r、R_1、r_1这六个尺寸参数，以及在接合工作点相应于弹簧工作压紧力F_{1B}的大端变形量λ_{1B}作为优化设计变量，即

$$\boldsymbol{X}=[x_1\ x_2\ x_3\ x_4\ x_5\ x_6\ x_7]^{\mathrm{T}}=[H\ h\ R\ r\ R_1\ r_1\ \lambda_{1B}]^{\mathrm{T}}$$

3. 约束条件

1）应保证所设计的弹簧工作压紧力F_{1B}与所要求的压紧力F_Y相等，即

$$F_{1B}=F_Y$$

2）为了保证各工作点A、B、C有较合适的位置，应正确选择λ_{1B}相对于拐点λ_{1H}的位置，一般$\lambda_{1B}/\lambda_{1H}=0.8\sim1.0$，即

$$0.8\leqslant\frac{\lambda_{1B}}{H}\left(\frac{R-r}{R_1-r_1}\right)\leqslant1.0$$

3）为了保证摩擦片磨损后离合器仍能可靠地传递转矩，并考虑到摩擦因数的下降，摩

擦片磨损后弹簧的工作压紧力 F_{1A} 应大于或等于新摩擦片时的压紧力 F_{1B}，即

$$F_{1A} \geqslant F_{1B}$$

4）为了满足离合器的使用性能要求，弹簧的 H/h 与初始底锥角 $\alpha \approx H/(R-r)$ 应在一定范围内，即

$$1.6 \leqslant \frac{H}{h} \leqslant 2.2$$

$$9° \leqslant \alpha \approx \frac{H}{(R-r)} \leqslant 15°$$

5）弹簧各部分有关尺寸的比值应符合一定范围，即

$$1.20 \leqslant \frac{R}{r} \leqslant 1.35$$

$$70 \leqslant \frac{2R}{h} \leqslant 100$$

$$3.5 \leqslant \frac{R}{r_0} \leqslant 5.0$$

6）为了使摩擦片上的压紧力分布比较均匀，推式膜片弹簧的压盘加载点半径 R_1（或拉式弹簧的压盘加载点半径 r_1）应位于摩擦片的平均半径与外半径之间，即

推式：
$$\frac{(D+d)}{4} \leqslant R_1 \leqslant \frac{D}{2}$$

拉式：
$$\frac{(D+d)}{4} \leqslant r_1 \leqslant \frac{D}{2}$$

7）根据弹簧结构的布置要求，R_1 与 R、r_1 与 r、r_1 与 r_0 之差应在一定范围内，即

$$1 \leqslant R-R_1 \leqslant 7$$

$$0 \leqslant r_1-r \leqslant 6$$

$$0 \leqslant r_1-r_0 \leqslant 4$$

8）膜片弹簧的分离起分离杠杆的作用，因此其杠杆比应在一定范围内选取，即

推式：
$$2.3 \leqslant \frac{r_1-r_f}{R_1-r_1} \leqslant 4.5$$

拉式：
$$3.5 \leqslant \frac{r_1-r_f}{R_1-r_1} \leqslant 9.0$$

9）弹簧在工作过程中，B 点的最大压应力 $\sigma_{tB\max}$ 应不超过其许用值，即

$$\sigma_{tB\max} \leqslant [\sigma_{tB}]$$

10）弹簧在工作过程中，A' 点（或 A 点）的最大拉应力 $\sigma_{tA'\max}$（或 $\sigma_{tA\max}$）应不超过其许用值，即

$$\sigma_{tA'\max} \leqslant [\sigma_{tA'}] \text{ 或 } \sigma_{tA\max} \leqslant [\sigma_{tA}]$$

11）在弹簧的制造过程中，由于其主要尺寸参数 H、h、R 和 r 都存在加工误差，对弹簧的压紧力有一定的影响。因此，为了保证在加工精度范围内弹簧的工作性能，必须使由制造误差引起的弹簧压紧力的相对偏差不超过某一范围，即

$$\frac{\Delta F_H + \Delta F_h + \Delta F_R + \Delta F_r}{F_{1B}} \leqslant 0.05$$

式中，ΔF_H、ΔF_h、ΔF_R、ΔF_r分别为由 H、h、R 和 r 的制造误差引起的弹簧压紧力的偏差值。

12）在离合器装配误差范围内引起的弹簧压紧力的相对偏差也不得超过某一范围，即

$$\left|\frac{\Delta F_{1B}}{F_{1B}}\right| \leqslant 0.05$$

式中，F_{1B}为由离合器装配误差引起的弹簧压紧力的偏差值。

4. 膜片弹簧基本参数的优化

基于 MATLAB 优化工具箱中的 FMINCON 函数对某车离合器进行优化计算，该车型的具体参数如下：

发动机最大功率	38kW/5600r/min
发动机最大转矩	75.5N · m/3200r/min
整车最大总质量	1170kg
整车整备质量	795kg
主减速器传动比	4.5
变速器各挡位变速比	3.090，1.842，1.230，0.864
摩擦片材料	石棉

离合器基本参数的优化程序如下：

程序1：目标函数

```
function f = objFun(x)
f =3.14/(4 * (x(2)^2 - x(3)^2));
```

程序2：约束函数

```
function [c,ceq] = conFun(x)
c(1) = -(x(3)/x(2)) +0.64;
c(2) =(x(3)/x(2)) -0.70;
c(3) = -(0.2 * x(1) * (x(2)^3 - x(3)^3))/(75.5 * (x(2)^2 - x(3)^2) * 10^3)
+1.20;
c(4) =(0.2 * x(1) * (x(2)^3 - x(3)^3))/(75.5 * (x(2)^2 - x(3)^2) * 10^3)
-1.75;
c(5) =(4 * x(1))/(3.14 * (x(2)^2 -x(3)^2)) -0.35;
c(6) = -(4 * x(1))/(3.14 * (x(2)^2 - x(3)^2)) +0.25;
c(7) =(784.5/x(2)^2 - x(3)^2)) -0.40;
c(8) =(1.2 * x(1) * (x(2)^3 - x(3)^3))/(3.14 * (x(2)^2 - x(3)^2)^2 -280;
ceq = [];
```

程序3：主函数

```
x0 =[2205,170,120];
1b =[0,0,0];
A =[0,0.314,0;0,0, -1];
b =[70,125]';
[x,f] = fmincon('objFun',x0,A,b,[],[],1b,[],'conFun')
```

在 MATLAB 中运行上述程序，得到的优化结果与原有参数进行比较，其结果见表 3-1。根据所得的结果可以进行结构设计，并可利用有限元分析对所涉及的结构进行验证。

表 3-1　离合器基本参数优化结果

参数 阶段	F/N	D/mm	d/mm	β	p
优化前	2205	170	120	1. 28	0. 194
优化后	2327	151	105	1. 20	0. 525

第四章　有限元法

第一节　引　　言

车辆设计一般要经过调查研究、拟订方案、计算分析、绘图和编制文件等一系列反复过程。对于其中每一部分工作，设计人员都要付出巨大而复杂的劳动。过去，在主要是由人工进行的资料检索、计算和绘图的传统设计中，往往需要较多的人力和较长的设计周期。有时为了节省人力和缩短设计周期，对于一些费时的分析计算，常常只能采用精度较差的近似计算、作图法或类比定值等粗糙方法来进行，这就影响了设计质量。随着社会生产和科学技术的飞速发展，对车辆以及车辆设计的要求越来越高；另一方面，由于新技术、新材料和新工艺的不断出现，机械产品的更新换代周期日益缩短，相应地要求缩短设计周期，提高设计工效，传统的手工设计方法已经越来越不能适应这种发展的需要。

随着电子计算机硬件和软件技术的不断发展，以及应用领域的日益扩大深入，利用计算机快速、准确的运算功能，强大的“记忆”能力和“思维”能力以及图形功能，逐渐形成了一门新兴学科——现代设计方法。现代设计方法包括设计分析、结构设计、试验分析和使用考验四个阶段，每个阶段都利用计算机的不同功能来实现。结构设计阶段的目的是要保证一个承受载荷的零部件在各种运行条件下，其内应力和变形必须保持在允许的范围内。此外，还希望所选定的方案在选用材料、构件质量、工艺方法等技术限制内达到最佳状态，即优化设计。因此，通常是利用计算机并借助近代一些数学和力学工具来做大量的结构组合和分析研究工作，包括对多种方案的分析比较。利用计算机对产品结构进行分析，或对设计方案进行评价、比较，一般借助所建立的反映结构（或设计方案）的数学模型来实现。当前，在这方面所采用的基本分析方法是应用范围极为广泛的有限元法。

结构件是汽车的重要组成部分。这里所说的结构，主要是指由许多单元（如杆件、板或实体等）所组成的整体，它们或起承载作用，或承受、传送外部载荷，以保证整个汽车的正常工作，实现预期目的。由于要完成各自的功能，其结构各异，形状复杂。集装箱牵引车、载货汽车、大中型客车等的车架大都是板梁或框架结构；轿车车底架常为承载板式结构，车身则为板壳结构。一些结构件长期在满载及振动冲击载荷下工作，寻求这些结构件正确而可靠的设计与计算方法，是提高汽车工作性能以及可靠性与寿命的主要途径之一。

应用有限元法对汽车结构件进行分析，是一项综合性的工作。它包括从物理力学模型抽象为有限元计算的数学模型、计算程序的选择或修改、在计算机上的实施以及计算前后大量信息数据的处理等。由这个过程最后获得的主要数据有：结构的应力分布、变形分布、内力分布、结构的固有特性（固有频率和相应的固有振型）和动态响应。利用这些数据，就可以对所研究的结构进行相应的分析，分析的目的包括以下内容：

（1）进行结构的最优化方案设计　在进行汽车的结构设计时，可以对可能的结构方案进行有限元法计算。根据对方案计算结果的分析和比较，按强度、刚度和稳定性要求，对原方案进行修改补充，得到较合理的应力及变形分布，从而获得较好的结构设计方案。

（2）分析结构损坏原因，寻找改进途径　当结构件在工作中发生故障，如产生裂纹、断裂、磨损过大等时，可应用有限元法进行计算，研究结构损坏的原因，找出危险区域和部位，提出改进设计的方案，并进行相应的计算分析，直至找到合理的结构为止。

研究表明，各种汽车的结构件都可应用有限元法进行静态分析、固有特性分析和动态分析。对工程实际问题的分析已从原来的静态分析为主转到要求以模态分析和动态分析为主，甚至根据工程实际结构的特点进行非线性分析。

第二节　有限元法概述

一、有限元常用术语

1. 单元

有限元模型中的每一个小块体称为一个单元。根据其形状的不同，可以将单元划分为以下几种类型：线段单元、三角形单元、四边形单元、四面体单元和六面体单元等。由于单元是构成有限元模型的基础，因此单元类型对于有限元分析过程至关重要。一个有限元程序提供的单元种类越多，该程序的功能就越强大。ANSYS 程序提供了一百余种单元种类，可以模拟和分析绝大多数的工程问题。

2. 节点

用于确定单元形状、表述单元特征及连接相邻单元的点称为节点。节点是有限元模型中的最小构成元素。多个单元可以共用一个节点，节点起连接单元和实现数据传递的作用。

3. 载荷

工程结构所受到的外在施加的力或力矩称为载荷，包括集中力、力矩及分布力等。在不同的学科中，载荷的含义有所差别。在通常结构的分析过程中，载荷为力、位移等；在温度场分析过程中，载荷是指温度等；而在电磁场分析过程中，载荷是指结构所受的电场和磁场作用。

4. 边界条件

边界条件是指结构在边界上所受到的外加约束。在有限元分析过程中，施加正确的边界条件是获得正确的分析结果和较高的分析精度的关键。

5. 初始条件

初始条件是指在结构响应前所施加的初始速度、初始温度及预应力等。

二、有限元法的解题步骤

1. 单元划分和插值函数的确定

根据构件的几何特性、载荷情况及所要求的变形点，建立由各种单元所组成的计算模型。再按单元的性质和精度要求，写出表示单元内任意点的位移函数 $\mu(x,y,z)$，$\nu(x,y,z)$，$\omega(x,y,z)$ 或 $\{d\}=[S(x,y,z)]\{a\}$。

利用节点处的边界条件，写出以 $\{a\}$ 表示的节点位移 $\{q\}=[\mu_1\nu_1\omega_1\mu_2\nu_2\omega_2\cdots]^{\mathrm{T}}$，并写成

$$\{q\}=[C]\{a\}$$

求 $[C]^{-1}$ 及 $\{a\}=[C]^{-1}\{q\}$，并代入 $\{d\}=[S]\{a\}$，得

$$\{d\}=[S][C]^{-1}\{q\}=[N]\{q\}$$

它是用节点位移表示单元任意点位移的插值函数式。

2. 单元特性分析

根据位移插值函数，由弹性力学中给出的应变相位移关系，可计算出应变为

$$\{\varepsilon\}=[B]\{q\}$$

式中，$[B]$ 为应变矩阵。相应的变分为

$$\{\delta\varepsilon\}=[B]\{\delta q\}$$

由物理关系，得应变与应力的关系式为

$$\{\sigma\}=[D]\{\varepsilon\}=[D][B]\{q\}$$

式中，$[D]$ 为弹性矩阵。

由虚位移原理 $\int_V\{\delta\varepsilon\}^{\mathrm{T}}\{\sigma\}\mathrm{d}V=\{\delta q\}^{\mathrm{T}}\{F\}$，可得单元的有限元方程，或力与位移之间的关系式为

$$\{F\}=[K]\{q\}$$

式中，$[K]$ 为单元特性，即刚度矩阵，并可写成为

$$[K]=\int_V[B]^{\mathrm{T}}[D][B]\mathrm{d}V$$

3. 单元组集

把各单元按节点组集成与原结构相似的整体结构，得到整体结构的节点力与节点位移的关系为

$$\{F\}=[K]\{q\}$$

式中，K 为整体结构的刚度矩阵；F 为总的载荷列阵；q 为整体结构所有节点的位移列阵。

在组集载荷列阵前，应将非节点载荷离散并转移到相应单元的节点上。转移方法根据力的性质不同分别取不同的算式：$\{F\}=\int_V[N]\{p\}\mathrm{d}V$（体积力转移），或 $\{F\}=\int_\delta[N]\{F\}\mathrm{d}s$（表面力转移），或$\{F\}=\{P\}[N]$（集中力转移）。

4. 解有限元方程

可采用不同的计算方法解有限元方程，得出各节点位移。在解题之前，还要对 K 进行边界条件处理，然后再解出节点位移 q。

5. 计算应力

若要求计算应力，则在计算出节点位移 $\{q\}$ 后，由$\{\varepsilon\}=[B]\{q\}$和$\{\sigma\}=[D]\{\varepsilon\}=[D][B]\{q\}$，并令$[R]=[D][B]$为应力矩阵，则由式$\{\sigma\}=[R]\{q\}$即可求出相应的节点应力。

三、有限元法的发展概况

从经典结构力学派生出的结构矩阵分析方法，早就应用于建筑工程的复杂钢架等结构的分析中。但这些结构本身都明显地由杆件所组成，杆件的特性可通过经典的位移法分析来建立。虽然矩阵位移法的整个分析方法和步骤都与有限元法相似，也是用矩阵来表达、用计算

机来求解，但它与目前广泛应用的有限元法是有本质区别的。前者只能用以分析具有已知单元节点力-单元节点位移关系的杆系结构，而不能分析非杆系的连续体结构。因为对离散所得的非杆件连续体单元，无法像矩阵位移法那样用传统方法建立起单元节点力和单元节点位移之间的关系。

有限元法基本思想的提出，可以追溯到 Courant 在 1943 年的工作。当时他第一次假设翘曲函数在一个人为划分的三角形单元集合体的每个单元上为简单的线性函数，求得了 St. Venant 扭转问题的近似解。一些应用数学家、物理学家和工程师由于各种原因也都涉足过有限元法的概念，但由于当时计算技术的制约，不能用以解决工程实际问题，因而也就没有引起科学及工程界的重视。到了 20 世纪 60 年代以后，随着电子计算机硬件和软件技术的迅速发展，制约有限元法发展的条件消除了，从而导致了有限元法的飞速发展。

现代有限元法的第一个成功尝试是由 Turner、Clough 等人于 1956 年在分析飞机结构时得到的。他们将矩阵位移法的方法、原理推广应用于弹性力学的平面问题中，将一个弹性连续体假想地划分为一系列三角形的所谓单元，不像里兹法那样在整个求解域内构造约束所允许的位移试函数，而是以三角形单元三个角顶节点的位移作为优先解决的基本未知量，在满足一定条件下对整个求解域构造分片连续的位移场，这就使原来建立位移场的困难得到了解决。继之又解决了单元节点力和节点位移之间的单元特性关系（单元刚度方程），从而用三角形单元求得了平面应力问题的近似解答。他们的这些研究工作开创了利用计算机求解复杂平面弹性问题的新局面。1960 年，Clough 进一步处理了平面弹性问题，并第一次提出了“有限元法”的名称。

早期的有限元法是建立在虚位移原理或最小势能原理基础上的，这对人们清楚地理解有限元法的物理概念是很有帮助的，但是它只能处理一些比较简单的实际问题。1963 ~ 1964 年，Besseling、Melosh、Jones、卞学璜等人的研究工作表明，基于各种变分原理可以建立起更为灵活、适应性更强、计算精度更高的有限元法。这些成果大大刺激了变分原理（包含广义变分原理及其修正广义变分原理等）的研究和发展，先后出现了一系列基于变分原理的新型有限元模型，如各种混合元、杂交元、非协调元、广义协调元等。

许多变分原理都和相应的数学物理方程相对应，但也有些问题可能建立了数学物理方程和定解条件，但却没有对应的变分泛函。从 20 世纪 60 年代后期开始，人们开始研究加权余量（也称为加权残值、加权残数）法，它是按照某种规则建立问题的试函数，根据其对控制方程、边界条件的满足程度，通过建立余量加权意义下的最小来获得问题的数值近似解答。利用加权余量法中的伽辽金（Galerkin）法也可建立起基于变分原理所得到的相应方程，因此被称为加权余量有限元。

从有限元法提出时起，如何建立更好的单元场变量，从而在相同网格划分下提高计算精度和效率，始终是计算力学工作者的一项研究任务。基于样条函数的各种优良特点，人们开始将样条函数引入场变量的建立和数值分析中，并进一步建立了样条有限元。

随着所分析问题的大型化、复杂化，除了需要进一步研究各种高精度单元外，考虑到多年来力学研究的成果已经取得了部分“精确解”，人们开始利用这些成果将有限元的离散思想和经典解法的解析结果结合起来，以便获得效率、精度更高的方法。研究的结果就产生了一类“半解析”的数值方法，如有限条法、组合单元法、有限线法、边界单元法等。

近四十多年来，有限元法的应用范围已由弹性力学平面问题扩展到空间问题、板壳问题；由静力平衡问题扩展到稳定问题、动力问题、波动问题和接触问题；分析的对象由弹性材料扩展到塑性、粘弹性、粘塑性和复合材料等问题；由小变形的几何线性问题扩展到各种大变形的几何非线性复杂问题；由单一的非线性问题扩展到包括材料非线性、几何非线性和边界非线性等的多重非线性问题；由单一介质的分析扩展到多介质相互影响的问题；由固体力学扩展到流体力学、传热学、电磁学等连续介质力学领域。从确定性分析的有限元法，发展到了随机有限元分析；从已知系统和激励求解系统响应的“正分析”，发展到了根据响应和系统识别激励，或者根据响应和激励识别系统的“反问题”。有限元法在工程分析中的作用，从分析和校核已经扩展到优化设计和智能计算机辅助设计技术相结合的程度。在不到半个世纪的发展中，有限元法几乎渗透到了科学、工程的方方面面。可以预计，随着现代力学、计算数学和计算机技术等学科的发展，有限元法作为一个具有巩固理论基础和广泛应用的数值分析工具，必将在国民经济建设和科学技术发展中发挥更大的作用，其自身也将得到进一步的完善和发展。

有限元法的应用离不开计算机和有限元法应用软件。随着有限元法理论的发展与完善，已经开发出了许多大型的通用有限元程序，如 ANSYS、NARWN、SAP、ADINA、LUSAS 等。它们一般都具有结构的静动力分析、大变形和稳定分析、各种非线性分析，以及热传导、热应力、流体分析和多体耦合等功能，有比较成熟、齐全的单元库，提供了二次开发的接口。利用通用程序，一般的工程问题均可获得解决。因此，学习和掌握一些已有程序的应用是十分必要的。但是，这些通用程序功能再强大，对于一些正处于研究阶段的内容，往往也是无能为力的。所以，针对某些特定内容开发各种特殊问题的专用软件，或在这些商用软件基础上进行二次开发显然是必要的。按照面向对象的程序设计方法，充分考虑“可重用性”，逐步积累与组成有限元法分析程序库和可重用“构件”库，对加快工程应用和加快软件开发是很有实际意义的。

随着有限元法的发展和应用，人们还在不断地探索效率更高、更精确、更可靠的新型单元，以解决实际应用中遇到的新问题，并在这一过程中进一步拓展有限元法的应用领域。

第三节　有限元分析软件简介

有限元分析是针对结构力学分析迅速发展起来的一种现代计算方法，它是 20 世纪 50 年代首先在连续体力学领域、飞机结构静动态特性分析中应用的一种有效的数值分析方法。随后，这种方法很快地广泛应用于求解热传导、电磁场、流体力学等连续性问题。

有限元分析软件目前最流行的有 ANSYS、ADINA、ABAQUS、MSC 四种。其中，ADINA、ABAQUS 在非线性分析方面有较强的能力，目前是业内最认可的两种有限元分析软件；ANSYS、MSC 进入中国比较早，所以在国内知名度高且应用广泛。目前在多物理场耦合方面，几种软件都可以做到结构、流体及热的耦合分析，但是除 ADINA 以外，其他三个必须与别的软件搭配进行迭代分析，目前能做到真正流固耦合的软件只有 ADINA。本节主要介绍大型通用有限元分析软件 ANSYS 软件。

一、ANSYS 软件

ANSYS 软件是融结构、流体、电场、磁场、声场分析于一体的大型通用有限元分析软件，由世界上最大的有限元分析软件公司之一的美国 ANSYS 开发。它能与多数 CAD 软件接口，实现数据的共享和交换，如 Pro/Engineer、NASTRAN、Alogor、I-DEAS、AutoCAD 等，是现代产品设计中的高级 CAD 工具之一。

CAE 的技术种类有很多，其中包括有限元法（Finite Element Method，FEM）、边界元法（Boundary Element Method，BEM）、有限差法（Finite Difference Element Method，FDM）等。每一种方法各有其应用的领域，而其中有限元法应用的领域越来越广，现已应用于结构力学、结构动力学、热力学、流体力学、电路学、电磁学等。

ANSYS 有限元软件包是一个多用途的有限元法计算机设计程序，可以用来求解结构、流体、电力、电磁场及碰撞等问题。因此，它可以应用于航空航天、汽车工业、生物医学、桥梁、建筑、电子产品、重型机械、微机电系统及运动器械等多种工业领域。

ANSYS 软件提供了 100 种以上的单元类型，用来模拟工程中的各种结构和材料。该软件有多种不同版本，可以运行在从个人机到大型机的多种计算机设备上，如 PC、SGI、HP、SUN、DEC、IBM、CRAY 等。

目前最新版本 ANSYS 12.0 同级别的软件还有 ADINA、ABAQUS、MSC 等，ADINA 和 ABAQUS 在非线性计算功能方面比 ANSYS 强，ABAQUS 没有流体计算模块，ADINA 不能作电磁分析，但是 ADINA 是目前做流固耦合最好的软件。

ANSYS 10.0 版本作为优化产品研发流程的仿真技术及软件的开发者和革新者，延续了 ANSYS 一贯强大的耦合场技术，为复杂的流固耦合（FSI）问题提供了更完善的解决方案。该版本整合了世界一流的应力分析和流体分析技术，形成了一套完整的 FSI 解决方案。通过适合于特定场要求的网格划分，一个单一的几何体可以应用于两种场。该版本提供了有效解决 FSI 动力学分析的信息交换功能，目前市场上还没有任何其他的 FSI 软件可以提供具有如此强大的稳健性和高度的精确性的分析。另外，该版本可以在多个机群进行并行处理，解决超大模型。

在机械应用领域，ANSYS 10.0 包括了 ANSYS Workbench 下全部的热瞬态分析功能。这不仅可以帮助用户进行非常复杂的时域仿真，同时也可自动完成很多建模和求解工作，可以轻松快速地求解设备在一定运行时间内的热性能。

在高频电磁领域，ANSYS 10.0 版本提供了一个新的模式端口，此端口大大简化了集成电路（IC）、射频识别（RFID）和射频微机电系统（MEMS）等多种设备分析传输线端口的建模。标准算例显示，利用此端口建模，可以显著缩小模型尺寸，在保证精确的频域计算结果的前提下，节约 30% ~50% 的求解时间和内存需求。

新版本增加了旋转机械的陀螺效应，它提高了 ANSYS 对涡轮机械和其他旋转结构的转子动力学分析的能力。在耦合场领域的结构-热-电磁三场耦合分析中增加热弹阻尼（TED），这是一个在金属、制陶及 MEMS 领域非常重要的内耗装置。

ANSYS 软件提供的分析类型如下：

（1）结构静力分析　用来求解外载荷引起的位移、应力和力。静力分析很适合求解惯性和阻尼对结构影响并不显著的问题。ANSYS 程序中的静力分析不仅可以进行线性分析，而且也可以进行非线性分析，如塑性、蠕变、膨胀、大变形、大应变及接触分析。

（2）结构动力学分析　结构动力学分析用来求解随时间变化的载荷对结构或部件的影响。与静力分析不同，动力学分析要考虑随时间变化的力载荷以及它对阻尼和惯性的影响。

ANSYS可进行的结构动力学分析类型包括瞬态动力学分析、模态分析、谐波响应分析及随机振动响应分析。

（3）结构非线性分析　结构非线性导致结构或部件的响应随外载荷不成比例地变化。ANSYS程序可求解静态和瞬态非线性问题，包括材料非线性、几何非线性和单元非线性三种类型。

（4）动力学分析　ANSYS程序可以分析大型三维柔体运动。当运动的积累影响起主要作用时，可使用这些功能分析复杂结构在空间中的运动特性，并确定结构中由此产生的应力、应变和变形。

（5）热分析　程序可处理热传递的三种基本类型，即传导、对流和辐射。热传递的三种类型均可进行稳态和瞬态、线性和非线性分析。热分析还具有可以模拟材料在固化和熔解过程中的相变分析能力，以及模拟热与结构应力之间的热-结构耦合分析能力。

（6）电磁场分析　主要用于电磁场问题的分析，如电感、电容、磁通量密度、涡流、电场分布、磁力线分布、力、运动效应、电路和能量损失等。还可用于螺线管、调节器、发电机、转换器、磁体、加速器、电解槽及无损检测装置等的设计和分析领域。

（7）流体动力学分析　ANSYS流体单元能进行流体动力学分析，分析类型可以为瞬态或稳态，分析结果可以是每个节点的压力和通过每个单元的流率，并且可以利用后处理功能产生压力、流率和温度分布的图形显示。另外，还可以使用三维表面效应单元和热-流管单元模拟结构的流体绕流并包括对流换热效应。

（8）声场分析　程序的声学功能用来研究在含有流体的介质中声波的传播，或用来分析浸在流体中的固体结构的动态特性。这些功能可用来确定音响送话器的频率响应，研究音乐大厅的声场强度分布，或用来预测水对振动船体的阻尼效应。

（9）压电分析　用于分析二维或三维结构对AC（交流）、DC（直流）或任意随时间变化的电流或机械载荷的响应。这种分析类型可用于换热器、振荡器、谐振器、送话器等部件及其他电子设备的结构动态性能分析，可进行四种类型的分析，即静态分析、模态分析、谐波响应分析、瞬态响应分析。

ANSYS软件主要包括三个部分：前处理模块、分析计算模块和后处理模块。

前处理模块提供了一个强大的实体建模及网格划分工具，用户可以方便地构造有限元模型。它主要有两部分内容：实体建模和网格划分。

（1）实体建模　ANSYS程序提供了两种实体建模方法：自顶向下与自底向上。自顶向下进行实体建模时，用户定义一个模型的最高级图元，如球、棱柱，称为基元，程序则自动定义相关的面、线及关键点。用户利用这些高级图元直接构造几何模型，如二维的圆和矩形以及三维的块、球、锥和柱。无论使用自顶向下还是自底向上方法建模，用户均能使用布尔运算来组合数据集，从而“雕塑出”一个实体模型。ANSYS程序提供了完整的布尔运算，如相加、相减、相交、分割、粘结和重叠。在创建复杂实体模型时，对线、面、体、基元的布尔操作能减少相当可观的建模工作量。ANSYS程序还提供了拖拉、延伸、旋转、移动、延伸和复制实体模型图元的功能。附加的功能还包括圆弧构造、切线构造、通过拖拉与旋转生成面和体、线与面的自动相交运算、自动倒角生成，以及用于网格划分的硬点的建立、移动、复制和删除。自底向上进行实体建模时，用户从最低级的图元向上构造模型，即用户首先定义关键点，然后依次是相关的线、面、体。

（2）网格划分　ANSYS 程序提供了使用便捷、高质量的对 CAD 模型进行网格划分的功能。它包括四种网格划分方法：延伸划分、映像划分、自由划分和自适应划分。延伸网格划分可将一个二维网格延伸成一个三维网格。映像网格划分允许用户将几何模型分解成简单的几部分，然后选择合适的单元属性和网格控制，生成映像网格。ANSYS 程序的自由网格划分器的功能十分强大，可对复杂模型直接划分，避免了用户对各个部位分别划分然后进行组装时因各部分网格不匹配带来的麻烦。自适应网格划分在生成了具有边界条件的实体模型后，用户指示程序会自动地生成有限元网格，分析、估计网格的离散误差，然后重新定义网格大小，再次分析计算并估计网格的离散误差，直至误差低于用户定义的值或达到用户定义的求解次数。

分析计算模块包括结构分析（可进行线性分析、非线性分析和高度非线性分析）、流体动力学分析、电磁场分析、声场分析、压电分析以及多物理场的耦合分析，可模拟多种物理介质的相互作用，具有灵敏度分析及优化分析能力。

后处理模块可将计算结果以彩色等值线显示、梯度显示、矢量显示、粒子流迹显示、立体切片显示、透明及半透明显示（可看到结构内部）等图形方式显示出来，也可将计算结果以图表、曲线形式显示或输出。

在 ANSYS 软件中，载荷包括边界条件和外部或内部作用力函数。在不同的分析领域中有不同的表征，但基本上可以分为六大类：自由度约束、力（集中载荷）、面载荷、体载荷、惯性载荷及耦合场载荷。

（1）自由度约束（DOF Cinstraints）　将给定的自由度用已知量表示。例如，在结构分析中，约束是指位移和对称边界条件，而在热力学分析中则是指温度和热通量平行的边界条件。

（2）力（集中载荷）（Force）　是指施加于模型节点上的集中载荷，或者施加于实体模型边界上的载荷。例如，结构分析中的力和力矩、热力分析中的热流速度、磁场分析中的电流段等。

（3）面载荷（Surface Load）　是指施加于某个面上的分布载荷。例如，结构分析中的压力、热力学分析中的对流和热通量。

（4）体载荷（Body Load）　是指体积或场载荷。例如，需要考虑的重力、热力分析中的热生成速度。

（5）惯性载荷（Inertia Loads）　是指由物体的惯性而引起的载荷。例如，由重力加速度、角速度、角加速度引起的惯性力。

（6）耦合场载荷（Coupled-field Loads）　是一种特殊的载荷，它是考虑到一种分析的结果，并将该结果作为另外一个分析的载荷。例如，将磁场分析中计算得到的磁力作为结构分析中的力载荷。

二、ANSYS 软件与 ABAQUS 及 ADINA 软件的对比分析

1. 在世界范围内的知名度

三种软件同为国际知名的有限元分析软件，在世界范围内具有各自广泛的用户群。

ANSYS 软件在致力于线性分析的用户中具有很好的声誉；ABAQUS 软件则致力于复杂和深入的非线性工程问题；而 ADINA 软件除了求解非线性问题外，许多物理场的流固耦合求解功能也是全球唯一的专利技术。

2. 应用领域

三种软件同为大型通用分析软件，都具有各自广泛的应用领域。

ANSYS 软件注重应用领域的拓展和合并，目前已覆盖了结构、温度、流体、电磁场和多物理场耦合等十分广泛的研究领域；ABAQUS 软件则只具备结构分析功能，仅局限于结构力学领域；而 ADINA 软件和 ANSYS 软件一样都具备结构、温度、流体及流固耦合的功能，因此其应用领域也相当广泛。

3. 性价比

三种软件同为美国的有限元分析软件，在价格方面相差不是特别大。由于 ABAQUS 软件仅具有结构分析功能，因此从整体来看，ABAQUS 软件是最为便宜的。如果需要进行流体计算或者多物理场耦合求解功能，则 ANSYS 软件和 ADINA 软件都是更好的选择。

4. 求解器功能

对于常规的结构线性问题，三种软件都能够较好地解决，在模型规模限制、计算流程、计算时间等方面都较为接近。

ABAQUS 软件和 ADINA 软件在求解非线性问题时具有非常明显的优势；而 ANSYS 软件和 ADINA 软件则在流体和多物理场耦合功能方面具有无可比拟的优势。

5. 人机交互界面

ANSYS/Workbench、ABAQUS/CAE、ADINA/AUI 都是采用 CAD 方式建模和可视化视窗系统，都具有良好的人机交互特性。三种软件除了提供窗口操作外都还提供命令流输入。但是，ABAQUS/CAE 并不对所有的命令流都支持 CAE 界面操作。

6. 建模方式

ANSYS 软件和 ADINA 软件都采用以 Parasolid 为核心的实体建模技术，因此可以和其他以 Parasolid 为核心的 CAD 软件实行真正无缝的双向数据交换，且这两种软件自身的建模功能很强大。而 ABAQUS 软件的 CAE 模块和输入文件这两种建模方式是由两家不同的公司研制的，CAE 模块功能还不是很完全，一些功能只能通过编辑 INP 输入文件来实现。

7. 网格划分

三种软件都提供多种网格划分器，可以进行复杂模型的自由网格划分。

除了常见的网格划分外，ANSYS 软件和 ADINA 软件还可以对复杂模型进行自动六面体网格划分，从而在节省技术人员工作时间的情况下又保证了网格的精度。

8. 综合性能对比

ANSYS 软件的命令流操作非常方便，对于结构循环优化方面比较有优势，但目前还只是局限于线性方面，其非线性方面的功能很差甚至基本没有。

ABAQUS 软件则在显式非线性方面有些特色，但隐式非线性方面比不上 ADINA 软件，且不具备流体的功能。

ADINA 软件则在结构非线性及多物理场耦合方面非常出色，是全球非线性功能最强大的有限元软件之一，而且具有全球最好的流固耦合分析功能。

第四节　汽车车架的静态分析

汽车车架大多数由薄壁型钢焊接或铆接而成，槽钢是其常用的一种型钢。由于载荷常不通过薄壁型钢截面的弯曲中心，因此汽车车架在载荷作用下不仅要发生弯曲变形，而且还要发生扭转变形。薄壁杆件的抗扭性能较差，当汽车在高低不平的道路上行驶时，车架要在更加严重的扭转变形情况下工作。所以，在分析计算车架强度时，必须要考虑薄壁杆件的扭转变形。

一、力学模型

根据有限元法的基本原理，把汽车车架离散为若干单元。首先进行单元特性分析，组合单元特性矩阵；再进行整体分析，引入边界支承条件及载荷条件；最后求解平衡方程，得出节点位移，计算应力，从而计算或校核车架的强度。

汽车的车架结构复杂，简化模型的原则是要能反映工程结构的主要力学特性。在此前提下，应尽量使用较少的单元和简单的单元类型。在进行有限元分析时，整个车架只承受垂直方向的集中及分布载荷，因此可将其简化为空间梁单元模型计算。

为了提高计算精度，根据下列原则确定节点并划分单元：

1）车架纵横梁的连接点，汽车驾驶室、转向器、散热器、发动机、备胎、油箱等各总成及横梁在纵梁上的作用点。

2）所有集中载荷及支反力作用点。

3）截面高度连续变化的区段，以若干个阶梯状梁单元代替。针对某型车架，根据以上模型简化原则，将车架划分成46个单元、41个节点，其计算简图如图4-1所示。

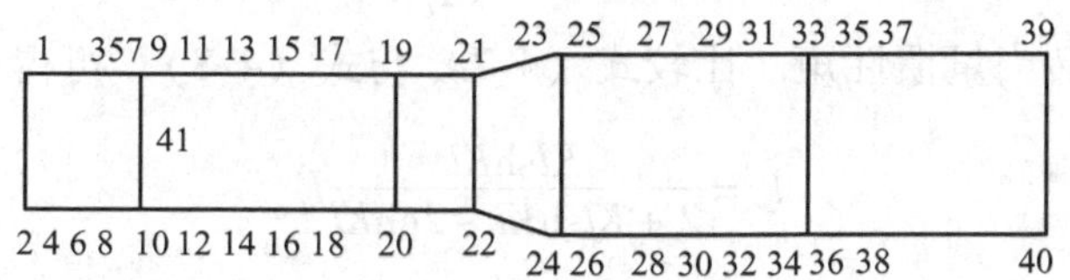

图4-1　某车架有限元计算模型

1. 单元分析

车架属于薄壁梁构件，根据弹性力学理论，非圆截面杆的横截面在扭转变形后要发生翘曲，因而必须考虑主扇形惯性矩的影响。一般的有限元计算程序在单元刚度形成时没有考虑翘曲的影响，因此在应用其进行车架结构分析时，必须对单元刚度矩阵进行修正，用考虑了两端翘曲约束影响的当量扭转惯性矩来代替扭转惯性矩。

由内弹性薄壁杆件理论可知，两端受集中扭转力偶作用，而中间不受扭转力偶作用时，开口薄壁杆件约束扭转变形的微分方程式为

$$GI_t\theta' - EI_W\theta^{\omega} = M_x \tag{4-1}$$

式中，G 为剪切模量；E 为弹性模量；I_t 为杆件横截面的抗扭惯性矩；θ 为扭转角；I_W 为主扇形惯性矩

$$I_W = \int W^2 \mathrm{d}A$$

如图4-2所示，对于槽钢截面有

$$I_W = \frac{(2H' + 3B')TH'^2B'^3}{12(H' + 6B')}$$

式（4-1）的通解为

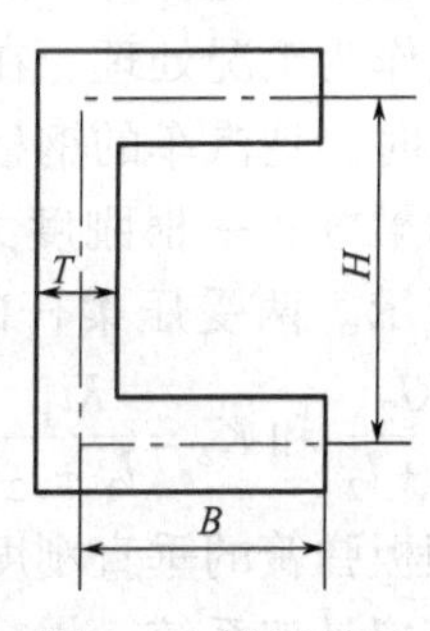

图4-2　槽钢截面

$$\theta = C_1 \text{ch}Kx + C_2 \text{sh}Kx + C_3 + \frac{M_x x}{GI_t} \tag{4-2}$$

对其求一、二、三阶导数后，得

$$\theta' = C_1 K \text{sh}Kx + C_2 K \text{ch}Kx + \frac{M_x x}{GI_t} \tag{4-3}$$

$$\theta'' = C_1 K^2 \text{ch}Kx + C_2 K^2 \text{sh}Kx \tag{4-4}$$

$$\theta''' = C_1 K^3 \text{sh}Kx + C_2 K^3 \text{ch}Kx \tag{4-5}$$

（1）两端均受翘曲约束　在 $x=0$ 处，$\theta_0'=0$；在 $x=1$ 处，$\theta_t'=0$（因翘曲位移 $\mu=-\theta_\omega'=0$）。将它们代入式（4-3），可求得积分常数为

$$C_1 = \frac{M_x(\text{ch}Kl-1)}{GI_t K \text{sh}Kl}, C_2 = -\frac{M_x}{KGI_t} \tag{4-6}$$

把以上常数代入式（4-2），分别求出 $x=1$ 端的截面转角 θ_t 和 $x=0$ 端的截面转角 θ_0，两者相减，即可求出槽钢杆件两端截面之间的相对扭转角为

$$\theta_t - \theta_0 = \frac{M_x(\text{ch}Kl-1)}{KGI_t \text{sh}Kl}(2 + Kl\text{sh}Kl - 2\text{ch}Kl) \tag{4-7}$$

令槽钢杆件在有约束扭转时两端截面之间的相对扭转角等于自由扭转时的相对扭转角，则

$$\theta_t - \theta_0 = \frac{M_x l}{GI_e} \tag{4-8}$$

式中，I_e 称为约束扭转当量惯性矩。比较式（4-7）与式（4-8），可得当量扭转惯性矩为

$$I_e = \frac{Kl\text{sh}Kl}{2 + Kl\text{sh}Kl - 2\text{ch}Kl} I_t \tag{4-9}$$

（2）一端自由翘曲而另一端受翘曲约束　在 $x=0$ 处，$\theta_0''=0$（因自由翘曲端双力矩 $B=-EI_\omega\theta''=0$）；在 $x=1$ 处，$\theta_t'=0$。按与（1）类似的推导方法，同理可得相应的扭转惯性矩为

$$I_e = \frac{Kl}{Kl - \text{th}Kl} I_t \tag{4-10}$$

2. 元件和约束的处理

汽车的车架是连同悬架系统一起工作的，不同的悬架系统对车架的强度、刚度影响很大。为了使计算更符合实际工况，在汽车工程中，常把悬架元件与车架（甚至车身）组合起来一起计算。因此，可将路面的参数直接作为工况处理。在建立车架有限元计算模型时，把汽车的钢板弹簧理想化为两根垂直的柔杆和一根刚度大的平衡杆件，如图 4-3 所示。两受压柔杆的轴向刚度分别为 $K_1=\frac{Kl_2}{l_1+l_2}$ 和 $K_2=\frac{Kl_1}{l_1+l_2}$，即 $K_1+K_2=K$，K 为钢板弹簧的垂直刚度。前后柔杆与具有极大抗弯刚度的水平钢梁相连，柔杆、钢梁共同组成模拟悬架系统。柔杆截面积按下式计算

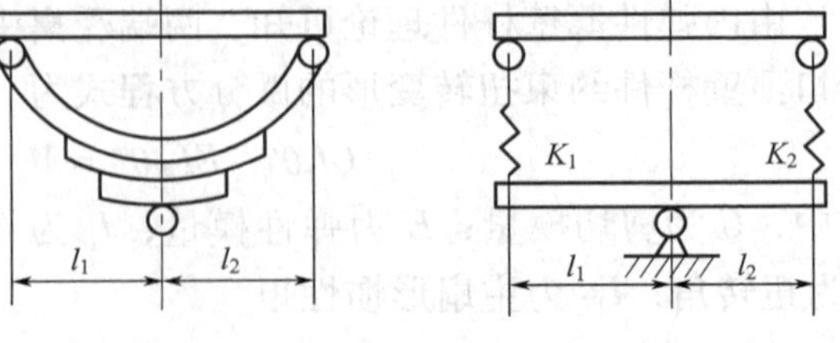

图 4-3　钢板弹簧模型简化示意图

$$A_i = \frac{K_i l'}{E}(i=1,2) \tag{4-11}$$

式中，$K_i(i=1，2)$ 分别为前杆轴向刚度 K_1 和后杆轴向刚度 K_2；l'为柔杆长度；E 为材料的弹性模量。

对于水平刚性梁，其截面形状可取矩形，则截面积 $A=bh$，若取 $b=\frac{h}{2}$，则水平钢梁的截面高度 h 应用下式计算

$$h = \sqrt[4]{\frac{K(l_1+l_2)^3}{2E}} \tag{4-12}$$

在应用计算程序对含有纯弹性元件的结构进行分析时，除了上面所述的柔杆用钢梁模拟外，还可使用伪单元，读入刚度单元模拟。现以含有弹簧的弹性系统为例，给出含有纯弹性元件组合结构的具体分析方法。

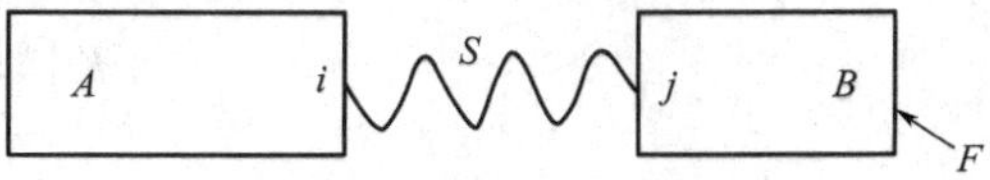

图 4-4 含有弹簧的弹性系统

设有一个弹性系统，如图 4-4 所示，其中 A、B 为该系统的两个部分。这两部分既可以是一体的，也可以是分开的，A 上的 i 点和 B 上的 j 点之间有一弹簧相连，其拉压刚度为 K，扭转刚度为 K_θ。

设弹簧刚度 K 与 K_θ均为常量，则次线性弹簧系统的变形能为

$$\mu = \mu_a + \mu_b + \mu_c \tag{4-13}$$

弹簧 S 沿其轴向的伸长量 Δl 和绕轴线的扭转角 $\Delta\theta$ 分别为

$$\begin{cases} \Delta l = (\delta_{xj}-\delta_{xi})\cos\theta_x + (\delta_{yj}-\delta_{yi})\cos\theta_{yx} + (\delta_{xj}-\delta_{xi})\cos\theta_x \\ \Delta\theta = (\delta_{xj}-\delta_{xi})\cos\theta_x + (\delta_{yj}-\delta_{yi})\cos\theta_y + (\delta_{xj}-\delta_{xi})\cos\theta_x \end{cases} \tag{4-14}$$

式中，$\{\delta_{xi},\delta_{yi},\delta\theta_{xi},\delta\theta_{yx},\delta\theta_{xi}\}^{\mathrm{T}}$为 i 点的位移阵列；$\{\delta_{xj},\delta_{yj},\delta_{xj},\delta\theta_{xj},\delta\theta_{yj},\delta\theta_{xj}\}^{\mathrm{T}}$为 j 点的位移阵列；$(\cos\theta_x,\cos\theta_y,\cos\theta_x)$ 为弹簧轴线在坐标系中的方向余弦，在小变形情况下，可以认为弹簧轴线的方向余弦在系统变形过程中保持不变。

弹簧的变形能为

$$\mu_i = \frac{K}{2}(\Delta l)^2 + \frac{K\theta}{2}(\Delta\theta)^2 \tag{4-15}$$

记系统的外力势能为 V（$V=V_a+V_b$），则系统的总势能为

$$\Pi^a = \mu_a + \mu_b - V + \mu_s \tag{4-16}$$

令

$$\Pi = \mu_a - \mu_b - V \tag{4-17}$$

Π 为忽略弹簧时系统的总变形能，这样，系统的总势能表达式（4-16）可以写成

$$\Pi^a = \Pi + \mu_x \tag{4-18}$$

设系统的位移阵列为 $\{\delta\}$，外载荷阵列为 $\{F\}$，则根据最小势能原理，有

$$\frac{\partial \Pi^a}{\partial\{\delta\}} = \{0\} \tag{4-19}$$

$$\frac{\partial \Pi}{\partial\{\delta\}} = [K]\{\delta\} - \{F\} \tag{4-20}$$

将式（4-20）代入式（4-19），有

$$[K]\{\delta\} + \frac{\partial \mu_s}{\partial\{\delta\}} = \{F\} \tag{4-21}$$

将式（4-14）、式（4-15）代入式（4-21），有

$$[K]\{\delta\}+\sum_{i=1}^{N}[K]_i^e\{\delta\}_i^e=\{F\} \tag{4-22}$$

式中，N 为系统中的弹簧个数。

可见，$[K_s]$ 为弹簧元的单元刚度矩阵，只要将弹簧元的单元刚度矩阵叠加到未考虑弹簧时的结构总刚度矩阵$[K]$中去，然后按此新的总刚度矩阵和外载荷列阵求解位移、应力，即可求得原问题的解。

在应用程序求解含有弹簧的组合结构时，可以通过“读入刚度单元”，把各弹簧元的单刚度矩阵输入到程序中，程序会根据单元定位向量自动将此弹簧元的刚度矩阵叠加到总刚度矩阵中去。

汽车钢板弹簧的单元刚度矩阵为

$$[K]^e=\begin{bmatrix} c & -c \\ -c & c \end{bmatrix} \tag{4-23}$$

式中，$c=\dfrac{bc_0}{a+b}$（前）或 $c=\dfrac{ac_0}{a+b}$（后），a 为钢板弹簧中心到前吊耳的距离，b 为钢板弹簧中心到后吊耳的距离；c_0 为钢板弹簧总刚度。

在纯弯工况计算中，边界约束为将节点 9 及 10 的 x 和 z 二次方向的位移加以约束，同时约束节点 29 及 30 的 y、z，θ_x 方向的位移。对于其他工况，根据经验在节点 29、30 上将 y、z、θ_x 方向上的位移约束，在节点 41 处将其 x、y、z 方向的位移加以约束（图 4-1）。

3. 车架的载荷工况

对结构进行静力分析的目的是为了计算在最大载荷作用下的变形与应力，以便进行强度和刚度的校核。因此，应对车架可能承受的最大载荷进行分析。

（1）弯曲工况　整车位于水平位置、满载，沿垂直方向载荷乘以 2.5 倍的动载系数，模拟客车在运行过程中受力的计算公式为

$$F=[W+(65+15)N+G]\times 9.81K \tag{4-24}$$

式中，W 为骨架质量，由程序根据元件体积和材料密度计算，按体积分布作用在骨架上；N 为乘员总数，每位乘员体重以 65kg 计算；K 为动载系数；G 为发动机、油箱、备胎等设备的质量，按安装部位计算。

（2）扭转工况　两个后车轮固定，前轴间加一极限扭矩（前轴负荷的一半乘以轴距），模拟出客车前轮悬空时的极限受力情况为

$$T=\frac{W_eL}{2} \tag{4-25}$$

式中，W_e为前桥负载；L 为前轮轮距。

（3）弯扭联合工况　根据计算经验，以 0.4 倍的弯曲工况加上 0.3 倍的扭转工况计算负荷为宜。

二、各种工况下的静力分析

根据某型车架的结构特点以及纵梁截面尺寸的变化情况，将整个车架划分为 41 个节点和 46 个梁单元。车架的两根纵梁的尺寸大小相同，每根纵梁被划分为 19 个单元。

第一种工况的车架受载荷状况见表4-1，此工况下所有力的方向皆沿垂直（z）方向。整个车架支持在节点29、30及9、10上。显然，此时的车架受纯弯作用，各节点的应力并不连续，在相邻边界有应力的突变，其原因可以从有限元理论自身的推导中看到。

表4-1　节点载荷分布表

节点号	1	2	3	7	8	9	10	13	14	17	18	19
载荷/N	1350	1350	200	122	122	1350	1350	976	976	300	300	1680
节点号	20	21	22	25	26	35	36	37	38	39	40	
载荷/N	1680	1350	1350	1350	1350	1350	1350	260	200	1350	1350	

根据有限元理论，由节点位移可直接计算单元的应力分量。显然，由于应力矩阵是一个常系数矩阵，单元中各节点的应力分量也将是常量。由于相邻两单元的应力值不同，因此应力不连续，相邻边界有应力突变现象。随着单元尺寸的减小，相邻边界的应力突变将减小，计算精度可以提高。

为了消除相邻边界的应力突变，必须通过某种平均计算，通常可采用绕节点平均法或两单元平均法。

所谓绕节点平均法，就是把某节点的各单元的常量应力加以平均，用来表示节点处的应力。这里以图4-5所示的节点0与1处的δ_x为例

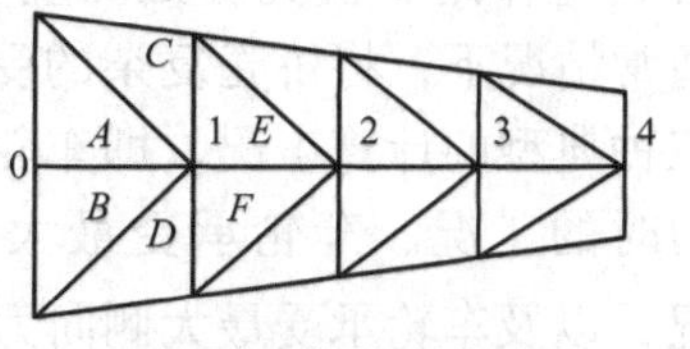

图4-5　节点平均法

$$(\delta_x)_0=\frac{1}{2}[(\delta_x)_A+(\delta_x)_B]$$

$$(\delta_x)_1=\frac{1}{6}[(\delta_x)_A+(\delta_x)_B+(\delta_x)_C+(\delta_x)_D+(\delta_x)_E+(\delta_x)_F]$$

所谓两单元平均法，就是把两个单元中的常量应力加以平均，用来表示公共边中点的应力，即

$$(\delta_x)_1=\frac{1}{2}[(\delta_x)_A+(\delta_x)_B]$$

$$(\delta_x)_2=\frac{1}{2}[(\delta_x)_C+(\delta_x)_D]$$

为了使由平均法得出的应力具有较好的表征性，两个相邻单元的面积不能相差太大。采用上述方法，对计算的应力进行了处理，绘制纵梁（节点号为单数1~39）在最不利情况下的应力值$\left(\frac{P}{A}\pm\frac{M_2}{S_2}\pm\frac{M_3}{S_3}\right)$随车架长度的变化曲线如图4-6所示，各节点的挠度变化曲线（静变形图）如图4-7所示。

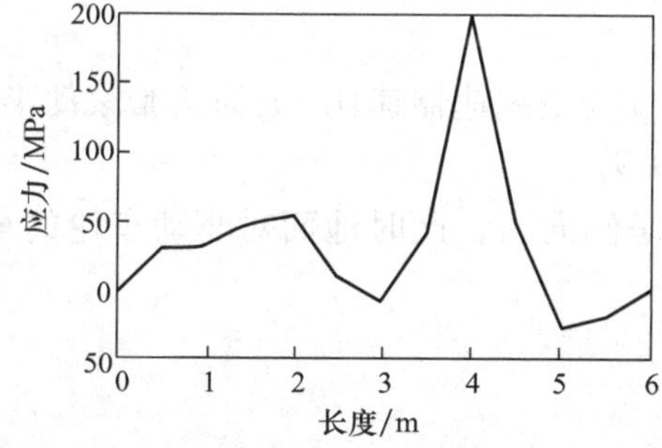

图4-6　纯弯工况下应力随车架长度的变化曲线

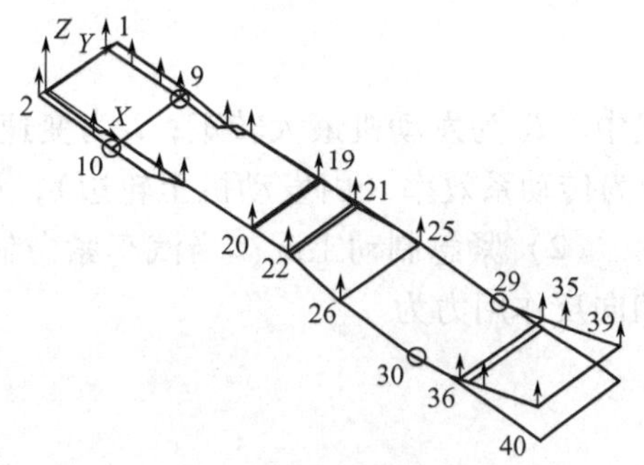

图4-7　纯弯工况下的静变形图

其余几种工况的分析计算过程类似，在这里不再赘述。

第五节　ANSYS 软件在汽车驱动桥壳设计中的应用

一、驱动桥载荷分析

汽车驱动桥的桥壳结构形状复杂，在进行载荷分析时，可将桥壳视为空心横梁，两端经轮毂轴承支撑于车轮上。在钢板弹簧座处桥壳承受汽车的簧上载荷，而沿左右轮胎中心线地面给轮胎以反力（双胎时则沿双胎中心），其受力如图 4-8 所示。

汽车驱动桥壳是汽车的主要传力件和承载件，而汽车的实际行驶工况复杂，行驶条件又是千变万化，因此要精确地计算汽车在行驶时作用于桥壳各处的应力大小很困难。通常情况下，将桥壳复杂的受力状况简化成三种典型的计算工况，即车轮承受最大垂向力时的工况、车轮承受最大纵向力时的工况，以及车轮承受最大侧向力时的工况。若在这三种典型工况下，桥壳能够满足强度要求，则可以认为在其他行驶工况下均能够满足强度要求。

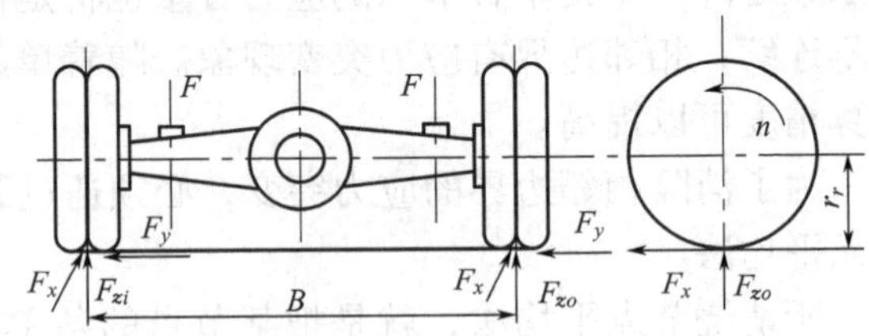

图 4-8　汽车驱动桥壳受力图

1. 垂向载荷工况

当汽车在不平路面上高速行驶时，其后桥壳除了承受静止状态下那部分载荷外，还要承受附加的冲击载荷。此时，后桥内、外车轮所承受的垂向载荷 F_{zi}、F_{zo}分别为

$$F_{zi} = F_{zo} = \frac{G_2}{4}k$$

式中，G_2为汽车满载静止于水平路面时后驱动桥承受的载荷；k 为汽车动载荷系数，计算时取 2.5。

2. 纵向载荷工况

纵向载荷工况按牵引力或制动力最大计算。

（1）最大牵引力行驶工况　为了使计算简化，不考虑侧向力，仅按汽车作直线行驶的情况进行计算，地面对驱动车轮的最大切向反作用力为

$$F_x = \frac{T_e i_1 i_0 \eta}{r_r}$$

式中，T_e 为发动机最大转矩；i_1为变速器一挡速比；i_0为主减速器速比；r_r为轮胎滚动半径；η 为传动系效率（由发动机至轮边），计算时取 $\eta = 0.9$。

（2）紧急制动工况　当汽车紧急制动时可不考虑侧向力，此时地面对驱动车轮的最大切向反作用力为

$$F_x = \frac{G_2}{4}k'\varphi$$

式中，φ 为轮胎与地面的纵向附着系数，计算时取 $\varphi = 0.8$。

3. 侧向载荷工况

侧向载荷工况按侧向力最大计算。

当汽车处于侧滑的临界状态时可认为是危险工况，此时地面对驱动桥内、外驱动车轮的侧向反作用力 F_{yi}、F_{yo}分别为

$$F_{yi}=\frac{G_2}{4}k'\varphi_1$$

$$F_{yo}=\frac{G_2}{4}k'\varphi_1$$

式中，φ_1为轮胎与地面的侧向附着系数，计算时取 $\varphi_1=0.7$。

二、驱动桥壳实体模型与有限元模型

进行三维有限元分析必须对机械零部件建立实体造型，因为三维实体模型对于仿真和分析十分重要，它有助于充分理解所构造的机械结构的各个零部件的外形以及它们之间的相对位置关系，只有这样才能达到仿真时对可信度的要求。

建立驱动桥壳的几何模型时，根据驱动桥壳的结构和工作特点，在保持其力学性能不变的前提下，对桥壳结构进行了以下简化：

1）尽量避免桥壳形状过于不规则，使有限元模型在建立过程中便于提取中截面、便于网格划分。

2）忽略掉加油口、放油口、固定油管和导线的金属卡、桥壳中部的开口槽、板簧座处的中心孔等几何特征。

3）简化了容易引起截面突变的部分，如忽略了半轴套管的台阶，将半轴套管视为等直径的套管，忽略了桥壳两端轴承座处的台阶。

4）将一些不等厚的结构假设成等厚度的，以便于中截面的定位。

由于建模的驱动桥壳是近似对称结构，所以总体的建模思路是先建立模型的左半部分，然后通过对称关系建立完整的几何模型，最后完成公共的局部特征。由于是在驱动桥壳几何模型的基础上建立有限元模型，而且是采用板壳单元生成驱动桥壳的有限元模型，因此，在建立几何模型时，直接采用中曲面建立驱动桥壳的几何模型，而不是采用实体建立驱动桥。

1. 驱动桥壳的几何模型

通过中曲面建立驱动桥壳的几何模型，可使驱动桥壳几何模型的建立得到简化，也省去了在有限元前后处理软件中提取中曲面的处理步骤，这样既可节省时间，又可提高工作效率。

经过镜像处理后的整体模型如图 4-9 所示。

此驱动桥壳长为 1540mm，轴部的壳厚为 10mm，差速器壳部分的壳厚为 13.2mm，两个支座间的距离为 1250mm。

2. 有限元模型建立

将在 UG 中建立的实体模型导入 ANSYS 中，首先将 UG 以 parsolid 格式输出；然后打开 ANSYS，导入此扩展名文件即可；之后输入系统命令流，将线性模型显示为实体模型，此时在 ANSYS 中显示的图像如图 4-10 所示。

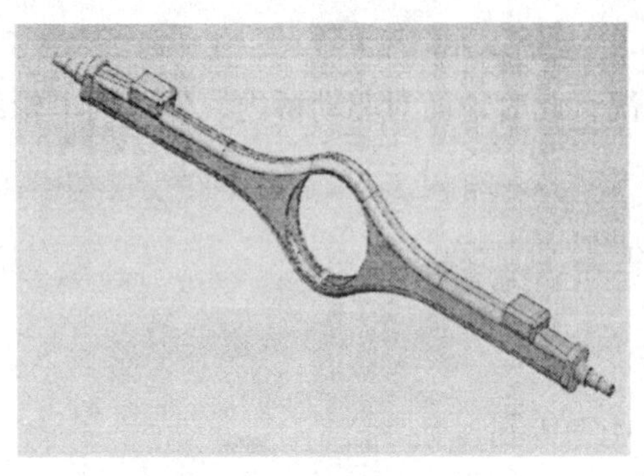

图 4-9　驱动桥壳的实体模型

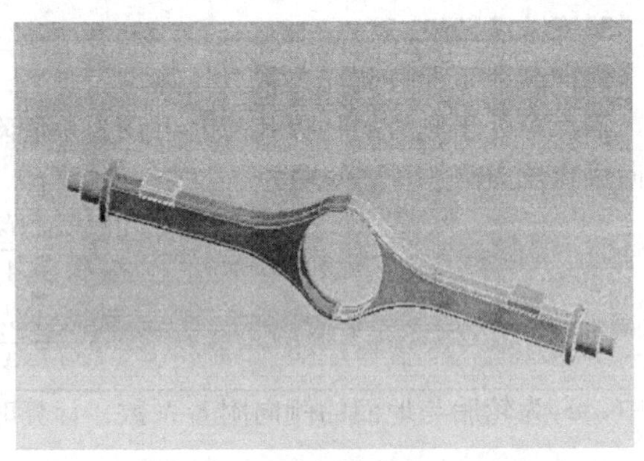

图 4-10　驱动桥壳在 ANSYS 中的实体模型

3. 网格划分

导入模型，开始网格划分。首先通过前处理器选择单元类型，本次设计选用的是 Solid/Brick 8node 45 号实体单元；之后在材料属性命令中的材料模型中选择，此驱动桥的弹性模量为 160GPa，泊松比为 0.29；最后选择要划分网格的实体，运用划分工具开始网格划分，选用的划分模型为实体，智能划分系数为 7。经过网格划分，在 ANSYS 中显示的带网格的模型如图 4-11 所示。

4. 添加自由度和压力，并进行计算

在桥壳模型两端沿竖直方向添加五个单位自由度，其他方向均添加约束，不允许自由运动，只允许桥壳上下在五个单位内运动。经过受力分析和计算，桥壳弹簧支座上受到的压力为 6537.5N，圆整为 6540N。首先通过前处理器的载荷模块在位移上添加自由度，接着在载荷模块的压力上添加力，之后通过处理器进行压力分析和计算，其显示图像如图 4-12 所示。

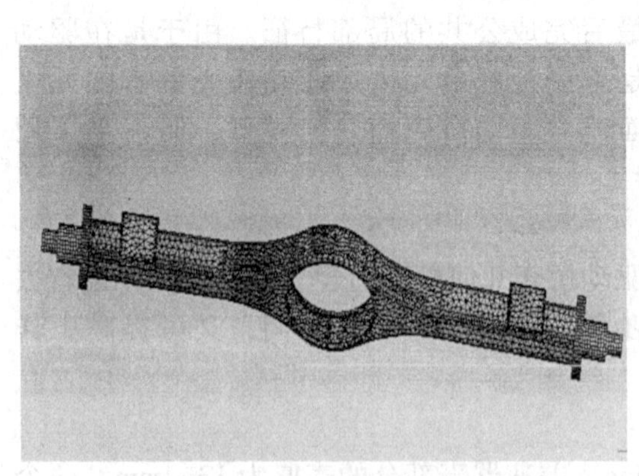

图 4-11　带网格的驱动桥壳模型

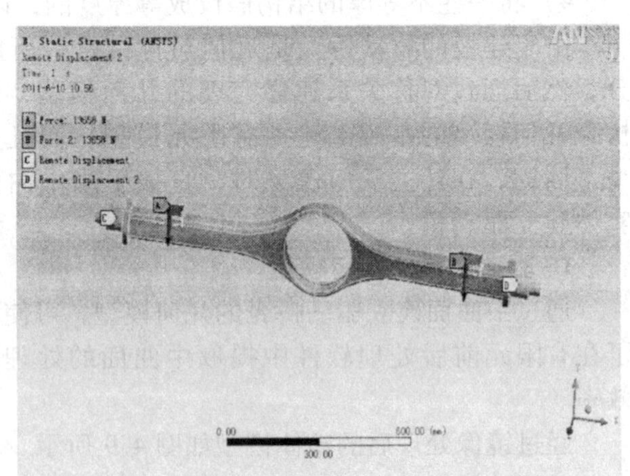

图 4-12　添加约束和压力后的驱动桥壳模型

5. 图像输出及应力分析

利用 ANSYS 通用后处理器模块进行图像分析和输出。首先进行单元图像输出，其输出图像如图 4-13 ~ 图 4-15 所示。

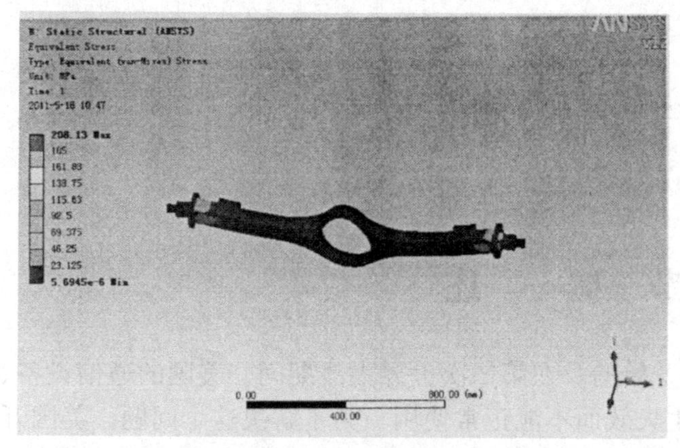

图 4-13 单元完整图像输出

图 4-14 单元细节 1

输出单元受力图之后，继续进行节点受力图分析和运算，其运算图像如图 4-16 ~ 图 4-18所示。

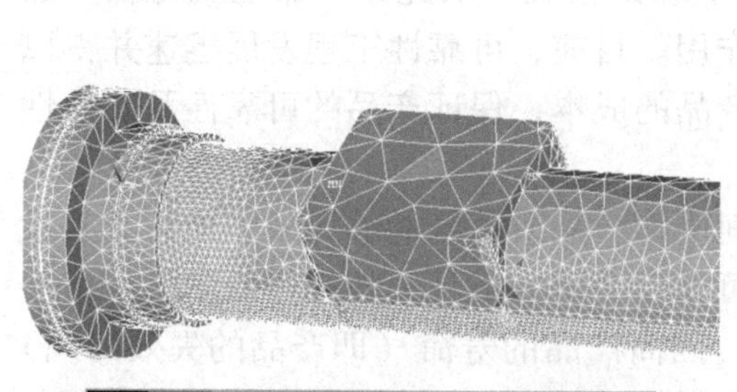

图 4-15 单元细节 2

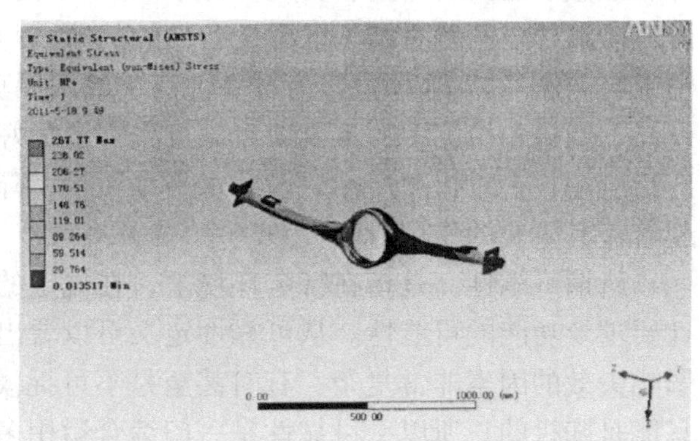

图 4-16 完整节点受力图

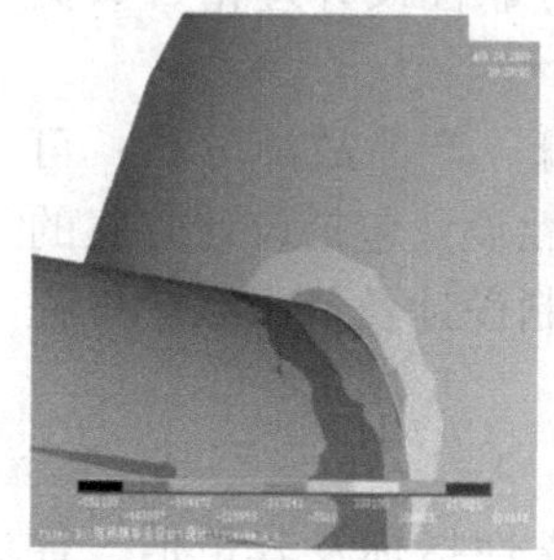

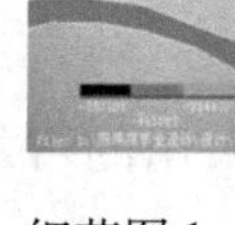

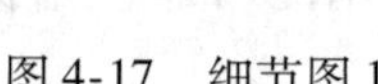

图 4-17 细节图 1

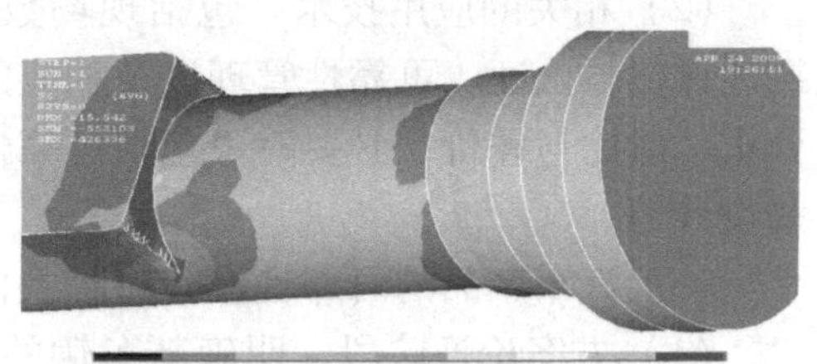

图 4-18 细节图 2

通过以上图像的颜色对比显示表明，驱动桥壳在支座处、主减速器壳在连接处均出现了应力集中现象。本着应力均匀分布的原则，重点考虑既要满足承载要求，又要减小质量、节约成本。因此，在结构上进行适当优化之后，逐步将驱动桥壳减薄，以满足受力和质量的双重要求。

第五章　车辆可靠性设计

第一节　概　　述

可靠性理论的系统研究是从1952年开始的。在第二次世界大战期间，美国的通信设备、航空设备、水声设备都有相当数量因发生失效而不能正常使用。为了解决这个问题，美国开始研究电子元件和系统的可靠性问题。美国国防部研究与发展局于1952年成立了一个“电子设备可靠性顾问团咨询组”，即AGREE（Advisory Group on Reliability of Electronic Equipment），对战争中使用的电子产品从设计、试制、生产到实验、保存、运输、使用等方面的可靠性做了全面的调查和研究，并于1957年提出了“电子设备可靠性报告”，即AGREE报告。该报告全面地总结了电子设备失效的原因与情况，提出了比较完整的评价产品可靠性的理论与方法。AGREE报告为可靠性科学的发展奠定了理论基础，从此，可靠性成为在产品设计、制造和检测中的重要项目，且发挥了很好的作用。目前，可靠性工程发展迅速并得以广泛应用，它对提高产品的设计水平和质量，降低产品的成本，保证产品的可靠性及安全性起着极其重要的作用。

所谓可靠性，是指在特定环境下，在规定的时间内，产品或系统能够无故障地完成其设计要求及功能的可能性。从可靠性定义可以看出，可靠性是研究产品失效规律的学科。由于影响失效的因素非常复杂，有时甚至是不可捉摸的，因而产品的寿命（即产品的失效时间）只能是随机的。所以，可靠性是一门综合运用多种学科知识的工程技术学科，该领域主要包括以下两方面的内容：

（1）相关的基础理论　包括可靠性数学、产品的失效物理学、可靠性设计理论、数据处理技术和基础实验等。

（2）相关的应用技术　包括现场数据的收集和分析、可靠性设计、产品故障分析、可靠性评估与认证、可靠性管理以及相应的规格和标准等。其中，可靠性设计包括设计方案的分析、对比与评价，必要时也包括可靠性试验、生产制造中的质量控制设计及使用维护规程的设计等。

一般汽车产品的可靠性设计过程及内容如下：

（1）方案论证阶段　明确新车辆的设计要求，确定所采用的可靠性指标及其量值，评估和分析相应的成本。

（2）调查和批准阶段　运用以往的可靠性数据资料计算机械系统可靠性的特征量，进行可靠性预测，提出相应的测试要求。

（3）设计和研究阶段　预测和分配产品的可靠性，分析产品的失效模型，将系统可靠性分配到各子系统，并与各子系统能够达到的指标相比较，判断是否需要改进设计，然后再把改进设计后的可靠性指标分配到各子系统。按照同样的方法，把各子系统分配到的可靠性指标分配到各零件，把分配的可靠度直接设计到零件中去。

（4）制造和测试阶段　根据相关规范规定产品的寿命测试，分析产品失效原因并反馈到设计部门。

（5）使用阶段　收集产品的可靠性信息，并根据这些信息对产品进行修改或重新设计，同时做到可靠性维修。

汽车可靠性设计的主要特征就是把所有的设计变量如材料强度、载荷、应力等作为随机变量来考虑，它们在常规的设计中经常被作为常量。因此，通过将数理统计应用于常规的设计中，可使车辆设计变得更加精准和科学。在可靠性设计中常要涉及两项工作，一个是产品的可靠性预测，另一个是产品的可靠性分配。前者是预测产品的可靠性多少，而后者是将预计的可靠性指标分配给所有组成产品的部件。

第二节　汽车可靠性的基础理论

前述的可靠性定义只是一个一般的定性定义，并没有给出任何数量表示，在产品可靠性的设计、制造、实验和管理等多个阶段中都需要“量”的概念，因此，对可靠性进行量化是非常必要的。下面讲述一些常用的可靠性特征量。

一、可靠度和故障率

可靠度是指产品在规定的条件下和规定的时间内完成规定功能的概率，也可理解为无故障工作的概率。若把 N 作为寿命测试的部件数，$R(t)$ 和 $F(t)$ 分别是可靠度和故障率，当时间超过 t 时，有 $N_{R(t)}$ 个产品正常工作，有 $N_{F(t)}$ 个产品失效，则产品的可靠度和故障率可被定义如下

$$R(t)=\frac{N_{R(t)}}{N} \tag{5-1}$$

$$F(t)=\frac{N_{F(t)}}{N} \tag{5-2}$$

因 $N_{R(t)}+N_{F(t)}=N$，于是有

$$R(t)+F(t)=1 \tag{5-3a}$$

或

$$R(t)=1-F(t) \tag{5-3b}$$

从上面的方程可以看出，产品的可靠度与时间有关，根据不同时段内产品的故障数可绘制出图形，如图 5-1 所示。

在图 5-1 中，横坐标表示时间，纵坐标表示某一段时间内出现故障的产品数，图形表示产品故障概率的分布情况。若图 5-1 中的时间段越来越小，则由纵坐标值连接形成一条连续的曲线，叫做失效概率密度函数，这里用 $f(t)$ 表示，它定义为在 t 时间附近单位时间内失效的产品数与产品总数之比

$$f(t)=\frac{1}{N}\frac{\mathrm{d}N_{F(t)}}{\mathrm{d}t} \tag{5-4a}$$

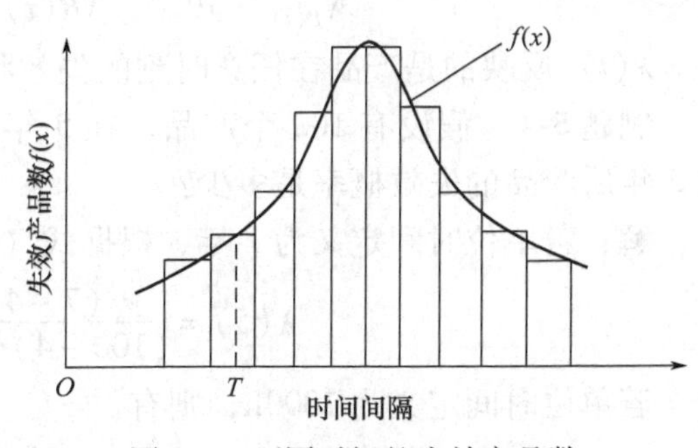

图 5-1　不同时间的失效产品数

$$f(t)=\frac{\mathrm{d}}{\mathrm{d}t}\left(\frac{N_{F(t)}}{N}\right)=\frac{\mathrm{d}}{\mathrm{d}t}F(t) \tag{5-4b}$$

$$F(t)=\int_0^t f(t)\,\mathrm{d}t \tag{5-5}$$

将式（5-5）代入式（5-3b），得

$$R(t)=1-F(t)=1-\int_0^t f(t)\,\mathrm{d}t=\int_t^\infty f(t)\,\mathrm{d}t \tag{5-6}$$

如果间隔时间足够短，则图5-1将变为图5-2，图中AA线左边的区域和右边的区域分别与$Q(t)$和$R(t)$的值相对应。

从上面的讨论可知

$$N_{F(t)}=NF(t)$$
$$N_{R(t)}=NR(t)$$

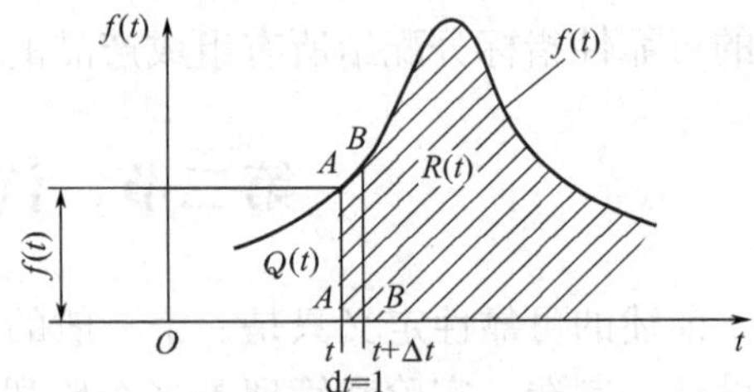

图5-2　产品失效概率密度函数

在图5-2中，纵坐标值随N（所有被测试零部件）的增加而增加，$Q(t)$的区域代表出现故障的零部件数$N_{F(t)}$，阴影部分代表没有失效的零部件数$N_{R(t)}$，而曲线$f(t)$代表$\mathrm{d}F(t)$与$\mathrm{d}t$的比。

从上面的讨论，可知，在t时刻的产品可靠度或失效概率可以根据故障概率密度函数$f(t)$进行预计，但仍存在一个问题，就是如何知道当前正常工作而在下一个单位时间内失效的概率呢？为了回答这个问题，引进与产品可靠度有关的另一个重要概念，即产品的失效率，用$\lambda(t)$表示，即

$$\lambda(t)=\frac{\text{从开始到}t\text{时刻失效的产品数}}{\text{在}t\text{时刻正常工作的产品数}}=\frac{1}{N_{R(t)}}\frac{\mathrm{d}N_{F(t)}}{\mathrm{d}t} \tag{5-7}$$

比较式（5-4a）和式（5-7），可以看出$\lambda(t)$与$f(t)$有一个不同之处：方程左侧的分母不相同。

因为

$$\lambda(t)=\frac{1}{N_{R(t)}}\frac{\mathrm{d}N_{F(t)}}{\mathrm{d}t}=\frac{1}{NR(t)}\frac{\mathrm{d}N_{F(t)}}{\mathrm{d}t}$$
$$N_{R(t)}=NR(t)$$

可得到$\lambda(t)$和$f(t)$的关系如下

$$\lambda(t)=\frac{1}{N_{R(t)}}\frac{\mathrm{d}N_{F(t)}}{\mathrm{d}t}=\frac{1}{NR(t)}\frac{\mathrm{d}N_{F(t)}}{\mathrm{d}t}=\frac{1}{R(t)}\left[\frac{1}{N}\frac{\mathrm{d}N_{F(t)}}{\mathrm{d}t}\right]=\frac{f(t)}{R(t)} \tag{5-8}$$

$\lambda(t)$反映的是产品在任意时刻的失效状态，对可靠性工程具有非常实际的意义。

例题5-1　假设有100个产品，在5年内有4个产品失效，在6年内有7个产品失效，求5年后产品的失效概率是多少？

解：若单位时间定义为1年，根据式（5-7），则有

$$\lambda(5)=\frac{(7-4)\text{个}}{(100-4)\text{个}\times 1\text{年}}=0.0312\text{个}/\text{年}$$

若单位时间定义为1000h，则有

$$\Delta t=1\text{年}=8.76\times 10^3\text{h}$$

$$\lambda(5)=\frac{(7-4)\text{个}}{(100-4)\text{个}\times 8.76\times 10^{3}\text{h}}=0.36\%\text{个}/(10^{3}\text{h})$$

不同的产品有不同的失效模型，但大量的相关研究表明，几乎所有的机械和电子产品都有很相似的失效模型，如图5-3所示。

从图5-3中可以看出，$\lambda(t)$ 被分为三部分，即早期失效期、正常工作期和功能失效期。在早期失效期，产品具有较高的失效率，但是下降很快；在正常工作期内，故障率很低且与时间变化的关系很小；在功能失效期内，由于寿命或疲劳的原因不能发挥其作用，故障率上升很快。为了提高产品的可靠性，应该研究和掌握产品的失效规律。可靠性研究虽然涉及上述三种失效期，但着重研究的是偶然失效，因为它发生在产品的正常使用期间。

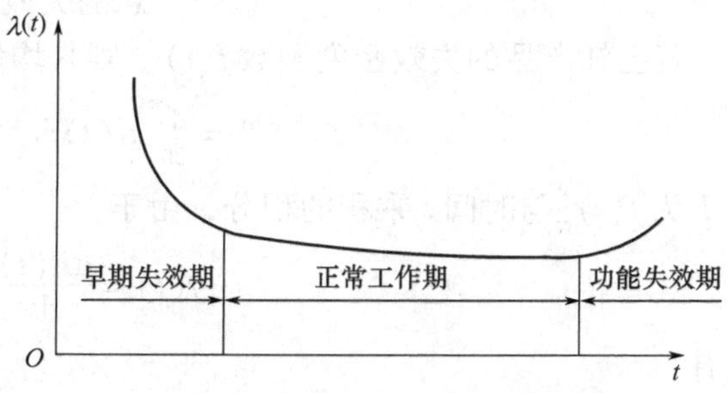

图5-3　机电产品典型失效模型曲线

二、可靠性寿命指标

1. 平均寿命

平均寿命是另一个用于评判产品可靠性的非常有用的定性指标。所谓平均寿命（Mean Life），是指产品寿命的平均值，而产品的寿命则是它的无故障工作时间。

平均寿命在可靠性特征量中有两种：MTTF（Mean Time To Failure）和MTBF（Mean Time Between Failure）。MTTF是指不可修复产品从开始使用到失效的平均工作时间，或称为平均无故障工作时间

$$\text{MTTF}=\frac{1}{N}\sum_{i=1}^{N}t_i \tag{5-9}$$

式中，t_i为第i个产品失效前的工作时间；N为测试产品的总数。

当N值较大时，可用下式计算

$$\text{MTTF}=\int_0^{\infty}tf(t)\,\mathrm{d}t \tag{5-10}$$

当产品失效属于恒定型失效时，即可靠度$R(t)=\mathrm{e}^{-\lambda t}$时，有

$$\text{MTTF}=\frac{1}{\lambda} \tag{5-11}$$

这说明失效规律服从指数分布的产品，其平均寿命是失效率的倒数。

MTBF是指可修复产品两次相邻故障间工作时间（寿命）的平均值，或称为平均无故障工作时间

$$\text{MTBF}=\frac{1}{\sum_{i=1}^{n}n_i}\sum_{i=1}^{N}\sum_{j=1}^{N}t_{ij} \tag{5-12}$$

式中，t_{ij}为第i个产品从第$j-1$次故障到第j次故障的工作时间；n_i为第i个测试产品的故障数；N为测试产品的总数。

MTTF 和 MTBF 的理论意义和数学表达式都具有同样性质的内容，故可通称为平均寿命，记作 T

$$T=\frac{\text{所有产品总的工作时间}}{\text{总的失效或故障次数}} \tag{5-13}$$

若已知产品的失效密度函数 $f(t)$，则其均值（数学期望）为

$$T=\int_0^{\infty} tf(t)\,\mathrm{d}t \quad (0 \leqslant t < \infty) \tag{5-14}$$

即 T 为 $f(t)$ 与时间 t 乘积的积分，由于

$$f(t)=\frac{\mathrm{d}F(t)}{\mathrm{d}t}=-\frac{\mathrm{d}R(t)}{\mathrm{d}t}$$

则有

$$T=\int_0^{\infty} t\left[-\frac{\mathrm{d}R(t)}{\mathrm{d}t}\right]\mathrm{d}t=\int_0^{\infty} -tR'(t)\,\mathrm{d}t \tag{5-15}$$

对式（5-15）用分部积分法积分，得

$$T=-\left[tR(t)\right]_0^{\infty}+\int_0^{\infty} R(t)\,\mathrm{d}t \tag{5-16}$$

可以证明，式（5-16）右边的第一项为零，故有

$$T=\int_0^{\infty} R(t)\,\mathrm{d}t \tag{5-17}$$

这说明，一般情况下，在从 $0\sim\infty$ 的时间区间内，对可靠度函数 $R(t)$ 积分，可以求出产品的平均寿命。

2. 可靠寿命、中位寿命、特征寿命

用产品的寿命指标来描述其可靠性时，除了采用平均寿命外，还有可靠寿命、中位寿命和特征寿命。

使可靠度等于给定值 r 时的产品寿命称为可靠寿命，记为 t_r，r 称为可靠度水平。这时只要利用可靠度函数 $R(t_r)=r$，反解出 t_r，可得

$$t_r=R^{-1}(r)$$

式中，R^{-1}是 R 的反函数；t_r即为可靠度 $R=r$ 时的可靠寿命。

$R=0.5$ 时的可靠寿命 $t_{0.5}$称为中位寿命，当产品工作到中位寿命时，可靠度与积累失效概率都等于 50%，即产品达到中位寿命时正好有一半失效。中位寿命也是一个常用的寿命特征指标。

$R=\mathrm{e}^{-1}$时的可靠寿命 $t_{\mathrm{e}^{-1}}$称为特征寿命。

三、维修性及其主要数量指标

1. 维修度

产品的可靠度随工作时间的增加而降低，故障率则随产品的老化而增大。为了保证产品的功能或在失效后恢复功能，有时需要进行维修，产品的维修可能性也称为产品的可维护性。可以通过维修来防止老化，降低产品的故障率。维修活动以维修性来描述，维修性是可修复产品所具备的维修难易程度，其衡量尺度是维修度。所谓维修度，是指可以维修的产品在规定的条件下和规定时间内完成维修的概率，记为 $M(t)$。

维修度是维修时间 t 的函数，可以理解为一批产品由故障状态（$t=0$）恢复到正常状态时，在维修时间 t 以前经过维修后有百分之几的产品恢复到正常工作状态，可表示为

$$M(t)=p(t\leqslant T)=\frac{n(t)}{n} \tag{5-18}$$

式中，t 为修复时间；T 为规定时间；n 为需要维修的产品总数；$n(t)$ 为到维修时间 t 时已修复的产品。

产品每次故障后修复时间的平均值称为平均修复时间，通常用 MTTR 表示。一般可近似估计为

$$\mathrm{MTTR}=\frac{\text{总的维修时间}(t)}{\text{维修次数}}=\frac{\sum_{i=1}^{n}\Delta t_i}{n} \tag{5-19}$$

式中，n 为修复的次数；Δt_i 为第 i 次故障的维修时间。

2. 有效度

由前述可知，可靠性和维修性都是产品的重要属性。提高可靠性的作用是延长产品能正常工作的时间，提高维修性的作用是减少修复时间，减少不能正常工作的时间。若将两者综合起来评价产品的利用程度，可以用有效度来表示。

有效度是反映产品维修性与可靠性的综合指标，是指可以维修的产品在某时刻维持其功能的概率，记作 A，其计算公式为

$$A=\frac{\mathrm{MTBF}}{\mathrm{MTBF}+\mathrm{MTTR}} \tag{5-20}$$

式中，MTBF 为平均无故障时间；MTTR 为平均修复时间。

从式（5-20）中可以看出，要想提高产品的有效度，可增大 MTBF 值，或减小 MTTR 值。

四、可靠性设计中常用的分布函数

可靠性设计中的设计变量（如应力、材料强度、疲劳寿命、几何尺寸、载荷等）都属于随机变量，要想准确地表示这些参数，必须找出其变化规律，确定它们的分布函数。

在可靠性设计中，常用的分布函数有以下几种。

1. 指数分布

如果产品的失效率 $\lambda(t)$ 是常数（图 5-3 的中间部分），即

$$\lambda(t)=C$$

可求得在 t 时刻产品的可靠性为

$$R(t)=\mathrm{e}^{-\int_0^t\lambda(t)\mathrm{d}t}=\mathrm{e}^{-\int_0^t\mathrm{d}t}=\mathrm{e}^{-\lambda t} \tag{5-21}$$

$$f(t)=\lambda(t)R(t)=\lambda R(t)=\lambda R(t)=\lambda\mathrm{e}^{-\lambda t} \tag{5-22}$$

一般来说，产品的随机故障率为常数时，则产品的故障模型服从指数分布，这已经被大量的事实所证明。

尽管分布可以使用随机变量的统计学规律进行描述，但是不能反映某些重要的特性，一般有两个必要的特征值，即期望 μ 和标准差 σ。对于指数分布，这两个特征值为 $\mu=\frac{1}{\lambda}$ 和 $\sigma^2=\left(\frac{1}{\lambda}\right)^2$。

2. 正态分布

正态分布现象在实际生活中是非常普遍的。产品的性能参数，如零部件的应变、应力或零件的寿命等，通常都服从正态分布的特征，因而多在数理统计中使用，其概率密度函数为

$$f(t)=\frac{1}{\sigma\sqrt{2\pi}}\mathrm{e}^{-\frac{1}{2}\left(\frac{t-\mu}{\sigma}\right)^2} \tag{5-23}$$

式中，μ 和 σ 分别为随机变量 t 的均值和标准差。则有

$$\mu=\int_{-\infty}^{\infty}tf(t)\,\mathrm{d}t$$

$$\sigma=\left[\int_{-\infty}^{\infty}(t-\mu)^2f(t)\,\mathrm{d}t\right]^{\frac{1}{2}}$$

μ 和标准差 σ 是正态分布的两个关键参数，μ 决定集中的趋势或曲线对称轴的分布位置，而 σ 决定曲线的形状和分布的离散度，如图 5-4 所示。

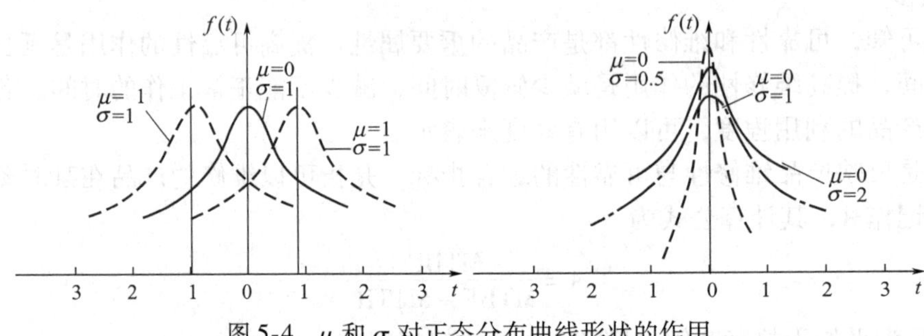

图 5-4 μ 和 σ 对正态分布曲线形状的作用

当 $\mu=0$ 和 $\sigma=1$ 时，为标准正态分布，相应的曲线如图 5-5 所示。

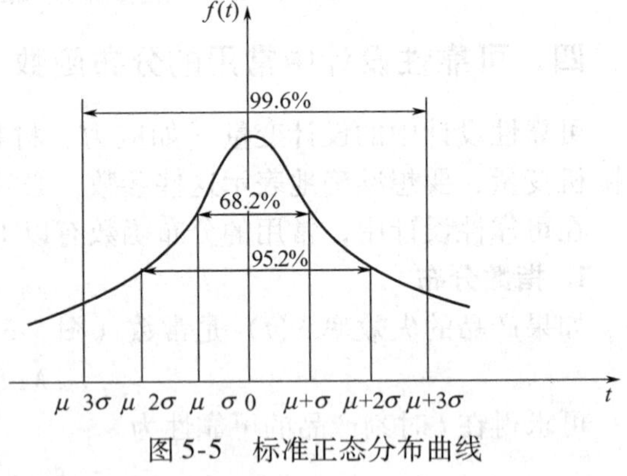

图 5-5 标准正态分布曲线

对于正态分布，其失效概率可以表达如下

$$Q(t)=\int_{-\infty}^{t}\frac{1}{\sigma\sqrt{2\pi}}\mathrm{e}^{-\frac{1}{2}\left(\frac{t-\mu}{\sigma}\right)^2}\mathrm{d}t \tag{5-24}$$

因 $Q(t)+R(t)=1$，所以有

$$R(t)=1-Q(t)=\int_{t}^{\infty}\frac{1}{\sigma\sqrt{2\pi}}\mathrm{e}^{-\frac{1}{2}\left(\frac{t-\mu}{\sigma}\right)^2}\mathrm{d}t \tag{5-25}$$

故障率为

$$\lambda(t)=\frac{f(t)}{R(t)}=\frac{\mathrm{e}^{-\frac{1}{2}\left(\frac{t-\mu}{\sigma}\right)^2}}{\int_{t}^{\infty}\mathrm{e}^{-\frac{1}{2}\left(\frac{t-\mu}{\sigma}\right)^2}\mathrm{d}t} \tag{5-26}$$

若在上面的方程式中使 $\frac{t-\mu}{\sigma}=Z$，则分布就会变为标准正态分布，Z 为相应的随机变量或标准变量。

3. 对数正态分布

如果随机变量 x 的自然对数 $y=\ln x$ 服从正态分布，则称 x 服从对数正态分布。由于随机

变量 x 的取值总是大于零，以及概率密度函数 $f(x)$ 向右倾斜不对称，因此，对数正态分布是描述不对称随机变量的一种常用分布。

对数正态分布的密度函数和累计分布函数分别为

$$f(x)=\frac{1}{x\sigma_y\sqrt{2\pi}}\mathrm{e}^{-\frac{1}{2}\left(\frac{y-\mu_y}{\sigma_y}\right)^2} \tag{5-27}$$

$$F(x)=\int_0^x\frac{1}{x\sigma_y\sqrt{2\pi}}\mathrm{e}^{-\frac{1}{2}\left(\frac{y-\mu_y}{\sigma_y}\right)^2}\mathrm{d}x \quad (x>0) \tag{5-28}$$

式中，μ_y 和 σ_y 为随机变量 $y=\ln x$ 的均值和标准差。

对数正态分布的均值和标准差分别为

$$\mu_x=\mathrm{e}^{\left(\mu_y+\frac{\sigma_y^2}{2}\right)} \tag{5-29}$$

$$\sigma_x=\mu_x\left(\mathrm{e}^{\sigma_y^2}-1\right)^{\frac{1}{2}} \tag{5-30}$$

由于 $y=\ln x$ 呈正态分布，所以有关正态分布的性质和计算方法都可在此使用。只要令 $Z=\dfrac{\ln x-\mu_y}{\sigma_y}$，便可应用标准正态分布积分表查出累积概率 $F(Z)$；反之，可以由 $F(Z)$ 查出 $Z=\dfrac{\ln x-\mu_y}{\sigma_y}$。

在机械零部件的疲劳寿命、疲劳强度、耐磨寿命以及描述维修时间的分布等研究中，大量应用了对数正态分布。这是因为，对数正态分布是一种偏态分布，能较好地符合一般零部件失效过程的时间分布。

4. 威布尔（Weibull）分布

威布尔分布最早是由瑞士人威布尔在研究钢球寿命时提出来的，如今威布尔分布已经被广泛应用于工程实际中。一般来说，零部件的疲劳寿命和强度可用威布尔分布来描述，前面提到的正态分布和指数分布是威布尔分布的特殊形式。

威布尔分布的失效概率密度函数为

$$f(t)=\frac{b}{\theta}\left(\frac{t-\gamma}{\theta}\right)^{b-1}\mathrm{e}^{-\left(\frac{t-\gamma}{\theta}\right)^b} \tag{5-31}$$

式中，b、θ、γ 分别为曲线的形状参数、尺度参数和位置参数。式（5-31）称为三个参数的产品故障概率密度函数。三个参数中 γ 影响函数曲线的起始点位置，若 $\gamma=0$ 则函数曲线从坐标系的原点开始；若 $\gamma<0$ 则函数曲线的起点位置在 y 轴的左侧，若 $\gamma>0$ 则函数曲线的起点位置在 y 轴的右侧。当 γ 改变时，仅曲线起点的位置改变，而曲线的形状不变。

因 γ 不影响产品失效概率密度函数的形状，使 $\gamma=0$，则式（5-31）变为

$$f(t)=\frac{b}{\theta}\left(\frac{t}{\theta}\right)^{b-1}\mathrm{e}^{-\left(\frac{t}{\theta}\right)^b} \tag{5-32}$$

式（5-32）称为两参数威布尔分布的产品故障概率密度函数，其均值 $\mu=\theta\Gamma\left(\dfrac{1}{b}+1\right)$，均方差 $\sigma^2=\theta^2\left[\Gamma\left(\dfrac{2}{b}+1\right)-\Gamma^2\left(\dfrac{1}{b}+1\right)\right]$，其中，$\Gamma(s)=\int_0^\infty x^{s-1}\mathrm{e}^{-x}\mathrm{d}x$。

对应的失效概率、可靠度和失效率分别如下

$$Q(t)=\int_0^t f(t)\mathrm{d}t=1-\mathrm{e}^{-\left(\frac{t}{\theta}\right)^b} \tag{5-33}$$

$$R(t)=1-Q(t)=\mathrm{e}^{-\left(\frac{t}{\theta}\right)^{b}} \tag{5-34}$$

$$\lambda(t)=\frac{f(t)}{R(t)}=\frac{b}{\theta}\left(\frac{t}{\theta}\right)^{b-1} \tag{5-35}$$

参数 b 和 θ 在分布曲线上的作用如图 5-6 所示。

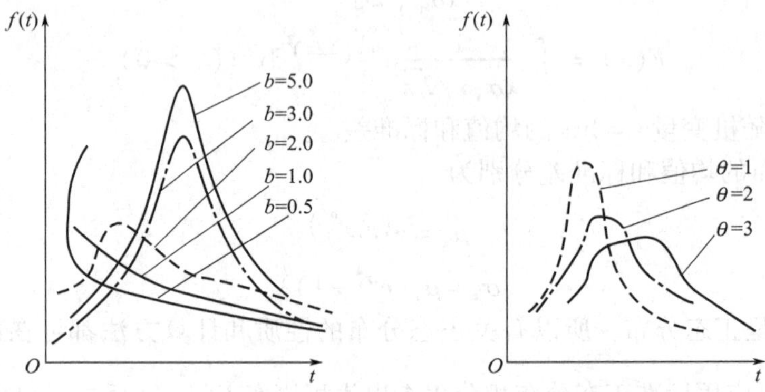

图 5-6　参数 b 和 θ 对失效概率曲线的影响

参数 b 和 θ 也对产品的故障率 $\lambda(t)$ 具有较大影响，如图 5-7（$\theta=1$）所示。从图中可以看出：$b<1$ 时，曲线的形状和图 5-3 的左半部分很相似；$b=1$ 时，曲线的形状和图 5-3 的中间部分很相似；$b>1$ 时，曲线的形状和图 5-3 的右半部分相似。

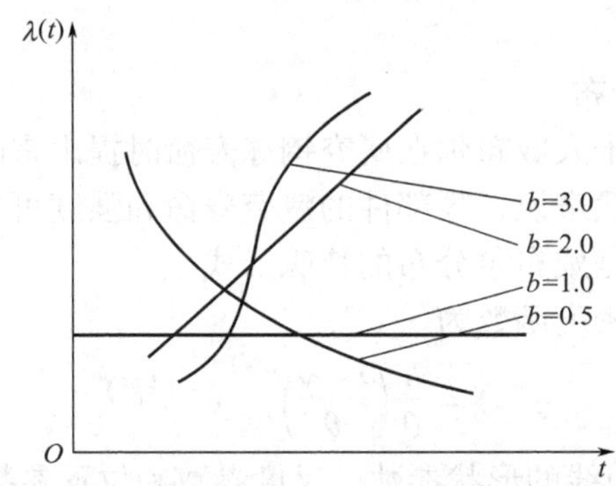

图 5-7　参数 b 对故障率 $\lambda(t)$ 曲线的影响

正是由于具有上面的特性，威布尔分布广泛应用于经验分布。现在，人们越来越多地使用解析法来求解威布尔分布。

第三节　汽车零部件的可靠性设计

一、应力和强度的干涉模型

汽车零部件的可靠性设计以应力-强度分布干涉理论为基础。这里所说的应力和强度，可以是材料力学所讲的概念，也可以泛指广义上讲的应力和强度。导致产品失效的一些物理载荷，如应力、压力、冲击等统称为应力，用 σ 表示；阻止失效发生的力称为强度，用 δ 表示。影响零件强度的参数如材料性能、尺寸、表面质量等均为随机变量，影响应力的参数如载荷工况、应力集中、工作温度、润滑状态、截面尺寸等也都是随机变量，因此汽车零件的强度和工作应力也均为随机变量。设应力和强度的概率密度函数分别为$f(\sigma)$ 和$g(\delta)$，两条曲线有一部分相交，如图 5-8 所示。通常要求零件的强度高于其工作应力，但由于零件的强度值与应力值的离散性，$f(\sigma)$ 和$g(\delta)$ 在一定的条件下可能相交，这个相交的区域就是产品或零件可能出现故障的区域，称为干涉区。如果在设计中使零件强度大大高于其工作应力而使两种分布曲线不相交，则该零件在工作初期不会发生故障，但在动载荷、腐蚀、磨损、疲劳载荷的长期作用下，强度也会逐渐衰减，由图 5-8 中的位置 a 沿着衰减退化曲线移到位置 b，从而使应力-强度分布曲线发生干涉而产生不可靠的问题，因此可以得出以下结论：

1）即使在设计安全系数大于 1 的情况下，仍然存在产品失效的可能性。

2）若材料的强度和工作应力变得越来越离散，则干涉区域将会不断伸展且产品的可靠性会下降。

3）若材料的力学性能足够好，工作应力也相对稳定，则干涉区域就会减少，产品的可靠性就会增加。

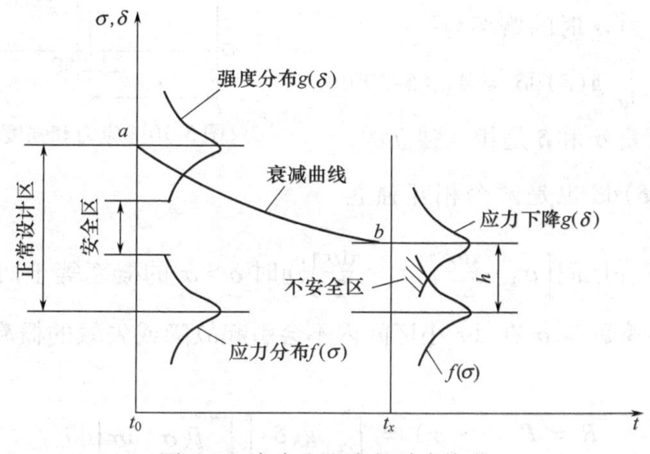

图 5-8　应力和强度的动态变化

应力-强度的干涉模型反映了基于概率论的设计本质，即任何设计都存在失效概率或者说产品的可靠性都小于 1。设计者能够做到的仅仅是将故障或失效概率限制在某一可以接受的范围内而已。汽车可靠性设计就是要研究零件的应力与强度的分布规律，严格控制发生故障的概率，以满足设计要求。图 5-9 所示为汽车强度可靠性的设计过程。

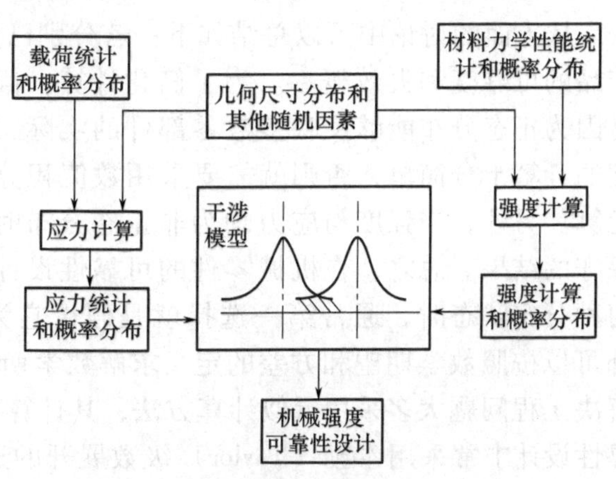

图 5-9　机械强度可靠性设计过程

二、用分析法进行可靠性预计

从上面的讨论中可以知道，产品的可靠度主要依据应力和强度的干涉程度。若已知产品应力和强度的可靠性概率分布，则可根据干涉模型获得产品的可靠度。若应力小于强度，故障就不会发生，反之亦然。因此，产品的可靠度就是应力小于强度的可能性，即

$$R=P(\sigma<\delta)=P[(\delta-\sigma)>0] \tag{5-36}$$

式中，σ 和 δ 分别表示应力和强度。

由于相同的原因，产品的失效概率就是应力大于强度的可能性，即

$$F=P(\sigma>\delta)=P[(\delta-\sigma)<0] \tag{5-37}$$

为了便于根据$f(\sigma)$ 和 $g(\delta)$ 评估产品的可靠度，可放大图5-8中$f(\sigma)$ 和 $g(\delta)$ 的部分干涉区域，如图5-10所示。

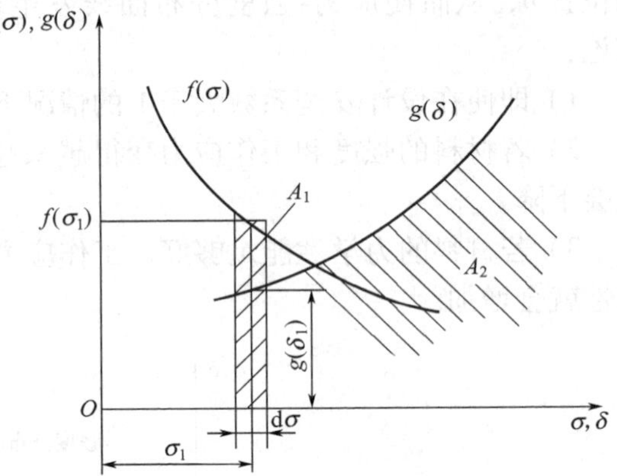

图5-10　应力和强度的相互干扰

假设在 x 轴的 σ_1 处有一小单元 $\mathrm{d}\sigma$，σ_1 的概率落在$\left[\sigma_1-\frac{\mathrm{d}\sigma}{2},\ \sigma_1+\frac{\mathrm{d}\sigma}{2}\right]=A_1$的面积内，即

$$P\left[\left(\sigma_1-\frac{\mathrm{d}\sigma}{2}\right)\leqslant\sigma\leqslant\left(\sigma_1+\frac{\mathrm{d}\sigma}{2}\right)\right]=f(\sigma_1)\mathrm{d}\sigma=A_1 \tag{5-38}$$

当强度 δ 大于应力 σ 时的概率为

$$P(\delta>\sigma)=\int_{\sigma_1}^{\infty}g(\delta)\mathrm{d}\delta=A_2 \tag{5-39}$$

由于两个随机变量 σ 和 δ 是相互独立的，$f(\sigma_1)\mathrm{d}\sigma$ 和 $\int_{\sigma_1}^{\infty}g(\delta)\mathrm{d}\delta$ 也是两个相互独立的事件。所以，σ_1落在区间$\left[\sigma_1-\frac{\mathrm{d}\sigma}{2},\ \sigma_1+\frac{\mathrm{d}\sigma}{2}\right]$同时 $\delta>\sigma$ 的概率等于两个事件单独发生的概率的乘积。这个概率就是 σ 在 $\mathrm{d}\sigma$ 小区间内不会引起故障或失效的概率（因为 $\delta>S$），也就是可靠度 $\mathrm{d}R$，即

$$R=P(\delta>\sigma)=\int_{-\infty_1}^{\infty}g(\delta)\left[\int_{\sigma_1}^{\infty}f(\sigma)\mathrm{d}\sigma\right]\mathrm{d}\delta \tag{5-40}$$

$$F=P(\delta>\sigma)=\int_{-\infty_1}^{\infty}g(\delta)\left[1-\int_{-\infty}^{\delta}f(\sigma)\mathrm{d}\sigma\right]\mathrm{d}\delta \tag{5-41}$$

从上面的讨论中可以总结如下：若分别已知应力和强度的概率密度函数，就可预计出产品的可靠度和失效概率。为了简化计算，假设基本随机变量均服从正态分布，这不仅是因为正态分布能够反映多数零部件的实际工作情况，而且能使事件发生的概率或可靠度的计算十分简单，否则就需要采用数值积分进行多重积分运算或采用等效转化的程序运算。另外，当强度与应力均为非正态分布时，若采用正态分布假设，一般将得到偏于保守的结果。总之，在机械零件的可靠性设计中，只要没有充分的根据说明这种分布为何种分布状态时，通常第一选择就是假设它为正态分布。从理论上对于一般函数来说，都可以按照数学期望和方差的定义求解数学期望和方差，但在实际应用上具有一定困难。解决工程问题大多采用近似计算方法，其计算精度可以满足工程实际的要求。所以，在可靠性设计中常采用泰勒（Taylor）级数展开的近似方法。例如，若应力和强度服从正态分布，则概率密度函数可分别表示如下

$$f(\sigma)=\frac{1}{S_{\sigma}\sqrt{2\pi}}\mathrm{e}^{-\frac{(\sigma-\bar{\sigma})^{2}}{2S_{\sigma}^{2}}}$$

$$g(\delta)=\frac{1}{S_{\delta}\sqrt{2\pi}}\mathrm{e}^{-\frac{(\delta-\bar{\delta})^{2}}{2S_{\delta}^{2}}}$$

式中，$\bar{\sigma}$、$\bar{\delta}$和S_{σ}、S_{δ}分别为应力σ和强度δ的平均值和标准差。

产品的可靠度经推导具有如下关系

$$R=\frac{1}{\sqrt{2\pi}}\int_{-\infty}^{R}\mathrm{e}^{-\frac{Z}{2}}\mathrm{d}Z=\Phi(Z_{R}) \tag{5-42}$$

式中，Z_R为可靠性系数，是一个可靠度指标，可通过下式获得

$$Z_{R}=\frac{\bar{\delta}-\bar{\sigma}}{\sqrt{S_{\delta}^{2}+S_{\sigma}^{2}}} \tag{5-43}$$

可靠度R与可靠性系数Z_R一一对应。当Z_R给出后，求R时可查表5-1；当给定R后，求Z_R时可查表5-2。

表5-1　由Z_R求R $\left(R=\frac{1}{\sqrt{2\pi}}\int_{-\infty}^{Z_R}\mathrm{e}^{-\frac{t^2}{2}}\mathrm{d}t\right)$

Z_R	0.00	0.01	0.02	0.03	0.04	0.05	0.06	0.07	0.08	0.09
0.0	0.50000	0.50399	0.50798	0.51197	0.51595	0.51994	0.52392	0.52790	0.53188	0.53586
0.1	0.53983	0.54380	0.54776	0.55172	0.55567	0.55962	0.56356	0.56794	0.57142	0.57535
0.2	0.57926	0.58317	0.58706	0.59095	0.59483	0.59871	0.60257	0.50642	0.61026	0.61409
0.3	0.61791	0.62172	0.62552	0.62930	0.63307	0.63683	0.64058	0.64431	0.64803	0.65173
0.4	0.65542	0.65910	0.66276	0.66640	0.67003	0.67364	0.67224	0.68082	0.68439	0.68793
0.5	0.69146	0.69497	0.069847	0.70194	0.70540	0.70884	0.71226	0.71566	0.71904	0.72240
0.6	0.72575	0.72907	0.73237	0.73565	0.73891	0.74215	0.74537	0.74857	0.75175	0.75490
0.7	0.75840	0.76115	0.76424	0.76730	0.77035	0.77337	0.77637	0.77935	0.78230	0.78524
0.8	0.78814	0.79103	0.79380	0.79673	0.79955	0.80234	0.80511	0.80785	0.81057	0.81327
0.9	0.81594	0.81859	0.82121	0.82381	0.82639	0.82894	0.83147	0.83398	0.83646	0.83891
1.0	0.84134	0.84375	0.84614	0.84850	0.85083	0.85314	0.85534	0.85769	0.85993	0.86214
1.1	0.86433	0.86650	0.86846	0.87076	0.87286	0.87493	0.87698	0.87900	0.88100	0.88298
1.2	0.88493	0.88686	0.88877	0.89065	0.89251	0.89435	0.89617	0.89796	0.89973	0.90147
1.3	0.90320	0.90490	0.90658	0.90824	0.90988	0.91149	0.91309	0.91466	0.91621	0.91774
1.4	0.91924	0.92073	0.92200	0.92364	0.92507	0.92647	0.92786	0.92922	0.93056	0.93189
1.5	0.93319	0.93448	0.93574	0.93699	0.93822	0.93943	0.94062	0.94179	0.94295	0.94408
1.6	0.94520	0.94630	0.94763	0.94845	0.94950	0.95053	0.95154	0.95254	0.95352	0.98449
1.7	0.95543	0.95637	0.95728	0.95818	0.95907	0.95994	0.96080	0.96164	0.96246	0.96327
1.8	0.96407	0.96485	0.96562	0.96638	0.96712	o.96784	0.96856	0.96926	0.96995	0.97062
1.9	0.97128	0.97193	0.97257	0.97320	0.97381	0.97441	0.97500	0.97558	0.97615	0.97670
2.0	0.97725	0.97778	0.97831	0.97882	0.97932	0.97982	0.98030	0.98077	0.98124	0.98170
2.1	0.98214	0.98257	0.98300	0.98341	0.98382	0.98422	0.98461	0.98500	0.98537	0.98574
2.2	0.98610	0.98645	0.98679	0.98713	0.98745	0.98778	0.98809	0.98840	0.98870	0.98899
2.3	0.98928	0.98956	0.98983	0.99010	0.99036	0.99061	0.99086	0.99111	0.99134	0.99158
2.4	0.99180	0.99202	0.99224	0.99245	0.99266	0.99286	0.99305	0.99324	0.99343	0.99361
2.5	0.99379	0.99396	0.99413	0.99430	0.99446	0.99461	0.99477	0.99492	0.99506	0.99520
2.6	0.99534	0.99547	0.99560	0.99570	0.99585	0.99598	0.99609	0.99621	0.99632	0.99643
2.7	0.99653	0.99664	0.99674	0.99683	0.99693	0.99702	0.99711	0.99720	0.99728	0.99736

表 5-2 由 R 求 Z_R $\left(R=\frac{1}{\sqrt{2\pi}}\int_{-\infty}^{Z_R} e^{-\frac{t^2}{2}}dt\right)$

R	0	1	2	3	4	5	6	7	8	9
0.99	2.32625	2.36526	2.40892	2.45726	2.51214	2.57583	2.65207	2.74778	2.87816	3.09023
0.90	1.28155	1.34076	1.40507	1.47579	1.55477	1.64485	1.75069	1.88079	2.05375	2.32635
0.80	0.84162	0.87790	0.91537	0.95417	0.99446	1.03643	1.08032	1.12639	1.17499	1.22653
0.70	0.52440	0.55338	0.58284	0.61281	0.64335	0.67449	0.70630	0.73885	0.77219	0.80642
0.60	0.25335	0.27932	0.30548	0.07527	0.35846	0.12566	0.41246	0.43991	0.77219	0.49585
0.50	0.00000	0.02507	0.05015	0.07527	0.10043	0.12566	0.15097	0.17637	0.20189	0.22754

例题 5-2 某汽车零件的强度 δ 和应力 σ 服从正态分布，其均值和标准差分别是：$\bar{\delta}=180\text{MPa}$，$S_\delta=22.5\text{MPa}$，$\bar{\sigma}=130\text{MPa}$，$S_\sigma=13\text{MPa}$。试预计零件的可靠度，若强度的标准差减少到14MPa，则可靠度将变为多少？

解：根据式（5-43），有

$$Z_R=\frac{\bar{\delta}-\bar{\sigma}}{\sqrt{S_\delta^2+S_\sigma^2}}=\frac{180\text{MPa}-130\text{MPa}}{\sqrt{(22.5\text{MPa})^2+(13\text{MPa})^2}}=1.924$$

查表 5-1 得到正态分布的可靠度指标为

$$R=\Phi(1.924)=0.9726=97.26\%$$

若强度的标准差减小为14MPa，则有

$$Z_R=\frac{180\text{MPa}-130\text{MPa}}{\sqrt{(14\text{MPa})^2+(13\text{MPa})^2}}=2.618, R=\Phi(2.618)=0.9956=99.56\%$$

当应力和强度的标准偏差减小时，零件的可靠度就会增加，这个特性不能在常规的安全系数法中反映出来。

三、汽车零部件可靠性设计算例

1. 汽车拉杆的可靠性设计

前面介绍的零件强度可靠性计算理论，可用来进行汽车零件的设计计算，也可用来对已有汽车零件进行强度的可靠性验算。

下面以某专业机械中的传动齿轮轴的强度计算为例，说明应用机械强度可靠性计算理论及方法来解决实际设计问题的步骤。

在机械可靠性设计中，所有设计变量，如载荷、材料参数、几何尺寸等都被认为是随机变量，这些是可靠性工程设计的基础。一般来说，变量越精确，方案就会越可靠。但是，如何获取数据对于可靠性工程来说是一个重要问题。现在用来收集数据的方法主要有以下几种：

（1）产品实物的测量和检测　这是一种获取精确数据的方法，但是成本昂贵且会耗费大量的时间。

（2）仿真测试　通过这种途径获取的数据不如通过第一种方法获得的精确，但是比较经济。

（3）标准样本的特殊检测　通过这种途径获取的数据不能反映产品的真实情况，但是它们很接近。

（4）从相关的手册中查取　这种途径相对简单、花费少，但是获取的数据经常不准确。

在机械设计中受拉零件较多，作用在零件上的拉伸载荷 $P(\overline{P},\ \sigma_P)$、零件的计算截面积 $A(\overline{A},\ \sigma_A)$、零件材料的抗拉强度 $\delta(\overline{\delta},\ \sigma_\delta)$ 均为随机变量，且一般呈正态分布。若载荷的波动很小，则可按静强度问题处理，失效模式为拉断，其静强度可靠性设计步骤如下：

1）选定可靠度 R。

2）由 R 值查表 5-2 得 Z_R。

3）确定零件强度的分布参数 μ_δ、σ_δ，在未给定参数又无统计资料的情况下可用近似计算式（5-42）计算。

4）列入应力 S 的表达式。

5）计算工作应力，由于截面积尺寸 A 是要求的未知量，因此工作应力可表达为 A 的函数。

6）将应力、强度、Z_R 均代入联结方程 $Z_R=\mu_\delta-\mu_S/\sqrt{\sigma_\delta^2+\sigma_S^2}$，求得截面积参数的均值。

为了对计算结果进行分析、比较和检验，有时还需要加进某些参数值的变化对可靠度影响的分析，或者与常规设计结果进行比较；有时还将联结方程中的 μ_S 乘以强度储备系数 n（$n\geqslant1$，如取 $n=1.25$）以增强强度储备。

例题 5-3　要设计一个拉杆，所承受的拉力 $P\sim N(\mu_P,\ \sigma_P^2)$，其中 $\mu_P=40000\text{N}$、$\sigma_P=1200\text{N}$，取 45 钢为制造材料，求拉杆的截面尺寸。

解：设拉杆为圆截面，其半径为 r，求 μ_r、σ_r。查表知 45 钢的抗拉强度数据为 $\mu_\delta=667\text{MPa}$、$\sigma_\delta=25.3\text{MPa}$，也服从正态分布。解题步骤如下：

1）选定可靠度为 $R=0.999$。

2）查表 5-2，得 $Z_R=3.09$。

3）查得强度的分布参数为

$$\mu_\delta=667\text{MPa},\ \sigma_\delta=25.3\text{MPa}$$

4）列出应力表达式

$$S=\frac{P}{A}=\frac{P}{\pi r^2}$$

$$\mu_A=\pi\mu_r^2,\sigma_A=\pi\cdot2\mu_r\cdot\sigma_r=2\pi\mu_r\sigma_r$$

取拉杆圆截面半径的公差为 $\pm\Delta_r=\pm0.015\mu_r$，则可求得

$$\sigma_r=\frac{\Delta_r}{3}=\frac{0.015}{3}\mu_r=0.005\mu_r$$

$$\sigma_A=2\pi\mu_r\sigma_r=0.01\pi\mu_r^2$$

$$\mu_S=\frac{\mu_P}{\mu_A}=\frac{\mu_P}{\pi\mu_r^2}=\frac{40000}{\pi\mu_r^2}$$

$$\sigma_S=\frac{1}{\mu_A^2}\sqrt{\mu_P^2\sigma_A^2+\mu_A^2\sigma_P^2}=\frac{1}{(\pi\mu_r^2)^2}\sqrt{(0.01\pi\mu_r^2)^2\mu_P^2+(\pi\mu_r^2)^2\sigma_P^2}$$

$$=\frac{1}{\pi\mu_r^2}\sqrt{(0.01)^2\mu_P^2+\sigma_P^2}$$

5）计算工作应力，得

$$\mu_S = \frac{40000}{\pi\mu_r^2} = 12732.406\frac{1}{\mu_r^2}$$

$$\sigma_S = \frac{1}{\pi\mu_r^2}\sqrt{0.01^2 \times 40000^2 + 1200^2} = 402.634\frac{1}{\mu_r^2}$$

6）将应力、强度及 Z_R 代入联结方程，得

$$Z_R = \frac{\mu_\delta - \mu_s}{\sqrt{\sigma_\sigma^2 + \sigma_S^2}} = \frac{667 - \dfrac{12732.406}{\mu_r^2}}{\sqrt{25.3^2 + \dfrac{402.634)^2}{\mu_r^4}}} = 3.09$$

或

$$\frac{667\mu_r^2 - 12732.406}{\sqrt{25.3^2\mu_r^4 + 402.634^2}} = 3.09$$

化简后得

$$\mu_r^4 - 38.710\mu_r^2 + 365.940 = 0$$

解得 $\mu_r^2 = 22.301\text{mm}^2$、$\mu_r^2 = 16.410\text{mm}^2$，或 $\mu_r = 4.722\text{mm}$、$\mu_r = 4.050\text{mm}$。代入联结方程验算，取 $\mu_r = 4.722\text{mm}$，舍去 $\mu_r = 4.050\text{mm}$，则有

$$\sigma_r = 0.005\mu_r = 0.005 \times 4.722\text{mm} = 0.0236\text{mm}$$

$$r = \mu_r \pm \Delta_r = 4.722\text{mm} \pm 3\sigma_r = (4.722 \pm 0.0708)\text{mm}$$

因此，为了保证拉杆的可靠度为0.999，其半径应为（4.722 ± 0.0708）mm。

为了进一步分析设计计算结果，可将它与常规设计作一比较。

7）与常规设计作比较。为了比较方便，拉杆的材料不变，仍采用圆截面，取安全系数 $n = 3$，则有

$$\sigma = \frac{P}{\pi r^2} \leqslant [\sigma] = \frac{\mu_\delta}{n} = \frac{667\text{MPa}}{3} = 222.333\text{MPa}$$

则有

$$\frac{40000}{\pi r^2} \leqslant 222.333, r^2 \geqslant \frac{40000\text{N}}{\pi \times 222.333\text{MPa}} = 57.267\text{mm}^2$$

得拉杆圆截面的半径为 $r \geqslant 7.568\text{mm}$。

显然，常规设计结果比可靠性设计结果大了许多。如果在常规设计中采用拉杆半径为 $r = 4.722\text{mm}$，即采用可靠性设计结果，则其安全系数变为

$$n \leqslant \frac{\mu_\delta \pi r^2}{F} = \frac{667\text{MPa} \times \pi \times (4.722\text{mm})^2}{40000\text{N}} = 1.168$$

从常规设计来看这样是不可取的，而可靠性设计采用这一结果，其可靠度竟达到0.999，即拉杆破坏的概率仅有0.1%。但从联结方程可以看出，要保证这一高的可靠度，必须使 μ_δ、σ_δ、μ_S 及 σ_S 保持稳定不变，即可靠性设计的先进性是要以材料制造工艺的稳定性及对载荷测定的准确性为前提条件。

8）敏感度分析。如果本例题的其他条件不变，而载荷及强度的标准差即 σ_S 和 σ_δ 的值

均增大，通过具体计算就可以明显看出，由于载荷和强度值分散性的增加，可靠度将迅速下降。因此，当载荷及强度的均值不变时，只有严格控制载荷和强度的分散性才能保证可靠性设计结果能更好地得到应用。

2. 梁的静强度可靠性设计

受集中载荷力作用的简支梁如图 5-11 所示。显然，力 P、跨度 l、力的作用点位置 a 均为随机变量。它们的均值及标准差分别为：载荷 $P(\bar{P},\ \sigma_P)$、梁的跨度 $l(\bar{l},\ \sigma_l)$、力的作用点位置 a（$\bar{a}$，σ_a）。

梁的静强度可靠性设计步骤与上面介绍的拉杆的步骤类似。

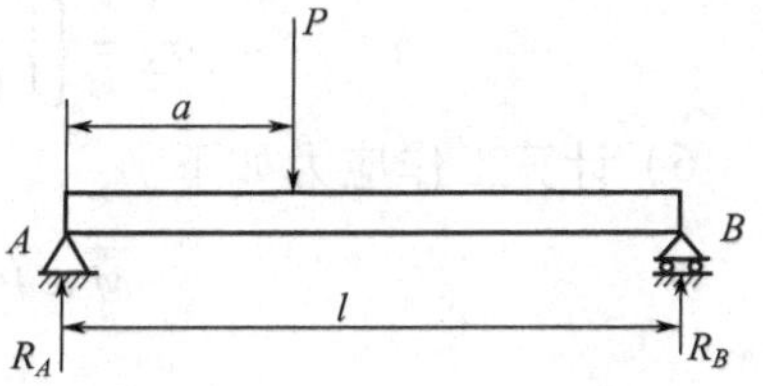

图 5-11　受集中载荷作用的简支梁

1）选定可靠度 R。

2）按 R 值查表 5-2，得 Z_R。

3）确定强度分布参数$\bar{\delta}$、σ_δ。

4）列出应力 S 的表达式。

梁的最大弯矩发生在载荷力 P 的作用点处，其值为

$$M=\frac{Pa(l-a)}{l} \tag{5-44}$$

式中，P、l、a 如图 5-11 所示。

最大弯曲应力则发生在该截面的底面和顶面，其值为

$$S=\frac{MC}{I}$$

式中，S 为应力；M 为弯矩；C 为截面中性轴至梁的底面或顶面的距离；I 为截面对中性轴的惯性矩。

5）计算工作应力。将已知量代入上述应力公式，其中包括待求的梁截面的尺寸参数，如梁截面的高度。

6）将应力、强度的分布参数代入联结方程，求未知量。

7）敏感度分析。

例题 5-4　现要设计一个工字钢简支梁，已知参数如下：跨距 $l=(3048\pm3.175)\mathrm{mm}$，$\bar{l}=3048\mathrm{mm}$，$\sigma_l=1.058\mathrm{mm}$；梁上受力点至梁一端支承的距离 $a=(1828.8\pm3.175)\mathrm{mm}$，$\bar{a}=1828.8\mathrm{mm}$，$\sigma_a=1.058\mathrm{mm}$；载荷$\bar{P}=27011.5\mathrm{N}$，$\sigma_P=890\mathrm{N}$；工字钢强度$\bar{\delta}=1171.2\mathrm{MPa}$，$\sigma_\delta=32.794\mathrm{MPa}$。试用可靠性设计方法，在保证 $R=0.9990$ 的条件下确定工字钢的尺寸。

解：工字钢的尺寸符号如图 5-12 所示。

给定其尺寸关系如下：

$\dfrac{b}{t}=8.88$，$\dfrac{h}{d}=15.7$，$\dfrac{b}{h}=0.92$，因此有 $\dfrac{I}{C}=\dfrac{[bh^3-(b-d)(h-2t)^3]}{6h}=0.0822h^3$。

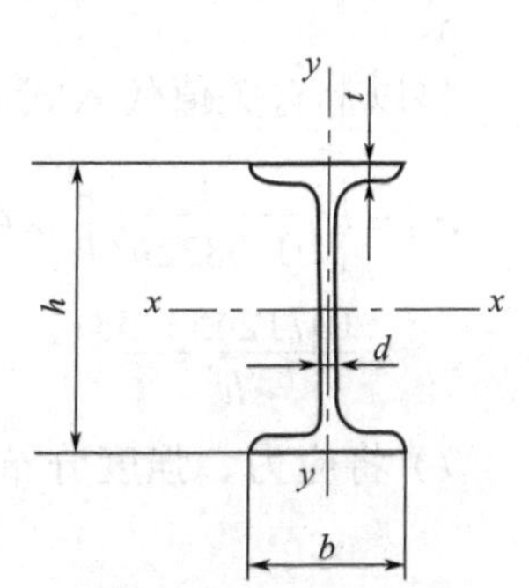

图 5-12　工字梁截面

令 $\sigma_h=0.01\bar{h}$，则$(\overline{I/C})=0.0822\bar{h}^3$，$\sigma_{(I/C)}=0.002466\bar{h}^3$。

按以下步骤进行计算：

1）给定 $R=0.9990$。

2）求 $F=1-R=0.0010$。

3）按 R 值查表 5-2，求得 $Z_R=3.09$。

4）强度分布参数已给定：$\bar{\delta}=1171.2\text{MPa}$，$\sigma_\delta=32.794\text{MPa}$。

5）列出应力表达式

$$\left.\begin{aligned}\bar{S}&=\frac{\bar{M}}{(I/C)}\\ \sigma_S&=\left\{\left[\frac{2}{(I/C)}\right]^2\sigma_{M^2}+\left[\frac{-\bar{M}}{(I/C)^2}\right]^2\sigma^2_{(I/C)}\right\}^{\frac{1}{2}}\end{aligned}\right\}\tag{5-45}$$

6）计算工作应力如下

$$\begin{aligned}\bar{M}&=\bar{P}\,\bar{a}\left(1-\frac{\bar{a}}{\bar{l}}\right)\\ &=27011.5\times1828.8\times\left(1-\frac{1828.8}{3048}\right)\text{N}\cdot\text{mm}\\ &=19759452.48\text{N}\cdot\text{mm}\end{aligned}$$

因而有

$$\bar{S}=\frac{19759452.48}{0.0822\bar{h}^3}\text{N}\cdot\text{mm}=\frac{240382633.6}{\bar{h}^3}\text{N}\cdot\text{mm}$$

求出 σ_M^2 为

$$\begin{aligned}\text{var}(M)&=\text{var}\left[\frac{Pa(l-a)}{l}\right]=\sigma_M^2\\ &=\left(\frac{\partial M}{\partial P}\right)^2\sigma_P^2+\left(\frac{\partial M}{\partial a}\right)^2\sigma_a^2+\left(\frac{\partial M}{\partial l}\right)^2\sigma_l^2\\ &=\left[\frac{a(l-a)}{l}\right]^2\sigma_p^2+\left(P-\frac{2Pa}{l}\right)^2\sigma_a^2+\left(\frac{Pa^2}{l^2}\right)^2\sigma_l^2\\ &=\left[\frac{1828.8\times(3048-1828.8)}{3048}\right]^2\times890^2(\text{N}\cdot\text{mm})^2\\ &\quad+\left[27011.5-\frac{2\times27011.5\times1828.8}{3048}\right]^2\\ &\quad\times1.058^2\text{N}\cdot\text{mm}+\left[\frac{27011.5\times1828.8^2}{3048^2}\right]^2\times1.058^2(\text{N}\cdot\text{mm})^2\\ &=424008262692\text{N}\cdot\text{mm}\approx4.240\times10^{11}(\text{N}\cdot\text{mm})^2\end{aligned}$$

故 $$\sigma_M=651160\text{N}\cdot\text{mm}$$

将以上有关值代入式（5-45），得

$$\begin{aligned}\sigma_S&=\left\{\left[\frac{1}{0.0822\bar{h}^3}\right]^2\times4.240\times10^{11}+\left[\frac{-19759452.48}{(0.0822\bar{h}^3)^2}\right]^2\times(0.002466\bar{h}^3)^2\right\}^{\frac{1}{2}}\\ &=\frac{10712453.33}{\bar{h}^3}\end{aligned}$$

7）将应力、强度分布参数代入联结方程，求出未知量 h 为

$$Z_R=\frac{\bar{\delta}-\bar{S}}{\sqrt{\sigma_\delta^2+\sigma_S^2}}\tag{5-46}$$

$$3.09 = \frac{1171.2 - (240382633.6/\overline{h}^3)}{\sqrt{(32.794)^2 + (10712453.33/h^3)^2}}$$

$$h = 62.154\text{mm}$$

这时可靠度满足 $R = 0.9990$。

8）敏感度分析。将 $h = 62.154\text{mm}$ 代入式（5-46），并将 σ_δ 及 Z_R 作为待定量，这样就可以研究材料强度对 Z_R 进而对可靠度 R 的影响，即研究可靠性对于材料强度变化的敏感度。不同的 σ_δ 值对应不同的 R 值，见表5-3。

表5-3　σ_δ 与 R 的关系

σ_δ/MPa	Z_R	R	σ_δ/MPa	Z_R	R
34.447	3.035	0.998797	75.783	1.945	0.974110
48.226	2.604	0.995393	89.562	1.709	0.956276
62.005	2.239	0.987418	103.341	1.519	0.935614

第六章　逆向工程与快速原型制造技术

第一节　逆向工程技术概述

机电产品的开发常常涉及大量的复杂曲面的设计、制造与检测，通常有两种开发模式：一种是首先在计算机上应用计算机辅助设计及制造（CAD/CAM）技术进行产品模型设计，历经产品的概念设计、结构设计、加工制造、装配检验等环节，称为产品开发的正向工程或顺向工程（Forward Engineering，FE）；与这种传统的开发模式不同，另一种模式是将已有产品作为蓝本，进行结构、材料、功能或工艺的改进、创新，进而开发出新产品，称为产品开发的逆向工程（Reverse Engineering，RE）。逆向工程表征了一种 CAD 模型不存在的产品设计方法，它是通过各种方式从机电产品实物模型中抽取数据进行再设计的一种开发模式，即所谓“反求方法”。这种反求方法包括对现有产品的修改、破碎零件的重构和工业检测等。随着数控加工技术特别是快速成型技术的发展，逆向工程技术与数控加工技术及快速成型技术紧密结合，成为产品开发中的一种快捷方法。

随着全球一体化的发展，各国机电产品约有 70% 的技术需要借鉴他国已有的产品技术。正确运用逆向工程技术可以加快机电产品开发，提高新产品开发的速度和质量，降低成本，增强市场竞争力，产生良好的经济和社会效益。逆向工程技术及其应用已逐渐成为公认的一种机电产品开发的有效手段。日本等发达国家在逆向工程技术研究及应用方面处于领先地位，在产品开发方面已得到成功应用。20 世纪 50 年代，日本制定了“吸收性战略”的基本国策，对逆向工程技术给予了高度关注，开始引进国外的先进技术，并进行消化、吸收和创新，给战后的日本经济注入了极大活力，推动了日本经济的高速发展，使日本迅速成为世界第二经济强国。

与西方发达国家相比，我国机电产品制造业的整体技术水平还比较落后，产品的技术含量低，市场竞争力不强。因此，引进国外先进技术及装备，并进行消化吸收，对推动国内企业的技术进步、提高产品的竞争能力具有重要意义。国外先进技术的引进一般可分为应用、消化和创新三个层次。应用层次只考虑购买国外的先进设备和技术，并应用到国产机电产品的开发过程中，这是引进技术的初级阶段；消化层次是指在引进国外先进技术、设备或产品的基础上，通过深入的理论分析、研究及性能测试，进而仿制引进的设备或产品；创新层次是在消化吸收引进技术的基础上，利用现代设计和制造手段，对引进技术或产品进行改进、创新，从而开发出技术更先进、结构更合理、性能更完善、市场竞争力更强的产品。

第二节　逆向工程技术基础

一、逆向工程的研究内容及基本步骤

逆向工程技术是指利用一定的测绘手段对实物进行测绘，根据测绘数据，通过三维几何

建模方法重构实物 CAD 模型的过程。逆向工程的理论研究开始于 20 世纪 60 年代，近年来，随着计算机及其他相关技术的成熟，逆向工程受到人们的广泛重视，已经成为机电新产品快速开发的有效工具。在汽车设计中，从汽车车身的油泥模型中测取三维数据，并以其作为各车身片制作模具的原始加工依据，这种逆设计方法在汽车工业中已沿用多年。逆向工程技术的研究内容十分广泛，其研究对象也有多种形式。根据信息来源的不同，可以将逆向工程分为四种类型。

1. 实物逆向

实物逆向依据现有产品的实物模型，采用接触或非接触测量技术，对产品的实物模型进行测绘。根据实测数据在计算机中重建、修改实物模型，并生成数控加工程序，以完成产品的复制，即实物逆向的目标是实物本身。

2. 软件逆向

软件逆向根据产品的工程图样、流程、算法、数控加工程序代码及技术文件等复制实物。

3. 影像逆向

影像逆向根据产品的图片、照片或影像等资料，即根据影像复制实物。

4. 局部逆向

局部逆向是对于破损艺术品的复原或缺乏备件的损坏零件的修复等。它通常不需要对整个实物原型进行复制，而是借助逆向工程技术提取实物原型的设计思想，完成复原工作，也称为局部逆向技术。

在上述四种类型中，目前对实物逆向的研究最为深入，技术最成熟，应用也最为广泛。

逆向工程技术有别于传统的产品仿制，它是以三维测量和表面重构为核心，集光电测量、计算机信息处理、数控加工、材料科学和快速模具制造等多种交叉技术为一体的高新技术，其主要特点为系统硬件的光机电一体化和软件的全数字化控制。它能快速、精确地完成各种形状产品的内外轮廓测绘，并通过系统数据处理重构出产品的三维模型，还可以利用软件将三维数据转换为 STL 格式，用激光快速成形或数控加工做出实物。也就是说，逆向工程系统是实物→数字模型→新产品的快速制造系统，它是数字化设计与数字化制造技术的一种典型应用。

逆向工程的典型流程是：①采用特定的坐标测量设备和测量方法对实物模型进行测量，以获取实物模型的特征参数；②借助于相关软件，将所获取的特征数据在计算机中重构逆向对象模型；③对重建模型进行必要的创新、改进和分析；④以数字化模型为基础，进行数控编程及加工，制造出新的产品实物。

采用逆向工程进行产品开发需要考虑多方面因素，如信息源的形式，逆向对象的形状、结构和精度要求，制造企业的软、硬件条件及工程技术人员的素质等。

逆向工程的基本步骤如图 6-1 所示，大致可分为分析、再设计及制造三个阶段。

1. 分析阶段

首先需根据逆向样本提供的信息（如形状、结构等），获取研究对象要实现的功能、原理、材料物理性能、加工及装配工艺、精度特征要求等，这对于逆向工程技术能否顺利进行和成功与否尤为重要。设计者必须认真分析逆向对象，深入了解逆向对象的相关信息，确定逆向样本的技术评价指标，明确其需要完成的关键功能及采用的关键技术，对逆向对象的特点和不足做出评估。具体分析内容包括以下几种：

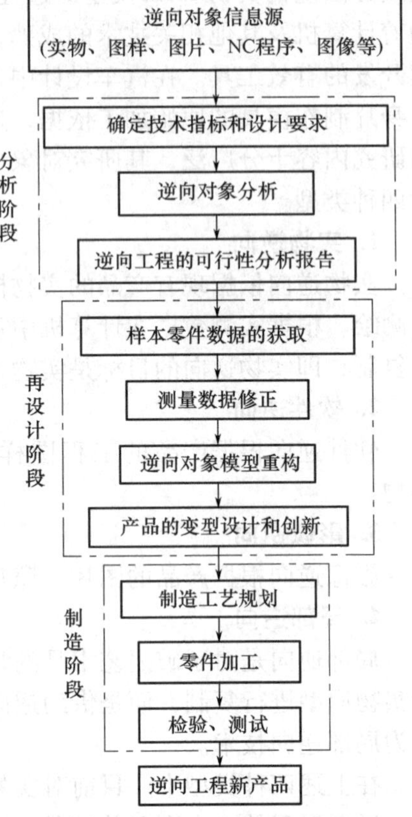

图 6-1　逆向工程的基本步骤

(1) 逆向对象要实现的功能及原理分析　充分理解和掌握逆向对象要实现的功能特征，以及实现这些功能特征的原理和采用的方法。求取基于原始产品而又高于原始产品的原理方案，是逆向工程技术实施的关键所在。

通过仔细分析逆向对象的设计思想、功能特点和结构组成等要素，找出逆向对象在功能上的缺点和不足，为后续产品的创新开发设计奠定基础。

(2) 逆向对象的材料分析　材料是产品功能实现的载体，一些在特定工况和特定环境下使用的产品，对材料有着特殊的要求。对逆向对象材料的分析包括材料成分分析、材料组织结构分析和材料性能检测等。材料成分分析主要是分析逆向对象材料的元素种类、含量等，常用的方法有钢种火花鉴别法、钢种听音鉴别法、原子发射光谱分析法、红外光谱分析法、微探针分析技术等。材料组织结构分析主要是分析逆向对象材料的组织结构特征、晶相组织分布等，包括宏观组织分析和微观组织分析。材料性能检测主要是检测材料的力学、电、磁、声、光、热等方面的物理性能。

(3) 逆向对象的制造和装配工艺分析　产品设计质量与其加工及装配工艺的合理性有着密切联系，在产品的设计阶段就要考虑产品的可加工性和可装配性。研究逆向对象的加工和装配工艺是逆向工程技术的重要内容之一，主要是研究采用怎样的加工和装配工艺实现产品的性能要求，如何提高装配精度和装配速度等。逆向对象加工及装配工艺的常用分析方法有以下几种：

1) 采用反判法编制工艺规程。以逆向对象的技术要求如尺寸大小、精度等级、几何公差、表面粗糙度等为依据，查明设计基准，分析其关键工艺，优选加工工艺方案，并依次由后向前得到逆向对象的加工工序，并编制逆向对象的工艺规程。

2) 改进工艺方案，保证引进技术的原设计要求。首先保证引进技术的设计和功能要求，然后局部地改进某些较难实现的加工工艺。

3) 用曲线对应法逆向工艺参数。以逆向对象的性能指标要求或设定的工艺参数为基础建立第一参照系，以企业的实际制造条件为基础建立第二参照系，根据已知点或某些特殊点的工艺参数关系拟合出一条曲线。根据生产实际需要，对曲线进行适当的拓展或修改，并从曲线中选出最优化的工艺方案和工艺参数。

4) 满足产品的基本功能要求，局部改变产品的结构。为了满足逆向对象的大批量生产需求，降低其生产成本，在满足逆向对象功能的前提下，可适当改变产品结构，以降低加工及装配的难度，提高加工和装配的效率。

(4) 逆向对象的精度分析　逆向对象的精度分析是逆向工程技术的重要内容，主要包括逆向对象形体尺寸及结构的确定、精度等级分配等内容。

确定逆向对象形体尺寸时应考虑逆向对象形式（如实物、影像或软件等），对象形式不同，采用的方法也有差别。例如：实物逆向可用千分尺、游标卡尺、万能量具、坐标测量机等测量设备直接对逆向对象形体进行测量，以确定形体尺寸大小；软件逆向和影像逆向通常采用参照物对比法，利用透视成像原理与作图技术，并结合人机工程学和相关专业知识，通过分析计算来确定逆向对象形体尺寸大小。

在精度等级分配时，不但要考虑逆向对象的工作原理、精度要求、经济指标及技术条件，还需综合考虑企业的加工、装备工艺水平和相关的国家标准等。

精度分析和精度等级分配的步骤为：①明确逆向对象的精度指标；②综合考虑逆向对象各方面的可能误差，确定其结构和总体布局；③计算逆向对象所有可能的误差源，确定其精度；④编写技术设计说明书，确定精度分配方案；⑤在产品设计、加工和装配的过程中，根据生产实际，对精度分析和等级分配结果进行调整、修改。

（5）逆向对象的造型分析　产品造型设计是产品设计与艺术设计相结合的统一，是综合运用美学、产品造型原理、人机工程学原理及计算机技术等对产品的外形构成、色彩搭配等进行分析，从而提高产品的外观质量和美感。例如：数控系统设计要充分考虑数控系统显示器的总体布局、图形显示的大小、操作面板的造型和色彩组合、功能按键的造型以及色彩和布局，同时还要考虑数控系统的操作方便性等问题。

（6）逆向对象系列化、模块化分析　系列化和模块化有利于产品的多规格、多品种及通用化生产，可降低产品的生产成本，提高产品质量和产品的市场竞争力，以系列化和模块化的思维分析逆向对象。

（7）逆向对象的包装技术分析　先进的包装技术和富有创意的包装方式有利于赢得用户的好感，根据实际需求，在包装材料、包装工艺和包装技术上做出改进和创新，以满足客户需求。

（8）逆向对象的使用和维护技术分析　在产品的开发阶段就考虑到产品的使用、维护和回收等问题，考虑用户的经济承受力，考虑产品的使用和操作方便性，考虑产品维护和回收的方便性，企业将会赢得用户的信任，从而赢得市场。

2. 再设计阶段

在分析阶段的基础上，对逆向对象进行再设计工作，主要包括对逆向对象模型的测量规划、模型重构、改进设计及仿制等过程。具体内容如下：

1）根据分析结果和实物模型的几何拓扑关系，制定逆向对象的测量规划，确定逆向对象的实物模型测量设备，确定测量的顺序和精度等级等。

2）在对逆向对象的测量过程中会不可避免地产生测量误差，应修正包括剔除测量数据中的坏点，修正明显不合理的测量结果，按照拓扑关系的定义修正几何元素的空间位置关系等。

3）根据修正后的测量数据及几何元素拓扑关系，利用数字化设计软件，重构其几何模型。

4）在分析逆向对象功能要求的基础上，对逆向对象模型进行再设计，根据实际需要在结构和功能等方面进行创新和改进。

3. 逆向产品的制造阶段

根据产品通常的制造方法，完成逆向产品的制造。采用一定的检测手段，对逆向产品进行结构和功能检测。如果不满足设计要求，需返回分析阶段或再设计阶段重新进行修改设计。

逆向工程的最终目的是完成对逆向对象的制造和改进，要求整个逆向工程的设计过程快捷、精确。因此，在实施逆向工程时应注意以下几点：

1）从应用角度出发，综合考虑逆向对象的参数获取及再设计过程，提高所获取参数的精度和处理效率。

2）综合考虑逆向对象的形状、结构、测量及加工装配工艺，有效控制制造过程引起的各种误差。

3）了解逆向对象的工作环境及性能要求，确定逆向对象的规格和精度。

二、实物逆向工程及数据的测量

实物逆向工程是逆向工程应用最为广泛的一种形式。它是以现有实物为依据，利用坐标测量设备获得逆向对象的坐标数据，再利用建模软件在计算机中重建模型，从而开发出性能更先进、结构更合理的产品。

1. 实物逆向对象的坐标数据测量

实物逆向工程首先要对逆向对象进行坐标数据测量，坐标数据测量可按以下步骤进行：

在进行测量之前，要认真分析实物模型的结构特点，做出可行的测量路径规划，测量路径是测头的运动轨迹。路径规划的目的是为了有序、快速、高效地测得逆向对象各个实际点的坐标，其主要内容如下：

1）基准面的选择及定位。在进行基准面选择时首先要考虑数据测量的方便性和获取数据的完整性，所选定的基准面要便于测量，还要保证在不改变基准的前提下，能获取逆向对象的所有数据，避免测量死区。应尽可能地通过一次定位完成所有数据测量，避免在不同基准下测量同一零件不同部位的数据，减少测量误差的产生。要求产品样件定位可靠，以保证测量数据的准确性，装夹时要使被测量部位处于自然状态，防止被测量部位产生变形。通常选取逆向对象的底面、端面或对称面作为测量基准面。

2）测量路径的确定。在逆向工程中，应以尽可能短的路径安全有效地遍历被测曲面的检测区域，需要根据测得的坐标数据拟合得到样条曲线，再由样条曲线构造逆向对象曲面，以重建样件模型。测量路径的确定决定了所采集数据的分布规律及走向。在采用三坐标测量机（Coordinate Measuring Machine，CMM）测量时，通常采用平行截面的数据提取路径，路径控制方式有手动、自动以及可编程控制等几种方式。

3）测量参数的选择。测量参数主要有测量速度、测量精度、测量密度等。测量精度由逆向对象的使用性能及使用要求来决定；测量密度需根据逆向对象的形状和结构复杂程度确定，原则是要使测量数据充分反映被测样件的形状及结构，并做到疏密适当。

4）特殊及关键数据的测量。对于精度要求较高或形状比较特殊的逆向对象，应增加测量数据的密度、提高测量精度。对于逆向对象的变形或破损部位，应在破损部位的周边增加测量数据，以便较好地复原该部位。

2. 实物模型数据化的方法

（1）数据测量设备的分类　数据测量设备主要分为以下几类：①简易测量工具（圆规、

卡尺、万能量具等）；②机械接触式坐标数据测量设备；③激光、数字成像、声学等非接触式坐标数据测量设备。简易测量工具只能用于形状结构简单、精度要求低的样件。坐标测量设备通常分为非破坏性测量设备和破坏性测量设备两大类，如图 6-2 所示。

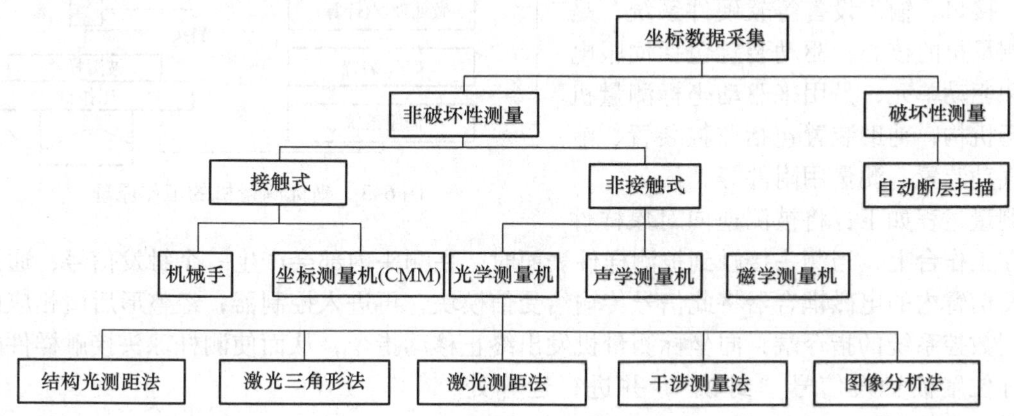

图 6-2　坐标数据测量设备的分类

破坏性测量主要是采用自动断层扫描技术，该技术采用逐层铣削样件实物、去除材料，并逐层扫描截面，以获取零件原型不同位置截面的内外轮廓数据，并将其组合起来获得零件的三维数据。破坏性测量具有可以测量任意形状、任意结构样件的数据，且测量精度较高的特点。

非破坏性测量设备可分为接触式和非接触式两大类，接触式测量设备又可分为点接触式和连续式数据采集设备。坐标测量机（CMM）为非破坏性测量设备，它是通过坐标测量机的传感测头与逆向对象样件表面的接触来记录坐标数据，技术较成熟、测量精度高。自动断层扫描技术采用逐层铣削逆向对象实物，并逐层扫描截面，从而获取样品原件不同位置截面的内外轮廓数据，并将其组合起来获得逆向对象的三维数据，它是一种破坏性测量技术，其特点是可以测量任意形状及结构的逆向对象样件的数据，测量精度较高，片层最小可达 0.01mm。

接触式传感测头一次采样只能获取一个点的三维坐标值，测量效率较低，难以实现快速测量，并且测量点的密度也受到限制。20 世纪 90 年代，Renishaw 公司研制出一种三维力-位移传感的扫描测量头，可连续获取表面的坐标数据，其扫描速度可达 8m/s，数字化速度最高可达 500 点/s，精度约为 0.03mm。但受逆向对象的机械结构和空间的限制，对某些复杂零件的特殊区域，接触式测量设备的测头因无法到达而出现测量死区。另外，对于表面较软的逆向对象样件，因变形误差过大而难以保证测量精度。

非接触式测量主要是基于光学、声学、磁学等原理，在测量过程中测头不接触逆向对象样件的被测表面，避免了被测表面的损伤和测头半径补偿，速度快、自动化程度高，适用于各种软硬材料和各类复杂曲面模型的三维高速测量。随着机器视觉技术和光电技术的发展，非接触式测量设备应用越来越广泛。但其缺点是数据量大、数据处理过程复杂，并且非接触式设备价格昂贵，对操作人员的操作水平要求较高。

（2）坐标测量机的工作原理　坐标测量机主要由主机、CNC 装置、驱动装置和辅助装置等部分组成，其工作原理如图 6-3 所示。

主机包括机身、立柱、主轴、工作台及进给机构等，是坐标测量机的主体；CNC 装置包括测试探头、印制电路板、显示器、接口、输入设备等软硬件系统，是坐标测量机的核心；驱动装置包括伺服电动机和驱动单元，是用来驱动坐标测量机的执行机构；辅助装置包括监控装置、液压和气动装置、测量用附件等。

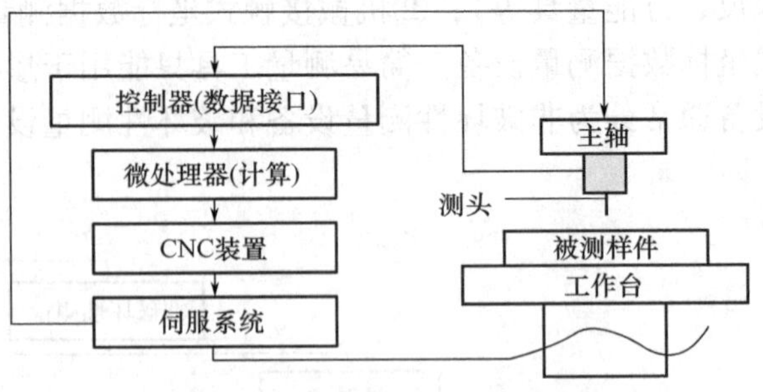

图 6-3　坐标测量机的工作原理

测量过程如下：将被测逆向对象样件固定在工作台上，当测头接触到被测样件表面时，在测头内部会产生一个触发信号，通过测量机发信臂内的电磁耦合器将此信号传输给受信模块，再进入控制器，经整形后由相应的接口传到数控系统的指令端，向坐标测量机发出终止移动指令，从而使测杆球头接触样件瞬间的坐标位置被触发信号“封锁”，并进行运算处理，同时坐标测量机进入下一个程序段。重复上述测量过程，自动完成所需坐标数据的测量。图 6-4 所示为 V-star 接触式三坐标测量系统对某款车型白车身坐标数据的采集。

图 6-4　白车身的坐标数据采集

通过坐标测量机读出的数据为测头中心位置坐标，而不是测头球形表面和样件接触点的坐标，它们之间的差值与测头半径、测量位置有关。为了得到样件测量表面的真实数据，应对测量数据进行修正，修正方法有以下两种：

1）等距偏移法。以测头球心轨迹数据点构造曲线或曲面，并将其沿外法线方向等距偏移测头半径，所获得的等距线或等距面即为所需的样件曲面。该方法只需偏移一次就能得到样件曲面。但当样件曲面较复杂时，等距偏移曲面较难实现，可先根据球心数据拟合曲线，再将曲线向外法线方向等距偏移，再根据偏移曲线来构造曲面。

2）编程补偿法。首先建立测头半径补偿数学模型，通过编程实现补偿，可得到所需的曲线及曲面数据。这里以图 6-5 所示的平行截面为例，可建立如下数学模型

$$\begin{cases} x_R = x_0 + R\cos\alpha \\ y_R = y_0 + R\sin\alpha \\ z_R = z_0 \end{cases} \tag{6-1}$$

目前，一些坐标测量机已经将半径补偿内部化，所测量的数据经过内部处理后，可以直接输出样件被测表面的坐标数据。

（3）非接触式测量设备的工作原理　随着逆向工程和快速原型制造技术的迅速发展，对三维实体形貌进行快速、准确测量的需求越来越大。以汽车为例，通过将车身油泥模型表面的三维信息快速、准确地输入到计算机中，这是现代车身开发的关键环节。

非接触式测量的原理是：依据结构光三角形的测量原理，以激光作为光源，将其投射到物体表面，并采用光电敏感元件在另一位置接受激光的反射，根据光点或光条在物体上成像的偏移，通过被测物体基平面、像点、像距等之间的关系获取深度信息。

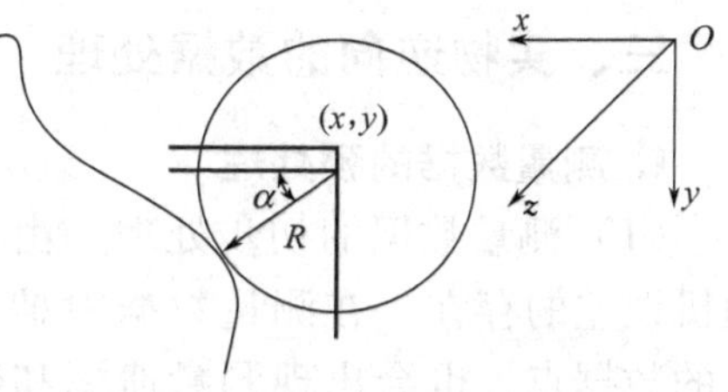

图 6-5　测头半径补偿模型

激光发生器是线式激光发射装置，当测头臂沿着扫描路径前进的时候，激光发生器发出一系列的激光线，其扫描路径如图 6-6 所示。在数据点的三维坐标中，x 轴和 y 轴的坐标值可根据测头臂的位置来确定。

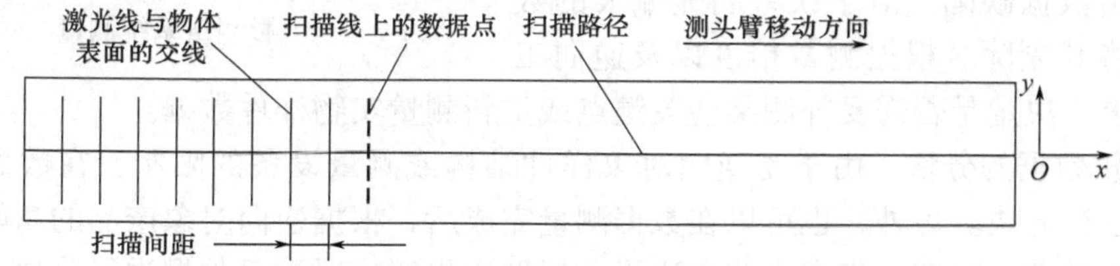

图 6-6　激光线扫描示意图

z 轴坐标的值要通过三角方法得到，其计算的简单过程如图 6-7 所示。图中 i 代表入射光，L 为透镜，u 为透镜 L 的物距，v 为透镜 L 的像距，O 为 L 光轴和光线 i 的交点，A 为物面上的光点，A'、O'分别为 A、O 的像点，h 为物面上的光点相对于基准面 M 的高度，α 为光线和光轴的夹角。根据透镜成像原理，以入射光和透镜系统光轴交点所在的平面 M 为参考平面（即基准面），则 A 相对于基准面 M 的高度计算公式为

$$h = \frac{uh'}{v\sin\alpha + h'\cos\alpha} \tag{6-2}$$

式中，u、v、α 均为测量系统参数。图 6-7 中的 CCD 面板是成像面板，在实际使用中，对称放置两个参数相同的 CCD，测量中对两个 CCD 信号进行综合处理，以便获得完整的测量曲线，这样可减小测量盲区范围并避免透镜反射给测量带来的影响。

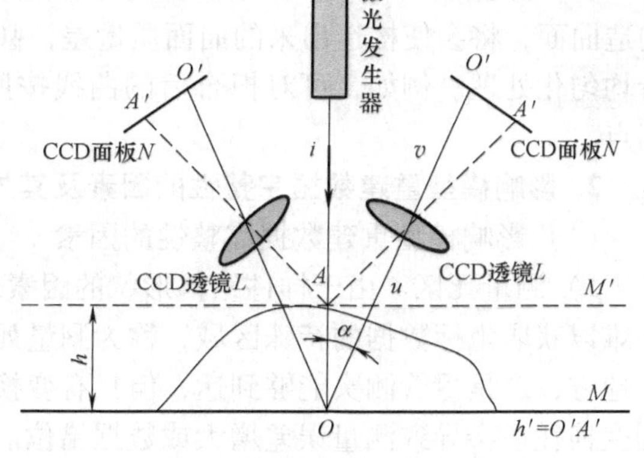

图 6-7　激光线扫描测量原理图

非接触式测量具有测量速度快、使用灵活、实时处理能力强、结构简单等优点，因而应用广泛。采用线光源，其速度比基于点的测量方式要快，每秒可测几百至几千点。采用插值计算的方法，每秒测量点数可达 10000 以上。

激光线扫描的测量精度取决于 CCD 的分辨率，一般可达到几十到 100μm 之间。它具有自扫描、高灵敏度、低噪声、低功耗等优点，且像元尺寸小、几何精度高，若配以适当的光学系统，可获得很高的分辨率，适用于高精密非接触测量。但对于光学测量方法，物体表面的光学特性对测量结果影响较大，漫反射特性不好的材料，其表面需作喷涂处理。图 6-8 所示为利用天远 Digimetric 三维摄影测量系统对某汽车进行的测量。

三、实物逆向的数据处理

图 6-8　利用天远 Digimetric 三维摄影测量系统测量

1. 测量数据的预处理

（1）测量数据的初步处理　由于系统误差和随机误差的存在，在测量数据中难免存在误差较大的数据点，也会出现测量遗漏和数据重复等现象。由于测量系统的多样化，其输出数据的格式也有差别，通过三维造型软件提供的各种视图和编辑工具，可以从多个角度观察原始型面的测绘数据，并找出数据缺陷。对于误差明显偏大的数据点，需要将其剔除。根据测量精度以及逆向工程的精度要求，决定是否需要补测某些关键点或重新测量实物样件数据。

（2）测量数据的分块　由于受逆向对象样件结构或测量设备的限制，在数据测量之前需要对样件进行分块。另外，也可以在数据测量完成后，根据逆向对象产品的功能需要、结构分析及数据的曲率分布，来定义曲面边界、提取边界线，对测量数据进行分块。

（3）分块数据的规则化　根据分块测量得到的分块数据的边缘一般是参差不齐的，以这些数据点拟合的曲线所形成的曲面质量较差。因此，通常需要对边界进行规则化处理。

对分块数据进行拓延，使之与边界线在某个方向形成直纹面，并进行求交处理，以交线作为分块数据的边缘数据。在进行规则化处理时，相邻数据块与数据拓延相交构造的直纹面必须是统一的，以减少曲面拼接时造成的人为错位。

（4）数据的均匀化　由于插值的分布和数目不同，直接采用由这些数据点拟合的曲线构造曲面，将会使构造出来的曲面质量差，甚至导致曲面造型的失败。因此，需要对数据进行均匀化处理。例如，可对拟合后的曲线按照等弧长的要求重新分段，从而得到均匀的数据点。

2. 影响模型重建数据完整性的因素及其处理方法

（1）影响模型重建数据完整性的因素

1）测量死区。由于样件结构形状的因素或测量设备的差异，进行数据测量时经常会出现难以获取坐标数据的特殊区域，称为测量死区。通常有两种情况，一是测量触头无法到达的地方，二是尽管测头能够到达，但只有变换测量基准面才能对被测面进行测量，而基准面的变换往往会导致测量误差增大或数据错位。

2）数据重叠或数据间隙。在一些大型零部件或复杂形状零件的逆向工程中，由于受测量设备、计算机软硬件的限制，或因产品几何形状结构和后续工艺的要求，需对产品样件进行分块测量。在这种情况下测得的数据往往在分界线上出现数据重叠、数据间隙，甚至数据空洞。

3）产品样件的局部变形或破损。若产品样件发生局部变形则不能反映产品最初的形态，变形区域的数据不能作为逆向对象重建的依据。当产品样件破损时，将会造成数据不全，给模型重建带来困难。

4）数据传输造成的数据失真或数据丢失。在协同设计和网络化制造环境下，通过各种数据转换接口（如 DXF，IGES，STEP 等），在异构平台之间交换产品的模型信息，在转换中会不可避免地造成因数据传输导致的数据失真或数据丢失。例如：由于不同软件系统的底层数据结构不一致，导致逆向对象模型数据不能精确、完整地转换；因设计思路不同或曲线、曲面的阶数不当，也能造成模型表面数据的失真或丢失等。

5）造型残缺。由于造型算法的限制，在曲面间进行光滑连接时会造成一定的曲面残缺。为了保证曲面的完整性，必须进行处理。

（2）处理方法

1）几何功能分析。主要分析方法有：①从几何角度研究缺损及变形部分与周边以及整个实物之间的几何关系。如果存在能与之互相装配的零部件，则可以通过相应的零部件间接获取数据；②从产品功能角度分析，产品设计是为满足一定的使用功能，产品使用功能决定了产品的主要结构，因此，可由产品使用功能获取一定的几何信息；③从工艺角度入手，产品的某些结构设计是为了满足工艺要求，运用工艺知识也可以反推出产品的某些几何形状。

2）信息补充。缺损、变形部分以及存在数据间隙的区域附近是样件模型重建的关键部位。为了保证样件几何造型的完整性和精度要求，在进行数据测量时要在相应区域适当增加数据采集点的数量。对于因不同软件系统之间的模型转换和传输造成的数据丢失与失真的情况，可利用点、线在转换或传输中比面、体稳定的特点，提取特征点和线框与模型一起转换和传输，以便于在其他软件系统中用于恢复模型数据。

四、产品造型及模型重构

在逆向工程中，实物的模型重构是整个过程最关键的工序，后续的快速原型制造、虚拟仿真、产品制造、工程分析都需要实物模型的支持。根据所采集的样本几何数据，在计算机内重构样本模型即为模型重构。

模型重构具有以下特点：

1）由于所测绘的逆向对象数据散乱，曲面边界模糊、形状复杂，一般不能直接运用常规的曲面构造方法。

2）逆向对象一般是由多个曲面经过延伸、过渡、裁剪等复合而成的，需要分块进行模型重构。

3）为了保证数字化模型的完整性和准确性，所测绘逆向对象的各视图数据之间存在一定重叠，出现所谓的“多视图拼合问题”。

根据所处理数据对象的不同，可将模型重构分为有序数据和散乱数据两种类型。有序数据是指所测量的数据点集既包含了测量点的坐标信息，也包含了测量点的数据格式，如按拓扑点阵排列数据、按分层组织的轮廓数据、按特征线或特征面测量的数据等。散乱数据是指测量点集中，不隐含任何数据格式，测量点相互独立，需要凭借模型重构算法来自动识别和建立。

有序数据的模型重构充分利用了重构模型之间的相互关系，其算法具有针对性，能提高模型重构效率。但这类模型重构只能处理某类数据，通用性较差。通常三坐标测量机一次得到的数据往往仅具有相同的数据组织形式，而许多逆向对象（如带有手柄的茶壶）的测量都是靠多视点测量数据的拼合来完成，经坐标转换拼合后得到的数据在整体上一般不再具有原来数据的组织形式。此外，海量数据在模型重构前往往需要进行数据简化，也会影响原有的数据组织形式。

散乱数据的模型重构不依赖于逆向对象数据的特殊组织方式，可对任意数据进行处理，具有更强的通用性。

逆向对象多样本数据整合和定位是模型重构的重要环节。目前，一些扫描设备可自动对扫描数据点进行定位，但通过人工或逆向工程软件对数据点进行定位还是不可缺少的。在现有的逆向工程软件中，点的坐标数据定位有以下两种方式：

1）利用基本像素（Primitive Element）实现定位，其做法是在待测逆向对象上粘贴球体或利用待测逆向对象的平面等作为基本像素。在获取点数据后，分割基本像素的点群，运用拟合功能求解出近似球体或平面点数据的坐标，再根据“相同位置的球体其圆心必然在同一点”等条件，实现定位目的。

2）选取点群数据中的数据重叠区域，通过自动运算该区域曲率的变化趋势，整合逆向对象不同样本数据中应整合的区域。整合区域的数目越多，整合精度越高；整合区域的曲率变化越明显，整合准确度越高。

由上述两种整合方式可知，基本像素整合方式过程复杂，但其精度高；整合区域自动整合方式比较简便，整合效果与区域选择、精度要求等因素有关。

曲面的重构有两种基本方式：一是直接利用点数据构建曲面；二是由数据点构造特征曲线，再由曲线构建曲面。与一般数字化设计软件相似，通过曲线构建曲面的方式有放样、拉伸、旋转、扫描等。此外，也可利用点数据与边界曲线构建曲面。

根据数据重构后的表示形式不同，可将曲面模型分为以 B-Spline 或 NURBS 曲面为基础的曲面构造方案和由众多小三角 Bezier 曲面为基础构成的网格曲面模型这两种类型。由三角片构成的网格曲面模型构造灵活、边界适应性好，受到人们的重视。其基本构建过程是：采用适当算法将集中的三个测量点连成小三角片，各个三角片之间没有交叉、重叠、穿越或存在缝隙，将众多的小三角片连接成分片的曲面，拟合出样本表面。

曲线及曲面的光顺处理是模型重构中的重要环节。由于数据点大多是离散的，缺乏必要的特征信息，存在一定的误差，因此以这些数据点构造的曲线和曲面很难满足逆向对象产品的设计需求，需进行一定的光顺处理。

光顺包括光滑和顺眼两方面的内容。光滑是指空间曲线和曲面的连续阶，数学上一阶倒数连续的曲线即为光滑曲线；顺眼是指设计人员的主观感觉评价。为了构造出光顺的插值曲线，需对原型值点序列进行修正。目前，曲线的光顺方法分为能量法和圆率法。其修正准则是：曲线上的曲率极值点应尽可能少，两相邻极值点的曲率应尽可能接近线性变化。

曲面光顺也称为网格光顺，网格光顺是指网格的每一条曲线都是光顺的，光顺曲面应没有凸区和凹区。判断曲面是否光顺的依据是高斯曲率，可使用高斯曲率法对曲面是否光顺进行分析。若曲面光顺度很差、曲率变化很大，需重新调整构造曲线，直到曲面质量满足要求为止。

在逆向工程中，不但要保证曲面质量，还要满足逆向对象的设计精度要求。因此，除了对原始型值点进行光顺外，还要控制修改后的逆向对象型值点数值，控制该数值与原始型值点之间的坐标偏差，保证设计精度要求。

总之，坐标数据处理和模型重构可分为点数据处理、曲线数据处理和曲面数据处理三个阶段，其基本流程如图6-9所示。

五、逆向工程软件模块介绍

逆向工程软件主要有Imageware/Surfacer软件、GeomagicStudio三维检测软件、Copy-CAD软件、RapidForm软件等。此外，一些通用数字化造型软件也集成了逆向工程模块，如UG、Pro/E软件等。浙江大学也推出了RE-Soft逆向软件系统。

1. Imageware/Surfacer软件

Imageware/Surfacer软件是美国EDS公司的产品，该软件在曲面造型、曲面检查等方面功能强大，可运行于UNIX＋工作站平台或Windows＋PC平台，流程简单清晰。Imageware/Surfacer软件主要包含了四个模块，分别是Surfacing/Point Processing、Inspection、Evaluation及Polygon Modeling。

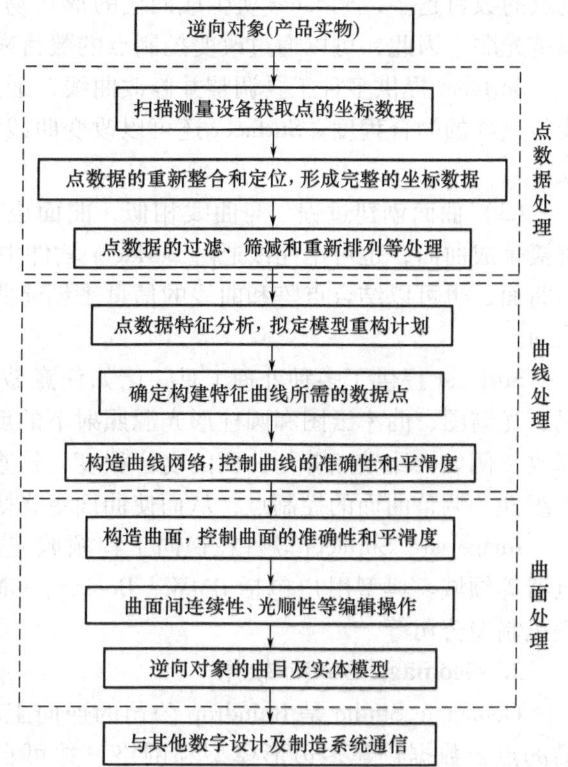

图6-9　逆向设计数据处理及模型重构的基本流程

Surfacing/Point Processing模块用来扫描点的分析及处理，可接受多种CAD文件格式，点云的读取完全不受点数限制，具有高品质的曲线及曲面构建能力、强大的动态曲面编辑功能及实时检测功能，并能与其他CAD/CAM系统兼容。

Inspection模块可接受多种CAD文件格式，能读取大多数测量系统的文件格式，能快速精确地对比点云与CAD模型之间的误差，能对比检测点云与曲面轮廓之间的误差和平面度等的几何公差。

Evaluation模块可取代传统的检测报告，直接从屏幕上查看Inspection产生的结果。

Polygon Modeling模块可将IGES、DXF、点云等转换成STL文件格式，快速检测并修补STL模型的破洞，可在STL模型上进行偏移、布尔运算及修剪等操作。

Surfacer模块按照“点-曲线-曲面”的原则进行数据处理，其基本步骤如下：

（1）读入点阵数据　Surfacer可以接收几乎所有的三坐标测量数据，此外，它还可以接收如STL、VDA等其他格式的数据。对于复杂形状及结构或尺寸较大的零件，需经多次扫描及测量而形成多个样本数据文件，还可以利用如球面、圆柱面、平面等特殊形状点的信息实现多个样本数据的整合和准确定位。Surfacer还提供了多种数据处理工具，可对数据点阵进行判断，并去噪声，从而保证结果的准确性。

大多数零件都是由不同曲面组合形成的，每个曲面的生成方式也不一样。在模型重建时，要从不同的侧面观察并判断可视化点阵，以便更快、更好地创建曲面。Surfacer提供了多种工具，帮助用户进行判断和决策。

（2）曲线创建过程　零件曲线的生成可以有多种形式，Surfacer可以精确地通过点阵，也可用点阵来控制曲线的大致形状，可根据需要决定生成哪种曲线的类型。通常情况下，控制点的数目越多，Surfacer 所生成曲线的形状吻合度越好；控制点的数目越少，所生成的曲线越光顺。因此，可以通过改变控制点的数目来调整曲线。

Surfacer 提供多种工具调整并修改曲线，通过曲线的曲率来判断曲线的光顺性，检查曲线与点阵的吻合程度。Surfacer 还可以改变曲线之间的连续性特征（如连接、相切、曲率连续等）。

（3）曲面创建过程　与曲线相似，曲面也有多种创建方法。例如，可以通过扫描点阵直接生成曲面，也可由曲线通过 Surfacer 软件中的扫掠、蒙皮、四个边界线等方法生成所需的曲面，也可以结合点阵和曲线的信息来创建曲面，还可以通过圆角、过桥面等形式来生成曲面。

Surfacer 提供了多种处理工具，诸如任意截面形状的连续性、高亮度线、曲面反射线情况、光谱图、曲率云图和圆柱形光源照射下的反光图等，以便检查所重构曲面的缺陷并进行修改。例如，比较点阵与曲面的吻合程度，检查曲面的光顺性，检查曲面与其他相关曲面的连续性，调整曲面的控制点，从而使曲面更光顺，对曲面进行重构处理等。

Imageware/Surfacer 软件在逆向工程领域应用较广泛，尤其是在航空航天、汽车、家用电器等领域。典型用户包括 BMW、Boeing、GM、Chrysler、Ford、Toyota、上海大众、成都飞机制造公司等。

2. Geomagic Studio 软件

Geomagic Studio 是 Raindrop 公司的逆向工程和三维检测软件产品。该软件可以根据扫描的点云数据创建多边形模型和网格，并可自动转换成 NURBS 曲面。Geomagic Studio 主要包括 Decimate、Qualify、Shape、Wrap、Capture 五个模块。这些模块的主要功能有：①将点云数据信息转换为多边形信息；②对多边形的编辑和修改；③把多边形转换为 NURBS 曲面；④进行曲面分析；⑤文件格式转换与输出，可输出 STL、IGES、DXF 等格式的文件。

3. CopyCAD 软件

CopyCAD 软件由世界知名的专业数字化设计与制造软件公司——Deleam 公司开发，主要应用于汽车、航空航天、船舶、家用电器、内燃机、轻工产品等行业，在橡胶模、塑料模、压铸模、锻模、大型覆盖件冲模及玻璃模具的设计与制造领域，具有很大优势。应用 CopyCAD 软件的主要有 Ford、Toyota、Volkswagen、Honda、MercedesBenz、Boeing、Siemens、Pratt&Whitney、Mitsubishi、Canon、LG、Nike、东风汽车集团、一汽集团、格力电器等。

CopyCAD 软件的主要功能有：①可以根据用户定义的公差构造零件的三角化网格模型；②进行数据点云的输入与处理，接受三坐标测量机、探测仪和激光扫描仪等测得的数据；③可通过交互输入特征曲线，或者从三角网格模型中自动提取特征线；④可利用特征网格构造零件曲面片，并进行曲面片之间的光滑拼接处理，自动形成规定公差的平滑的多面块曲面，保证曲面相邻表面之间相切的连续性，以生成高质量的复杂曲面；⑤可进行曲面模型精度和品质的分析。

CopyCAD 可帮助用户通过点云数据信息产生光滑的曲面模型，包括通过实物模型生成产品三维模型，根据修改后的模型更新产品的数字化主模型，基于已有部件开发设计新的零件等。CopyCAD 不仅能与 Delcam 的其他模块集成，还提供了与 UG、Pro/Engineer、CATIA

等的专用接口。

4. RapidForm 软件

RapidForm 软件是韩国 INUS 公司的产品。该软件提供了一种高效、可靠的计算技术，可迅速处理庞大的数据点云，并快速地根据点云数据计算出零件的多边形曲面，实现了三维扫描后的快速化处理，精度较高，提高了工作效率。

RapidForm 提供了多点云数据管理界面，能处理无顺序排列的点数据以及有顺序排列的点数据。它还可以对点云进行过滤，提供了表面偏差分析技术来消除扫描过程中所产生的不良点云。RapidForm 还能进行点云合并，可用手动方式将多个扫描数据点加以合并。

RapidForm 支持三维彩色扫描，并将颜色信息映像在多边形模型中。在曲面重建时，颜色信息将完整保存，也可运用快速原型制造设备加工出彩色信息的模型。它还提供上色功能，通过实时上色编辑工具，用户可以直接编辑模型的颜色。

5. PTC 公司软件

PTC 公司开发的用于逆向工程的软件模块有 ICEM Surf，Pro/Designer（CDRS）和 Pro/Scantools 等，它们各有特点，可应用于不同领域。

ICEM Surf 是一个 A 级自由曲面构造工具，A 级曲面定义为满足曲率连续条件、曲面边界连续性达到最佳化，并且曲面之间的边界能完全密合的曲面。A 级曲面具有较好的光反射性能，可用于车灯、镜面等具有高质量反射效果的曲面。ICEM Surf 具有以下功能：①可以无需构造曲线而直接构造出曲面；②可以对曲面进行动态更新并实现曲面质量的动态评价；③可以用来构造摩托车、汽车、飞机等的外饰件及内饰件等曲面。④还能将数据点云自动转换为三角形面片模型，也可用来求任意截面线、边界线和特征线。

Pro/Designer（CDRS）是一个工业设计的造型模块，主要用于产品的概念设计。这种模块可以方便地调整各条曲线特征，实现特定的设计结果；它还可以利用较少的测量数据，实现产品的逆向造型。

Pro/Scantools 是一种集成于 Pro/Engineer 实体建模功能的逆向曲面软件包，它可接受有序点（测量线），也可接受数据点云，用来构建非 A 级自由曲面。利用该模块，可完成如电器、塑料件、汽车内饰件等一般工业产品的逆向模型重建。

对于由初等解析面构成的零件，可以采用 Pro/Engineer 直接以测量数据作为造型依据。

6. 浙江大学的 RE-Soft 软件

RE-Soft 采用三角 Bezier 曲面模型，首先建立数字化点的三角形网格基础，然后在三角形网格的网孔内构造三角 Bezier 曲面。其具体过程为：先以零件的数字化点建立三角形网格模型，利用三角形网格模型对曲面的特征进行辨识，利用辨识结果和用户制定的误差对三角形网格模型进行必要的简化和调整，使得三角形网格表示的曲面模型与实物一致，最后在三角网格的网孔内构造三角 Bezier 曲面的曲面片。

RE-Soft 软件具有以下特点：①不需要构造零件曲线，减少了用户的交互式操作程序，使用简单；②三角形曲面可以灵活地表现各种形状的复杂零件，能满足各种复杂零件的建模要求；③采用三角 Bezier 曲面模型，与其他数字化开发软件的通信不太方便。RE-Soft 软件集成了 NURBS 曲面转换模块和基于三角 Bezier 曲面模型的曲面加工模块。

第三节　快速原型制造技术

一、快速原型制造技术概述

快速原型制造技术也称为快速成形技术，它以面向企业的现代化生产和制造为目标，是先进制造技术的重要分支。快速原型制造技术集计算机辅助设计技术、数控加工技术、激光技术及材料科学等领域的最新成就于一体，能对产品开发进行迅速的评价和修改，并能自动快速地制造出原型产品或零部件，从而快速满足市场需求，提高企业竞争力。

1. 原型制造及快速原型制造技术

原型（Prototype）是指用来开发未来产品或系统的一个初始模型。原型是有意义的产品在某个方面的表示，它包括从概念到具有完整功能样品的有形和无形的表示，可以分为物理模型和分析模型。物理模型是指近似或直接为产品的有形实体表示，是实际存在的，并可进行检测和试验，在视觉和触觉上都类似于现实产品；分析原型是产品或系统的非有形表示，可以是图像、方程、计算机仿真程序等。原型在表面质量、形状及色彩等方面具有产品的特征，能代表产品的特定性质，但还不具备或不完全具备产品的所有功能。在大多数情况下，原型是指物理原型，即产品或系统在三维空间的实物表示。

原型制造（Prototyping）是指设计、加工原型的过程。原型制造大致可分为净尺寸成形（Net Forming）、去除材料成形（Subtracted Forming）、生长成形（Growth Forming）和添加材料成形（Adding Forming）四种类型。

净尺寸成形是利用材料的可变形性（如塑性），在特定边界约束或外力约束下，将半固化的流体材料挤压成形后再硬化、定形，或通过挤压固体材料达到成形要求，因此也称为受迫成形（Forced Forming）。常用的净尺寸成形方法有铸造、锻压、注塑等，它既可以成形毛坯，也可以直接成形为最终零件，生产效率较高。

去除材料成形是指通过将毛坯中的某些材料去除而满足产品形状和尺寸的要求，主要包括车削、铣削、镗削、刨削、磨削、切割、钻孔等成形方法。目前，电火花加工、激光切割也是常见的去除材料成形方法。去除材料成形最早实现了数字化设计与制造过程，是目前原型制造的主要成形方式。但对于形状不规则、内部结构复杂的零件，采用去除材料成形方法往往很难甚至不可能实现原型制造。另外，去除材料成形方法还存在材料利用率低、浪费严重和生产效率低等缺点。

生长成形是通过模拟自然界中的生物发育过程来实现材料的生物活性成形，是仿生制造（Bionical Forming）的一种形式。目前，生长成形方式还不够成熟，但随着生命科学、仿生学、材料科学和制造科学的不断发展，采用这种成形方式进行人工生物成形将成为原型制造的一种有效手段。

添加材料成形是通过连接原材料颗粒、丝条（杆）、层板等，或通过流体（熔体、液体或气体）在零件的某个指定位置浇注、固化而达到成形的目的，又称为堆积成形（Stacking Forming）。添加材料成形的最大优点是不受成形零件形状和结构复杂程度的限制，在物体成形思想上实现了创新。

将上述成形思想与数字化设计和制造加工技术相结合，就可以快速地制造出具有各种形状、各种结构的物理原型或产品零件，能有效缩短产品的生产周期，这就是快速原型制造（Rapid Prototyping Manufacturing，RPM）技术。

快速原型制造技术是一项于20世纪80年代中期才发展起来的新技术，它是对由产品的数字化模型直接驱动成形设备，从而快速制造任意形状及结构的三维物理实体的技术总称，包括一切由CAD模型直接驱动的快速制造过程，其主要技术特征是成形的快捷性。快速原型制造技术的基本步骤是：①通过正向（顺向）设计或逆向测绘，在计算机中建立设计对象的三维数字化模型；②根据产品的设计要求，将三维数字化模型离散为一系列有序的单元，一般在z方向将按一定厚度进行离散分层，将原有的三维数字化模型变成一系列的二维层片；③根据每个二维层片的轮廓信息，分别输入加工参数，自动生成数控代码；④选择合适的材料及加工成形工艺，利用快速成形设备，将材料按照设定的路径逐层堆积并连接，得到产品的三维实体模型。快速原型制造的具体步骤如图6-10所示。

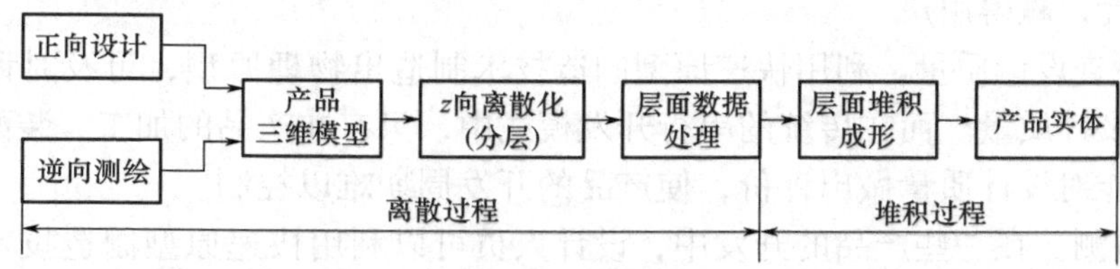

图6-10　快速原型制造的具体步骤

快速原型制造技术将实体模型复杂的三维加工转变成一系列二维层片的加工，使得模型成形过程的实现与待成形实体的形状和结构的复杂程度无关，从而大大降低了加工难度。

2. 快速原型制造技术的特点

快速原型制造技术与传统切削加工技术及模具成形技术有着本质的区别。快速原型制造技术可以加工出任意形状及结构的零部件，它的出现开辟了不用切削加工刀具、模具而制造产品原型和产品的新途径。设计人员可以身临其境地体会设计感觉，快速检查、验证和修改所设计产品的结构、外形和所要求的功能，创造了产品开发的全新模式和全新境界。

与传统切削加工技术和模具成形技术相比，快速原型制造技术具有以下特点：

（1）以数字化设计及制造技术为基础　产品的三维数字化模型是快速原型制造的基础，模型的离散分层以及堆积成形过程也离不开CAD技术及数控加工技术的支持。快速原型制造技术建立在数字化设计及制造的基础之上，同时，它的发展也促进了数字化设计和制造技术各项功能的集成。

（2）可实现产品的快速制造　快速原型制造技术与逆向工程技术相配合，从现有产品测绘获取三维数据到加工出新的产品原型，只需要几个到几十个小时的时间。与传统成形方法相比，快速原型制造技术可有效缩短产品的开发周期，加快产品更新换代的速度，并降低新产品的开发成本和企业研制新产品的风险。快速原型制造技术是进行复杂原型和零件制作的有效手段，适合新产品开发，适合单件、小批量生产，适合复杂、异形产品的生产。

（3）是高新技术集成的产物　快速原型制造技术融合了数据采集与处理技术、产品建模技术、材料科学、数控加工技术、激光加工技术、机电控制技术等多项高新技术。

（4）可实现自由成形　自由成形有两层含义：一是指可根据物理原型或零件的形状，

无需使用切削加工刀具、模具而自由地成形，从而缩短了新产品的试制时间，节省了刀具和模具的费用；二是指成形时不受形状、结构的限制，能够制造任意复杂形状与结构的原型或零件。就产品成形而言，只需改变产品的三维模型就可生产出不同形状和结构的产品。

（5）材料来源丰富　快速原型制造技术可以采用树脂类、塑料类原料以及纸类、石蜡类原料，复合材料，金属材料，陶瓷材料的粉末、块体等材料，也可以采用涂覆某种粘结剂的颗粒、板、薄膜等。

（6）应用领域广阔　在新产品的开发过程中，快速原型的用途主要包括以下几种：

1）用于产品的外形设计。在买方市场下，人们对家电、汽车等产品的外观要求不断提高，采用快速原型制造技术可以快速加工出物理原型，便于设计人员和用户评议，从而使产品的外形设计及检验更加直观、有效和快捷。对于像照相机、电动工具等的消费类产品，通过快速原型技术也可使设计者真实地触摸和感受实体，以便充分考虑人机、人因等因素，及时改进外形设计，赢得用户。

2）用于检查设计质量。利用快速原型制造技术制造出物理原型，可及时评价和改进产品设计，保证设计质量。而在传统的串行开发模式中，只有在产品的加工、装配甚至样机试验完成后，才能对设计质量做出评价，使产品的开发周期难以控制。

3）功能检测。在一些产品的开发中，设计人员可以利用快速原型制造技术测试产品的性能，判定产品是否满足设计要求，并优化产品的形状结构，获得最佳的性能特征。

4）装配干涉检验。对于复杂的机电产品，装配干涉检验具有重要意义。利用快速原型技术可以模拟装配，以观察各零部件之间的配合情况和装配流程，提高产品一次性开发的成功率。

5）产品宣传。在产品开发和推广的早期，快速原型制造技术可以为产品的宣传发挥作用，在收集客户建议的基础上，进一步完善产品设计。

快速原型制造技术特别适合于新产品开发、快速单件及小批量零件生产、形状不规则零件或复杂结构零件的制造、模具及模型设计与制造、快速逆向与复制及难加工材料的制造等。

此外，快速原型制造技术在材料科学、工业设计、生物医学、文化艺术、建筑工程等领域也有着广阔的应用前景。

（7）具有潜在的经济效益　快速原型制造技术对于企业把握商机、适时推出新产品并投放市场能够提供有力的技术支持，可给相关企业带来巨大的经济效益。

3. 快速原型制造技术与相关学科之间的关系

快速原型制造技术是多个学科的技术集成，它既是这些学科发展的必然结果，也对这些学科的发展提出了新的研究内容。

（1）与数字化设计技术之间的关系　产品的模型数据是快速原型制造技术产生的前提和基础，快速原型制造技术是数字化设计技术的重要组成部分。同时，快速原型制造技术的发展又促进了数字化设计技术的发展。例如，数据交换 STL 文件及分层软件等技术都是因快速原型制造技术而产生的，并在数字化设计技术中得到广泛应用。

（2）与能源技术之间的关系　快速原型制造的成形过程对能源具有较高要求，对能源的选用还与所使用的原材料性能有关。从总体上来说主要有两类能源形式：一类是基于激光能量的固化、切割或熔化的方法，另一类是基于非激光能量的堆积成形方法。

由于激光具有能量集中、易于控制、光斑小、波长恒定等特点，因此，适合作为快速原型制造技术的能源。此外，以激光作为能源的成形工艺开发得较早，性能较完善，应用也较普遍。在以激光为能源的快速制造系统中，需考虑激光束的直径、聚焦、散焦等因素。激光技术的发展促进了快速原型制造技术的产生。

（3）与数控技术之间的关系　数控技术是实现快速原型制造技术的桥梁，同时，快速原型制造技术也向数控技术提出了新的研究课题。不同的快速成形工艺对数控系统有不同的要求，这样就需要引入可变参数的数控系统。数控技术在快速原型制造技术中的应用主要包括运动方式控制及加工参数控制。为了加工出高质量的薄层，要求控制系统能够对激光光学参数、几何参数、温度补偿及功率进行控制，并能够对材料进给作实时补偿控制。此外，与切削加工的数控技术相比，快速原型制造系统的速度快、定位精度要求高、负荷小。因此，快速原型制造技术与数控技术密不可分。

（4）与材料科学之间的关系　材料是快速原型制造技术的关键因素之一，是快速原型制造的前提条件。材料的性能不仅影响原型产品的加工质量，而且还决定了原型产品的应用前景。快速原型制造可使用的材料种类有很多，材料始终是快速原型制造技术研究中的一个重点。材料科学的发展，尤其是新材料的出现，将会极大地促进快速原型制造技术的发展。同时，快速原型制造技术也对材料科学提出新的要求，促进了新材料的不断出现。

（5）与其他相关学科之间的关系　除了上述学科之外，快速原型制造技术还与机械设计、检测技术、信息与控制技术等密切相关。机械设计是快速原型制造技术的工艺基础，它为原型的设计提供理论指导。利用检测技术可以反馈制造信息、了解成形质量，以确定补偿方案，它是原型制造过程的必备手段。信息与控制技术可使原型制造系统的各个子系统相互协调并能有机集成。

近年来，快速原型制造技术开始与电铸、电弧喷涂、等离子喷涂、熔射成形、浇注、精密铸造、电火花等各种特种加工方法相组合，形成复合加工技术，为特殊功能材料的零件、金属及非金属零件、金属模具的快速制造提供了新的技术途径。

4. 快速原型制造技术的发展历程

快速原型制造技术是当今世界上发展最快的制造技术之一，是近 20 年来制造技术领域的一次重大发展。快速原型制造技术的迅速发展，反映了现代制造技术本身的发展趋势以及激烈的市场竞争对制造技术发展的重大影响。

快速原型制造技术的分层制造思想可以追溯到 19 世纪。1892 年，美国人 J. F. Blanther 提出了用层合方法制作三维地图模型。20 世纪 70 年代，为了缩短产品开发周期、降低开发费用，相关设计及制造企业开始尝试不借助传统加工刀具，而是通过现代制造技术来实现三维实体的分层制造。20 世纪 80 年代初，激光技术的成熟为材料的快速硬化、熔融和固结提供了先决条件，也使得第一代快速原型制造工艺逐渐成熟。

1979 年，日本人 Nakagawa 教授发明了叠层模型造型法，制造了金属冲裁模、成形模和注射模。1980 年，日本人 Kodama 博士提出了光造型法（立体光固化成形），并在 1981 年首次发表了有关快速原型制造技术的论文。在此基础上，日本人 Malutani 继续对其进行深入研究，并于 1987 年试制出产品。同时，美国的科研人员发表了利用计算机辅助设计在三维空间实现实体制造的研究论文和专利。1986 年，美国人 C. Whull 完成了立体光固化设备（Stereo Lithography Apparatus，SLA）的完整系统 SLA-1，并获得专利，之后又研制出掩膜式的快速原型制造系统。1984 年，美国人 M. Feygin 提出了叠层实体制造方法。1986 年，美国 Texas 大学的研究生 C. Deckard 提出了选域激光烧结思想。1988 年，美国人 S. Crump 提出了熔融沉积造型方法，并开发出商业机型。上述几种制造技术至今仍然在快速原型制造领域中占据主要地位。

美国是世界上首先使用快速原型制造技术的国家。1987 年，3D Systems 公司首次推出了商品化的快速原型制造设备。1988 年，第一代快速原型制造设备 SLA-1 在 Pratt and Whitney 和 Eastman Kodak 等公司使用，标志着快速原型制造技术开始进入工业应用阶段。

快速原型制造技术的发展十分迅速。1992 年，快速原型制造设备在 17 个国家的 500 个项目中得到应用。1995 年，全球快速原型制造设备的销售额达到 3 亿美元。2002 年，全球共有三十多个快速原型制造设备厂商，当年制造销售了将近1500 台快速成形设备，全世界 58 个国家和地区共拥有万余台快速成形设备。其中，以美国为主的北美洲占将近 50%，亚太地区约占 27%，欧洲约占 20.8%。

快速原型制造现已成为一个新兴的产业分支，它的应用行业涉及汽车、家电、航空航天、塑料制造及玩具制造等。图 6-11 所示为快速原型制造技术的应用类型及所占比例。

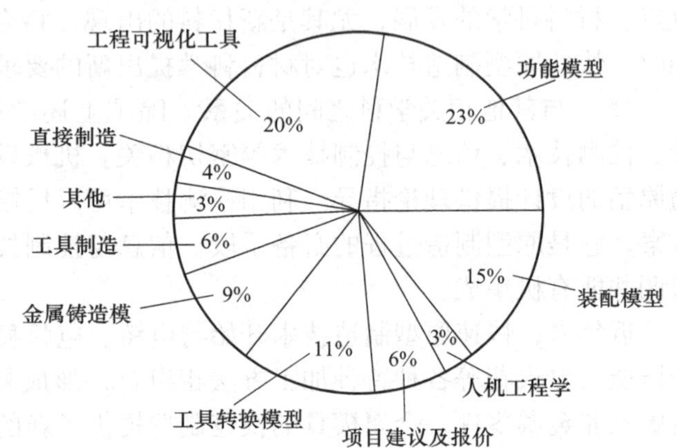

图 6-11　快速原型制造技术的应用类型及所占比例

在快速原型制造技术的发展过程中，政府、企业、大学及研究所都给予了极大的关注。例如，由日本发起，澳大利亚、加拿大、美国和欧盟等国家与地区参加的智能制造系统（Intelligent Manufacturing System，IMS）项目，开展了先进制造技术研究与开发的国际合作，其中快速原型制造是主要子项目。1993 年，欧洲建立了“欧洲快速原型制造（EARP）”项目，由 RPM 领域的企业和科研院所参加，其研究内容包括创造性设计和产品开发、实体建模和原型制造、软件以及医疗应用。日本于 1994 年设立了 8 亿日元的基金研究项目，开始进行数据交换、树脂固化的基础理论研究和应用。1995 年，美国有许多项与快速原型制造技术有关的研究课题得到政府资助，资助经费超过 4500 万美元。1999 年，澳大利亚政府建立了一个有六个节点的教育网络，配有 CAD/CAM 工作站和一台 SLA-250 快速成形机，可对工程师的继续教育、科研项目和工商界提供低价服务，以鼓励研究和传播快速原型制造技术。

我国的快速原型制造技术起步较晚，但近年来发展迅速。1992 年，清华大学在国内率先开展快速原型制造技术的研究。1993 年，有关快速原型制造技术的文章开始在国内的期刊上发表。1994 年，美国企业在上海国际模具展览会上展出了快速工厂制造（Rapid Plant Manufacturing），在国内引起人们的关注。同年在北京举办的国际机床博览会上，我国自己设计制造的快速原型制造设备首次展出。20 世纪 90 年代，西安交通大学、华中理工大学、清华大学、南京航空航天大学、北京隆源公司等先后开展了快速原型制造技术的研究，在原理设计、制造工艺、快速原型制造设备开发及材料和工艺参数优化等方面做出了卓有成效的工作，一些快速原型制造设备已开始商品化生产。此后，北京航空工艺研究所、哈尔滨工业大学、华侨大学、大连理工大学等高校和科研机构也陆续开展了对快速原型制造工艺、材料和应用方面的研究。

二、典型快速原型制造工艺及装备

快速原型技术融合了 CAD、CAM、CNC、精密伺服驱动和新材料等先进技术，可将复杂的三维加工分解成较易实现的二维加工的组合，可采用固、液、气、粉末几种形态的材料来制造产品。

快速原型制造技术的成形方法有很多，这里根据使用的材料形态（固态、液态、气态或粉末）和成形机理的不同，对几种典型的快速原型制造技术的成形方法进行介绍，包括立体光固化（SL）、熔融沉积成形（FDM）、选择性激光烧结（SLS）、叠层实体制造（LOM）、三维印刷（3DP）等方法的基本成形原理、工艺加工过程和应用范围。

1. 立体光固化（SL）

1984 年，Charles Hull 发明的立体光固化（Stereo Lithography，SL）工艺获得了美国专利。1988 年，3D Systems 公司推出了世界上第一台实用化的立体光固化设备——SLA-1。

立体光固化也称为立体印刷成形、光敏液相固化、立体光刻或立体造型，它是出现最早、应用最为广泛的一种快速原型技术。立体光固化成形的工作原理如图 6-12 所示，它是以光敏树脂（如丙烯基树脂）为原料，在工作槽中盛满液态光敏树脂（在一定波长的紫外激光的照射下发生固化），在升降工作台上附带有导轨和刮板。当成形开始时，先在工作台上铺一层设定层厚的液态树脂，在计算机控制下，用一定波长的紫外激光对预定成形的分层截面轮廓进行逐点横向和纵向扫描，使被扫描区域的树脂薄层发生光聚合反应后固化，从而形成一个薄层截面，未被紫外激光照射的树脂仍处于液态。当一层固化后，向上或向下移动工作台，在上一层的基础上再铺上另一层树脂，使液面始终处于激光的焦平面上，用刮平器将树脂液面刮平，再进行下一层扫描、固化。由导轨带动刮板运动，刮平树脂，然后再使光源纵、横向扫描固化树脂，新固化的一层就牢固地粘接在先前固化的一层上，如此重复，直到完成整个原型的制造。

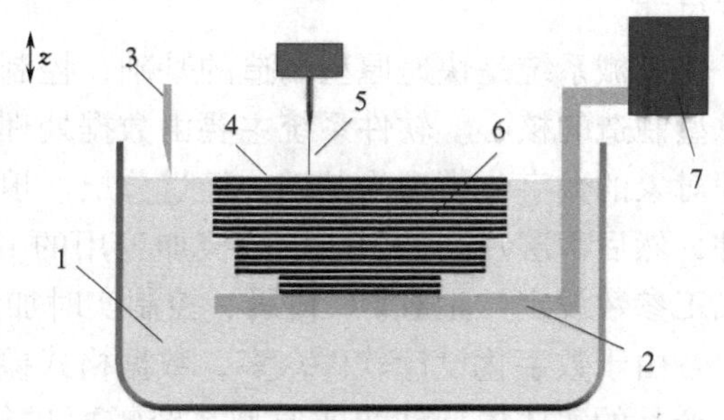

图 6-12　立体光固化成形的工作原理
1—光敏树脂（液态）　2—工作台　3—刮平器　4—液面　5—紫外激光　6—成形零件　7—升降装置

随着激光技术的改进，人们可以采用功率更高（从 40mW 到 600mW）的激光器以加快成形速度。科学技术的发展使人们开发出了效率更高、精度更高的扫描系统，提高了再涂层系统的树脂进给速度，支撑原型产品的支撑结构也可以取消。由于激光器价格昂贵，为了降低成本，美国和日本研制出了采用紫外光光源取代激光光源的技术，国内也逐渐将紫外光光源运用到光固化树脂方法中，使成本得到大幅度降低。目前使用的光敏树脂大都采用环氧树脂，与原来采用的丙烯酸树脂相比，环氧树脂具有粘度适中、收缩变形小、固化速度快等特点。国外几家公司还合作开发出了彩色光固化技术，即使用一种含添加剂的树脂，通过改变曝光强度和时间，根据需要使固化后的树脂显示出不同的颜色。彩色原型比传统模型的可视性高，在新产品试制时，采用彩色原型可以显示出细节修改及内部应力变化等情况，表现出很强的实用性和精确性。如果将陶瓷粉或金属粉加入到液态树脂中，采用此方法固化出原型，在高温烧掉树脂聚合物后，就可以得到陶瓷或金属制件，这是目前国内外研究的热点。

立体光固化成形系统主要由紫外激光器、纵-横运动装置或激光偏转扫描器、光敏树脂、容器、升降台、刮平器、软件及控制系统等组成（图6-12）。

常用的激光器分为氦-镉（He-Cd）激光器和氩（Ar）激光器两大类。氦-镉激光器的输出功率为15～50mW，输出波长为325nm，寿命约为2000h；氩激光器的输出功率为100～500mW，输出波长为351～365nm。激光束的光斑尺寸一般为0.05～3.00nm，位置精度可达0.008mm，重复精度可达0.13mm。

激光束扫描装置包括电流计驱动式的扫描镜方式和纵-横绘图仪方式两种类型。电流计驱动式的扫描镜方式的最高扫描速度可达15m/s，适合于制造尺寸较小的高精度原型件；纵-横绘图仪方式的激光束在扫描过程中与树脂垂直，可以获得高精度、大尺寸的原型件。一般情况下，升降工作台由步进电动机控制，最小步距可达0.02mm以下。刮平器可使树脂均匀、快速地覆盖在已固化层的表面，保持每一层面厚度的均匀性，从而提高了成形的精度。盛装液态树脂的容器一般由不锈钢制成，其尺寸大小取决于成形设备所能成形的最大零件尺寸。

机械系统是快速原型制造的基础，控制系统是快速原型制造的关键，软件系统则是快速原型制造的核心。软件系统主要由数据处理软件和控制软件两部分组成。数据处理软件以处理对象的数字化模型为基础，经过分层、填充等工序的处理，产生有加工工艺信息的层片文件，然后由层片文件生成供数控加工用的NC代码文件；控制软件则是完成分层信息输入、加工参数设定、生成NC代码、控制实时加工等工序。

由于数字化设计软件众多，数据格式差别较大，从产品的实体模型到快速原型系统需要进行不同格式的数据转换。快速原型制造中的数据处理过程如图6-13所示。国外的快速原型制造设备大都配有数据处理软件，如3D Systems公司的Lightyear、QuickCast，Helisys公司的LOMSlice，DTM公司的Rapid Tool，Sander Prototype公司的ProtoBuild和ProtoSupport等。此外，国内市场上有一些第三方软件，也可作为数字化设计系统和快速原型制造系统之间的接口使用，如CIDES、BridgeWorks、ADMesh、SHAPES、SolidView、Blockware、Sufacer、STL-Manager等。

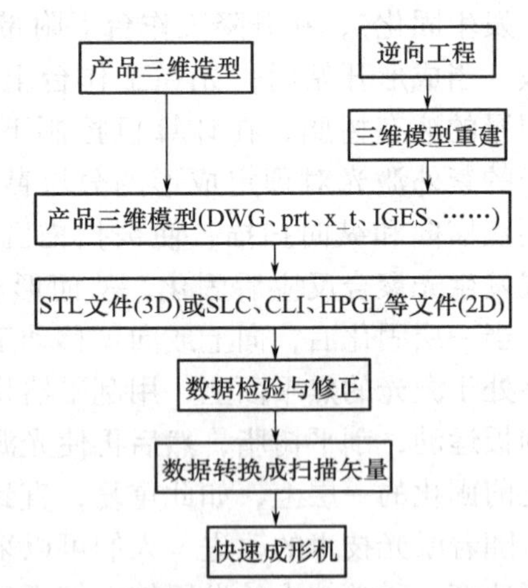

图6-13　快速原型制造中的数据处理过程

3D Systems公司提出的STL文件格式数据处理过程较为简单，且与产品三维实体模型的类型无关，已成为快速原型制造领域主要的文件格式。Pro/E、UG、CATIA、SolidWorks、SolidEdge以及AutoCAD等数字化设计软件也都支持STL格式。此外，目前常用的数据转换格式还有SLC、CLI、VRML、CFL、HPGL、VDA-FS等。

STL是“表面三角形列表（Surface Triangle List）”的简称，该文件通过对CAD实体模型或曲面模型进行表面离散三角化处理，从而以小三角形面片构成三维多面体模型。它具有简单、通用、灵活等优点，其缺点是易产生错误、精度较差、数据量大、不包含加工信息等。图 6-14 所示为 STL 文件的几何定义示意图，其中每个三角形面片均用三个顶点表示，通过其（x，y，z）坐标来表示每个顶点的位置。另外，还必须指明材料包含在面片的哪一侧，即每个三角形面片还必须有一个法向，用（x_n，y_n，z_n）表示。当三角形面片相交于一点时，相关的每个三角形面片都要记录该交点的信息，从而造成数据的冗余。可见，STL 文件是由许多三角形面片排列组合构成的。

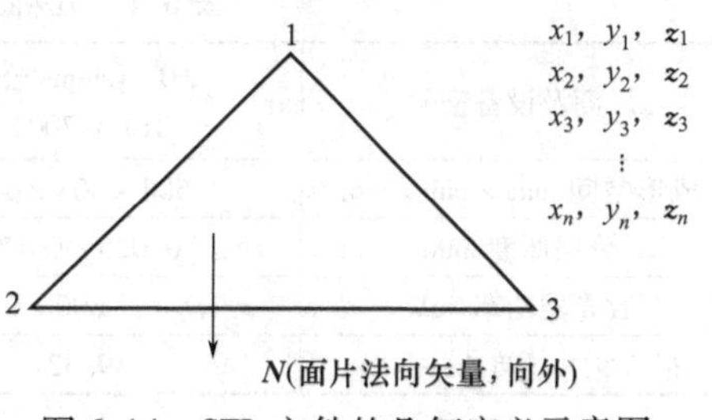

图 6-14　STL 文件的几何定义示意图

STL 文件通过三角形来描述产品的形状及几何特征。显然，三角形的个数与模型的精度有关。通常情况下，三角形数量越多，模型精度越高；相反，三角形数量越少，模型精度越低。由同一 CAD 模型产生的 STL 文件的三角形面片数量可以从数百到数万不等，这将影响到后处理的时间和难度。图 6-15 所示为用 STL 文件表示的三维实体。

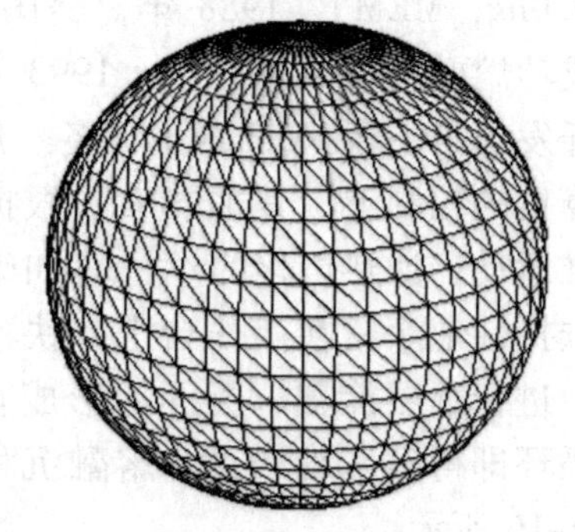

图 6-15　用 STL 文件表示的三维实体

若精度选择不当，则可能出现以下两种情况：① 当精度过低时，STL 文件较小，模型描述能力差，光顺程度低，模型较粗糙，会出现以多棱柱表示圆柱的现象，使加工出的原型上有明显的平面和棱角，直接影响原型质量；② 当精度过高时，模型较复杂、曲面较多，并且 STL 文件过大，文件处理和传输时间较长，会增加软件处理负担，降低成形速度。因此，在输出 STL 文件时，要选择合适的输出精度。

目前，立体光固化成型是快速原型制造领域中技术最为成熟、应用最为普遍的成形方法。与其他快速成形方法相比，它具有以下特点：

（1）成形精度高　紫外激光束在焦平面上聚焦的光斑最小可达 ϕ0.075mm，最小层厚在 20μm 以下。单元离散的细小化保证了成形件的精度和表面质量。通常情况下，立体光固化成形件的精度可达到 0.02～0.10mm。

（2）扫描质量好　高精度的焦距补偿系统可对焦距进行实时调整，保证在较大成形扫描平面内的光斑直径均在规定范围内，使扫描质量好。此外，立体光固化成形工艺中的树脂刮平系统得到快速发展，真空吸附式和主动补偿式刮板系统的刮平精度可达到 0.02～0.10mm，大大提高了成形的精度与效率。

（3）成形速度快　在快速成形过程中，离散和堆积是矛盾的统一。离散得越细小，成形精度越高，但成形速度越慢。因此，在保证成形精度的前提下，要想提高成形速度，就必须在减小光斑直径和层厚的同时有效提高激光光斑的扫描速度。

目前，国外研究立体光固化成形技术的有 3D Systems 公司、EOS 公司、F&S 公司、CMET 公司、D-MEC 公司等。其中，3D Systems 公司的设备市场占有率最高。国内的上海联泰公司、北京殷华公司和陕西恒通智能机器有限公司也都推出了实用化的立体光固化成形设备。几种立体光固化成形设备的技术参数见表 6-1。

表 6-1 几种立体光固化成形设备的技术参数

厂商及设备型号	3D Systems 公司 SLA-7000	Sony/D-MEC SCS-8000	北京殷华公司 Auro350
成形空间/mm × mm × mm	508 × 508 × 600	600 × 500 × 500	350 × 350 × 350
分层厚度/mm	0.025 ~ 0.127	0.05 ~ 0.40	0.1 ~ 0.3
激光器功率/mW	800	800	300
最大扫描速度/m · s^{-1}	9.52	10	5

2. 熔融沉积成形（FDM）

熔融沉积成形（Fused Deposition Modeling，FDM）也称为熔化沉积法、熔融挤出成形（Melted Extrusion Modeling，MEM）。1988 年，美国学者 Scott Crump 研制成功熔融沉积成形工艺。1993 年，美国 Stratasys 公司开发出第一台 FDM 成形设备。熔融沉积成形技术在计算机的控制下，其加热喷头根据截面的轮廓信息作三维运动，加热熔化的丝材（如塑料丝、尼龙等）就被选择性地涂覆在工作台上，快速冷却后形成截面轮廓，进行逐层涂覆，凝固后形成整个原型或零件，如此循环即得到三维产品。熔融沉积成形的工作原理如图 6-16 所示。

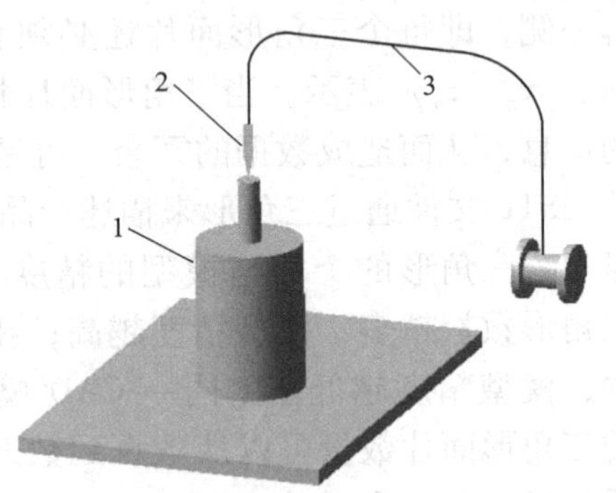

图 6-16 熔融沉积成形的工作原理

1—成形零件 2—喷头 3—料丝

熔融沉积成形工艺具有以下特点：

（1）成形材料广泛 熔融沉积成形的喷嘴直径一般为 0.1 ~ 1.0mm。大多数热塑性材料（如蜡、尼龙、橡胶、塑料等）都可用于熔融沉积成形。通过添加着色剂，可将同一种材料变成不同颜色，用以成形各种色彩的零件。用蜡成形的零件原型可以直接用于失蜡铸造；用 ABS 制造的原型具有较高的强度，在产品设计、测试与评估等方面应用广泛。近年来，以 PC、PPSF 等具有更高强度的成形材料作为基础的熔融沉积成形技术也逐渐成熟，该工艺可直接制造功能性零件。此外，该工艺还可以堆积复合材料零件，即将低熔点的蜡或塑料熔融并与高熔点的金属粉末、陶瓷粉末、玻璃纤维、碳纤维等混合成为多相成形材料。

成形材料的广泛性满足了用户对不同可成形材料的要求，也促进了熔融沉积成形技术的快速发展。目前，在国内外已安装的快速原型制造系统中，熔融沉积成形系统的份额已超过四分之一。

（2）成形设备简单、成本低 与依靠激光成形的快速成形工艺（如 SLA、LOM、SLS 等）不同，熔融沉积成形工艺通过材料熔融实现成形，不需要激光器及其电源，设备结构较简单，生产成本低，并且熔融沉积成形设备运行可靠、易维护。

（3）环境污染较小 一般情况下，熔融沉积成形工艺所用的材料大多为无毒、无味的热塑性材料，对周边环境污染较小，设备运行的噪声较低。

目前，快速原型制造开始向桌面制造系统（Desk Top Manufacturing，DTM）方向发展。桌面制造系统要求成本低、体积小、操作维护简单，其噪声低、污染小，但精度较低。熔融沉积成形系统是理想的桌面制造系统。例如，Stratasys 公司推出的 Dimension 系列，年销售量超过 600 台，能完成设计模型的三维打印，便于设计人员进行设计验证，能够快速开发产品，可像打印机一样在设计室完成工作。

另外，熔融沉积成形技术也适合于大型商品化零件的快速原型制造过程。大型商品化零件对系统的要求为：成形零件尺寸较大，精度和强度较高，成形速度快，能够满足一般工程要求。例如，Stratasys 公司推出的 Titan 和 Maxum 可成形的 ABS 零件的最大尺寸分别达到 406mm×355mm×406mm 和 600mm×500mm×600mm。

清华大学开发了熔化挤出制造（Melted Extrusion Manufacturing，MEM）工艺，与熔融沉积成形工艺原理相近。北京殷华公司推出了 MEM-200、MEM300-Ⅱ、MEM-350 等系列产品。几种熔融沉积成形设备的主要技术参数见表 6-2。

表 6-2　几种熔融沉积成形设备的技术参数

厂商及设备型号	Stratasys 公司		北京殷华公司	
	Dimension	Vantage i	MEM-200	MEM-300
成形空间/mm×mm×mm	203×203×305	355×254×254	200×200×300	350×350×400
分层厚度/mm	0.254、0.330	0.127、0.254	0.15～0.30	0.15～0.30
成形材料	ABS	ABS+PC	ABS	ABS+PC
精度/mm	±0.127/127	±0.127/127	±0.25/100	±0.2/100

3. 选择性激光烧结（SLS）

1989 年，美国学者 C. R. Dechard 发明了选择性激光烧结（Selective Laser Sintering，SLS）工艺，后经 DTM 公司实现了商品化，并推出了 SLS Model 125 成形机。选择性激光烧结是指激光束在计算机控制下，按照截面轮廓的信息，对轮廓实体部分所有的粉末（塑料粉、陶瓷粉或金属粉与粘结剂的混合粉）进行烧结，逐层进行，得到各层轮廓，经反复循环，最终得到三维产品。

SLS 法可采用一般聚合物、非晶态聚合物、金属及陶瓷等多种材料粉末。为了消除内应力，有些机器采用了双激光束，一束用来烧结粉末材料，另一束用来加热固化后的区域以减小热应力。SLS 技术的造型速度快（一般仅需 1～2 天即可完成）、造型精度高（每层粉末最小厚度约 0.07mm，激光动态精度可达 0.09mm），并具有自动激光补偿功能。

选择性激光烧结的工作原理如图 6-17 所示，其成形过程为：①将材料粉末覆在已成形零件的表面（厚度为 100～200μm），并刮平；②采用高强度的 CO_2 激光器在刚刚铺覆的新层面上有选择性地扫描，材料粉末在高强度的激光照射下被烧结在一起，得到零件截面，并与已成形部分粘接在一起；③当一层截面烧结完后，上、下移动工作台，铺覆上新一层粉末材料，再选择性地烧结下层截面；④全部烧结完后，去掉多余粉末，经过打磨、烘干等工序处理，就可以得到原型或零件。

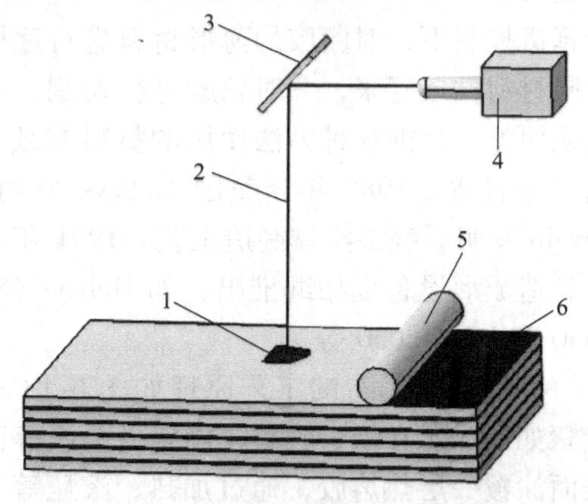

图 6-17　选择性激光烧结的工作原理

1—工作区　2—激光束　3—激光束光学扫描镜头　4—CO_2 激光器　5—平整辊　6—粉末薄层

选择性激光烧结工艺的最大优点是材料来源广泛。从原理上说，受热后粘度降低的粉末材料都可以用于激光烧结成形，尼龙、石蜡、ABS、聚合碳化物、金属粉末和陶瓷粉末等都是常用的成形材料。除了烧结陶瓷外，一般不需要另加添加剂，也无需进行后处理。利用选择性激光烧结技术可以得到高强度的原型或零件。此外，该工艺与铸造有着密切关系，例如，烧结的陶瓷原型可作为铸造用的型壳、型芯，石蜡原型也可以作为蜡模，用热塑性材料烧结的模型可做消失模。

由于原材料种类较多，采用选择性激光烧结工艺可以制造出具有各种形状、结构并能满足不同要求的原型或产品。例如：制造概念原型、直接制造注射模、作为石蜡铸造模型等。

此外，根据使用的材料种类、颗粒直径、产品几何形状和复杂程度的不同，选择性激光烧结的精度可达 ±(0.05～2.50)mm。当粉末颗粒直径为0.1mm以下时，成形后的原型精度可达 ±1%。

目前，选择性激光烧结工艺的主要厂商和设备有：美国DTM公司的Sinterstation2000、Sinterstation2500、Sinterstation2500plus和AFS-300，EOS GmbH公司的EOSINT系列设备，法国Phenix System公司的Phenix 900；国内的有北京隆源公司生产的AFS系列设备等，另外，南京航空航天大学、华中科技大学也较早开展了对选择性激光烧结技术的研究，并开发出成形设备。几种选择性激光烧结成形设备的技术参数见表6-3。

表6-3 几种选择性激光烧结成形设备的技术参数

厂商及设备型号	EOS GmbH EOSINT P700	3D Systems Vanguard	北京隆源公司
成形空间/mm×mm×mm	700×380×580	437×320×445	450×450×500
分层厚度/mm	0.15(视材料确定)	视材料确定	0.08～0.30
激光功率/W	50	25或100	50
扫描速度/m·s^{-1}	5	Max7.5或10	5
成形材料	PA2200, PA3200GF Pdme 3200 GF	DuraForm PA, DuraForm GF, LaserFormST-200	精铸模料，工程塑料，树脂砂

4. 叠层实体制造（LOM）

叠层实体制造（Laminated Object Manufacturing，LOM）也称为层合实体制造或分层实体制造（Slicing Solid Manufacturing，SSM）。这种工艺是根据产品三维模型各截面的轮廓，在计算机控制下，对涂胶的薄形材料进行逐层扫描，使各层材料粘接起来，并对轮廓进行切割，从而得到产品或原型。目前这种方法使用的材料有纸、塑料、陶瓷、金属等。1986年，美国Helisys公司的Michael Feygin发明了叠层实体制造工艺。1991年后，叠层实体制造成形设备也相继推出，如Helisys公司的LOM-1050和LOM-2030等。

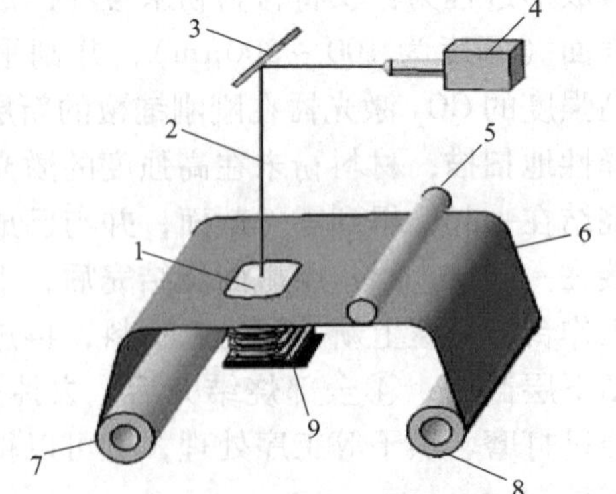

图6-18 叠层实体制造的工作原理
1—加工平面 2—激光束 3—激光束光学扫描镜头 4—CO_2激光器 5—热压辊 6—料带 7—收料带 8—供料带 9—升降台

叠层实体制造的工艺原理如图6-18所示，具体步骤如下：①在纸、塑料、陶瓷、金属等薄片材料的表面涂覆一层热熔胶，通过加热、滚压等工序，使之与已成形部分粘接；②采用CO_2激光器在刚粘接的层片上切割出零件的截面轮廓和工件外框，并在截面轮廓与外框之间的区域切割出上下对齐的网格；③切割完成后，工作台带动已成形的工件下降，与带状片材分离，供料机构转动收料轴和供料轴，带动料带移动，使新层移动到加工区域；④工作台上升到加工平面，通过压辊加热加压，使工件的层数增加一层；⑤重复上述操作，最终完成原型的制造。从工作台上取下被边框包围的实体，轻轻敲打使大部分由小网格构成的小立方块废料与制品分离，再从制品上剔除残余的小立方块，便可得到三维原型制品。

与叠层实体制造类似的快速原型制造工艺还有 Kira 公司的 SC（Solid Center）、Sparx 公司的 Sparx、精技公司的 ZIPPY、清华大学的 SSM（Sliced Solid Manufacturing）、华中科技大学的 RPS（Rapid Prototyping System）等。

叠层实体制造只需在片材上切割出零件截面的轮廓，而不需要扫描整个截面，其成形速度较快，易于制造大型零件，零件的成形精度可以达到 0.15mm，外框与截面轮廓之间的多余材料在加工过程中起到支撑作用。但是，叠层实体制造技术也存在以下缺点：

（1）材料性能较差　该工艺的主要材料是纸和塑料等片材，且通过粘接成形，成形件的强度等性能较差。另外，该工艺的材料浪费较大，一般仅有一半左右的材料可得到利用，其余部分均被用作边框或被切为立方块而浪费掉。

（2）设备及运行成本较高　由于需要采用 CO_2 激光作为能源，设备成本和运行成本较高，无法与非激光技术的快速原型制造工艺竞争。

（3）成形精度较低　商品化叠层实体制造设备的精度在 0.15～0.25mm 之间，与立体光固化设备（SLA）的工艺水平相比，精度较低。虽然 SLA 工艺采用价格昂贵的紫外激光，但设备的其他部分结构相对简单且成形精度高。

（4）系统较复杂，工作稳定性差　利用激光切割会带来烟尘，且激光功率较高，存在一定的安全问题。

叠层实体制造工艺曾在快速原型制造市场中占有重要份额，但由于具有上述缺点，它的使用频率正在日益下降。

5. 三维印刷（3DP）

三维打印技术（Three Dimensional Printing And Gluing，3DPG）相当于“打印”，由电信号控制许多喷嘴头，像打印头一样快速移动，逐层喷出热敏聚合物，经固化后形成实际零件。这种方法首先被美国麻省理工学院（MIT）的 Emanual Sachs 等人研制出来。美国 Z 公司采用了多达 125 个喷头来加快成形速度，是迄今为止速度最快的 RP 系统。

与选择性激光烧结工艺不同的是，材料粉末不是通过烧结连接起来的，而是通过喷头用粘结剂（如硅胶）将零件的截面“印刷”在材料粉末上。由于粘接的零件强度较低，并且还需作后处理，如烧掉粘结剂等，因此需在高温下渗入金属，使零件致密性提高以增加强度。图 6-19 所示为三维印刷的工艺原理。几种三维印刷成形设备的技术参数见表 6-4。

表 6-4　几种三维印刷成形设备的技术参数

厂商及设备型号	Z Corporation		Objet
	Zprinter@ 350	Z810	Eden330
成形空间/mm × mm × mm	203 × 254 × 203	500 × 600 × 400	340 × 330 × 200
分层厚度/mm	0.076～0.254	0.076～0.254	16μm
材料	石膏基粉末，淀粉基粉末，混合基粉末	石膏基粉末，淀粉基粉末，混合基粉末	FullCure720 Model，FullCure705 Support
喷射单元	1 个 HP printhead	4 个 HP printhead	8 个 SHR

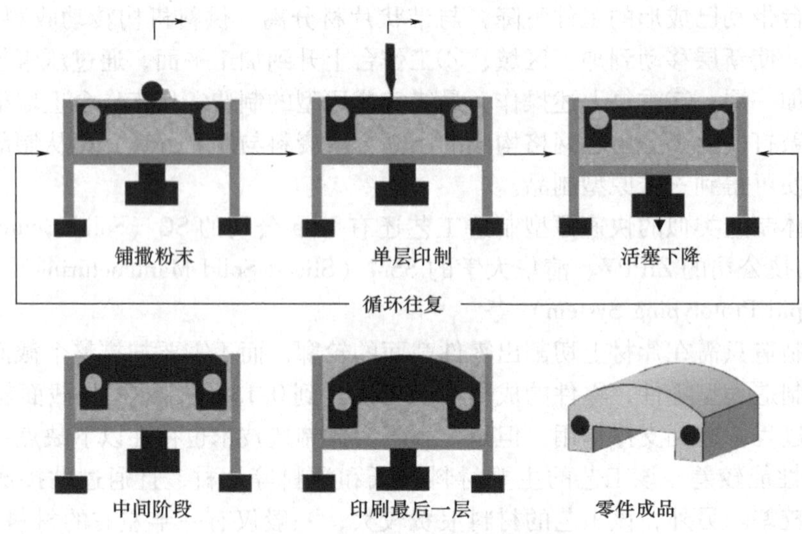

图 6-19　三维印刷的工艺原理

三维印刷工艺具有成形速度快、成形材料价格低等优点，适合作为桌面型快速成形设备。另外，在粘结剂中添加颜料，可制造出彩色的原型，使该工艺具有较强的市场竞争力。三维印刷的主要缺点是成形件的强度较低，一般只能作为概念原型使用，不能进行功能性试验。

图 6-20 所示为几种采用快速原型制造技术加工的原型产品。

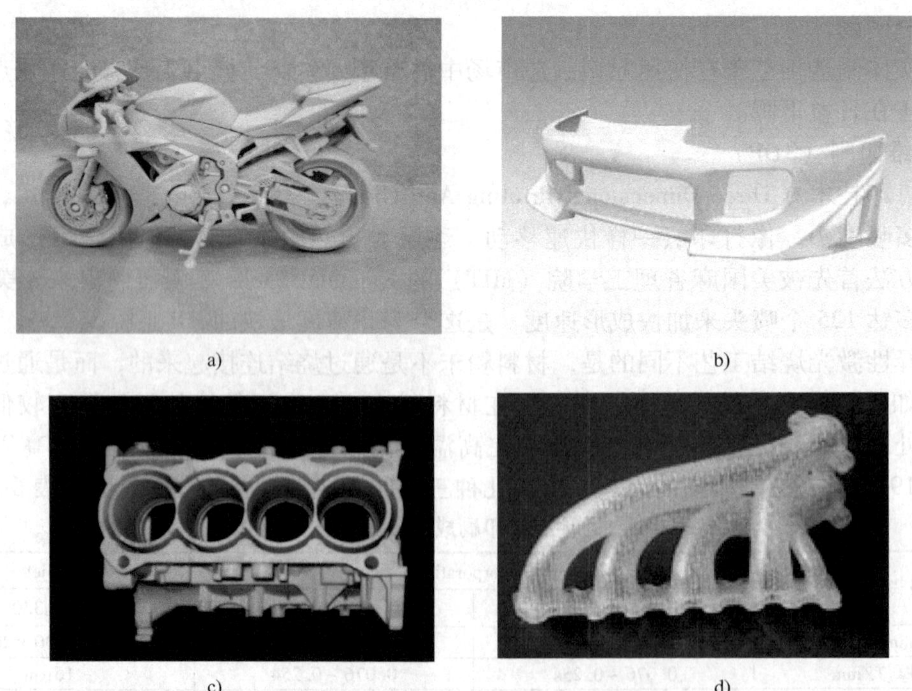

图 6-20　快速原型制造技术加工实例

a）摩托车　b）汽车翼子板　c）发动机缸体　d）发动机进气道

第四节　逆向工程与快速原型在汽车设计中的应用

随着技术的进步和人们需求的不断提高，产品质量、生产成本，尤其是产品的开发周期，已经成为生产企业竞争的主要因素。满足客户的个性化需求、小批量或定制式的生产需要是产品制造企业面临的重要课题。逆向工程（RE）技术和快速原型制造（RPM）技术是实现产品快速制造的两种重要方法。

针对诸如汽车等特定产品的开发，采用通用的数字化设计开发软件直接进行建模往往比较困难，而借助于逆向工程技术可快速建立产品的数字化三维模型。因此，逆向工程是快速原型制造技术的重要支撑手段，也是快速原型制造技术有效的配套技术。基于逆向工程的原理，利用三维坐标测量设备输入产品样本数据，建立并修改三维数字化模型，再利用快速原型制造设备完成产品的快速制造，可实现产品的创新设计和制造，从而提高企业的快速响应能力。

逆向工程技术与快速原型制造技术的集成，可实现对原型产品的快速和精确测量，保证验证产品设计的正确性，及时发现并修改产品设计的不足之处，进而形成一个含测绘、设计、制造和检验等环节的产品快速开发闭环反馈体系，如图6-21所示。

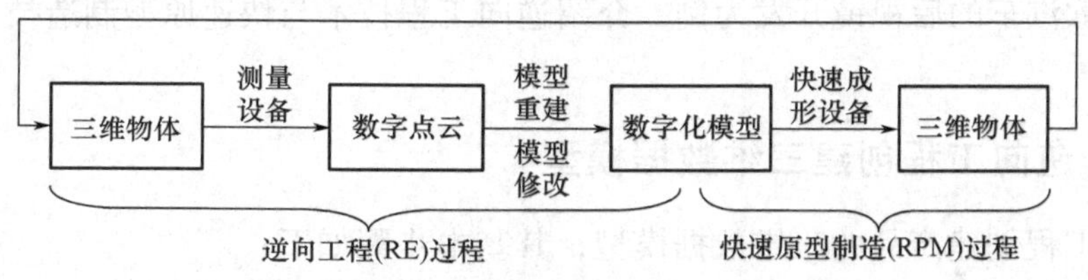

图6-21　逆向工程与快速原型制造的集成

逆向工程技术和快速原型制造技术的集成不仅可以发挥各自的优势，也扩大了它们各自的应用领域。目前，一般的快速原型制造系统都配有逆向工程设备。此外，快速原型制造系统和逆向工程的集成应用还包括以下几个方面：

1）将快速原型制造系统和逆向工程相结合，可以将三维实体的数据读入，通过网络进行异地重建、成形，从而实现异地制造。

2）对于一些外形不规则、结构复杂构件的仿制，如进气道等，可以采用逆向工程将实物模型转化为三维数字化模型，并通过快速原型制造技术进行直观检验。

3）利用逆向工程与快速原型制造技术，可以实现快速模具制造。

4）逆向工程与快速原型制造相结合，可构成产品测绘、三维建模、模型修改、样品制造、再测绘的闭环系统，实现开发过程的快速迭代，从而提高产品质量。

5）在汽车外形设计方面，利用三维坐标测量设备采集汽车的外形轮廓数据，在微机上重建三维数字化模型，再利用快速原型制造技术可以制造出汽车的三维实体模型，供造型修改和评审。

第五节　应用实例

汽车工业是国民经济的支柱产业之一，也是数字化设计与制造技术应用最普遍的行业之一。但与世界先进国家相比，我国汽车工业的技术水平还较低，新产品开发多以实物模型为主要依据。将逆向工程技术与快速原型制造技术相结合，对提高汽车产品的设计质量和效率具有重要作用。

一般来说，新款汽车开发的基本流程如下：

1）以市场调研为基础，确定新款汽车的开发目标，在对款式、外形、配置、结构装置、性能和价格等进行综合评价的基础上，采用工业造型和艺术设计技术完成产品的创意设计，形成效果图，并以效果图为依据，按1:1的比例或小比例制作专业线图，为油泥模型的制作做好准备。随后以专业线图为基础，制作出汽车的油泥模型，以便进一步对汽车的结构和性能进行评测，并根据评测结果完善油泥模型。

2）采用逆向工程技术，利用测量设备测量出模型表面的点云数据，将油泥模型的测量数据导入计算机中。

3）采用逆向软件进行模型的重建和数字化装配，并进行相关的工程结构设计，完成整车的数字化模型。

4）以数字化模型为基础，进行数控编程和数控加工，采用简易模具、快速原型制造等方式制作样机，以验证工程设计的正确性。根据样机试验的结果对产品进行必要的改进，进入批量化生产阶段。

下面以某款汽车的后视镜开发为例，介绍逆向工程技术与快速原型制造技术在汽车产品开发中的应用。

一、基于逆向工程创建三维数据模型

基于逆向工程创建产品的三维数据模型，其基本步骤如下：

1. 数据采集

如图6-22所示，采用三维坐标测量设备获取油泥模型的表面坐标测量数据（点云），为后续的曲面重构提供依据。

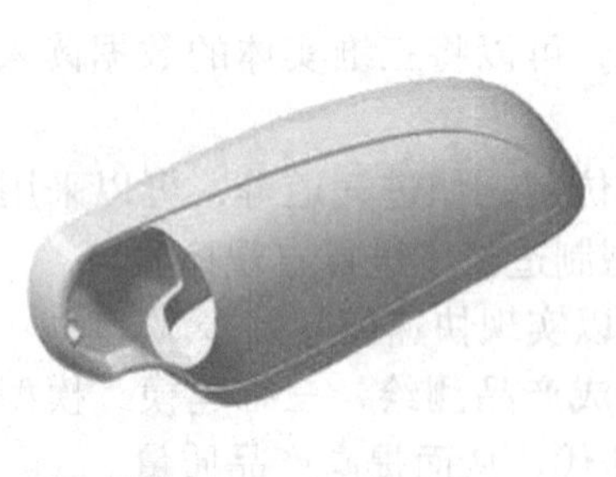

a)

b)

图6-22　依据油泥模型进行数据的测量

a）依据线图制作油泥模型　b）数据的测量

2. 数据处理

如图6-23所示，点云的处理主要包括将分离的点云对齐、点云检测、去除噪声点、点云精简和点云的区域分割等几个步骤。

3. 创建曲线

如图 6-24 所示，根据产品的表面特征创建曲线，并改变控制点的数目来调整曲线，确保曲线与产品的特征形状相吻合，且连续性好（借助软件的曲率检测工具进行分析、评测）。

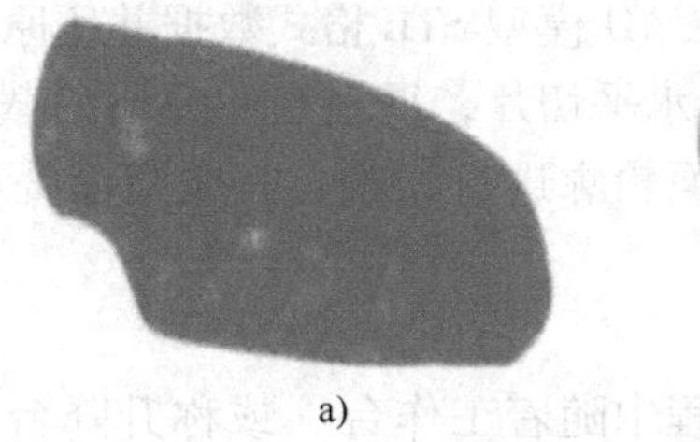
a)

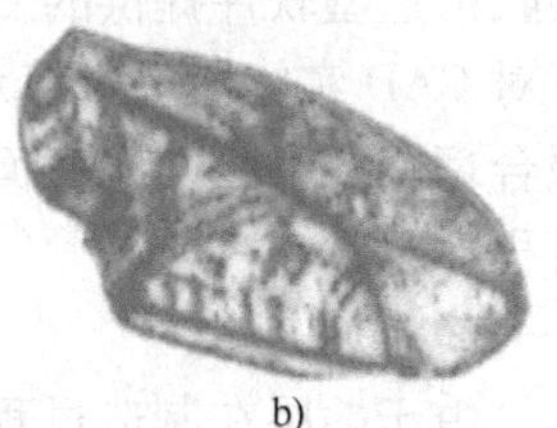
b)

图 6-23 点云处理

a）处理前 b）处理后

4. 创建曲面

如图 6-25 所示，创建曲面应根据产品设计需要来决定曲面的精度与光顺性，创建过程要兼顾精度和光顺性，确保曲面质量。同时，利用检测工具如截面的连续性、曲面反射线情况、高亮度线、光谱图、曲率云图等对创建的曲面进行实时分析，以发现曲面缺陷或鉴别曲面是否满足设计要求，并及时予以调整和修改。

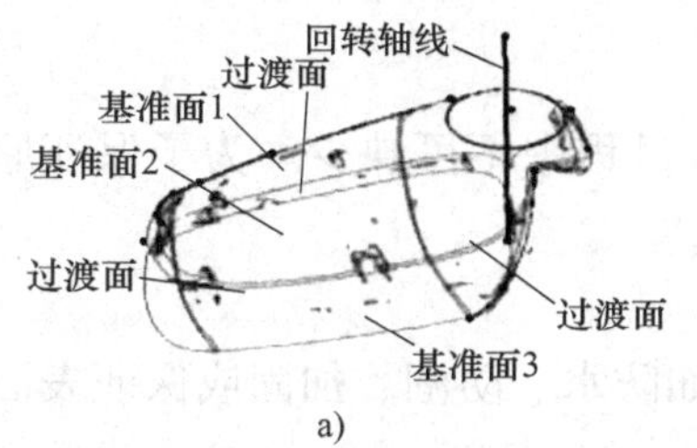

a)

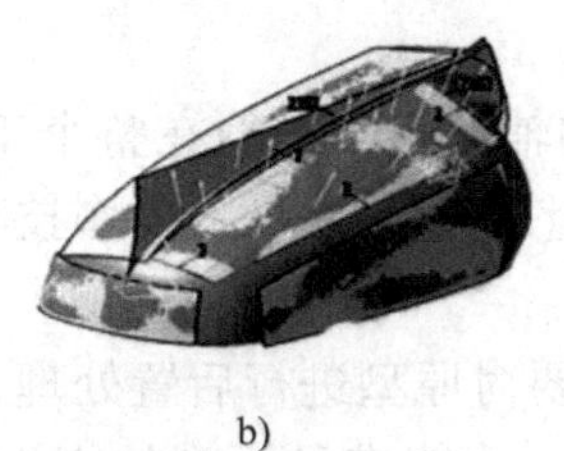
b)

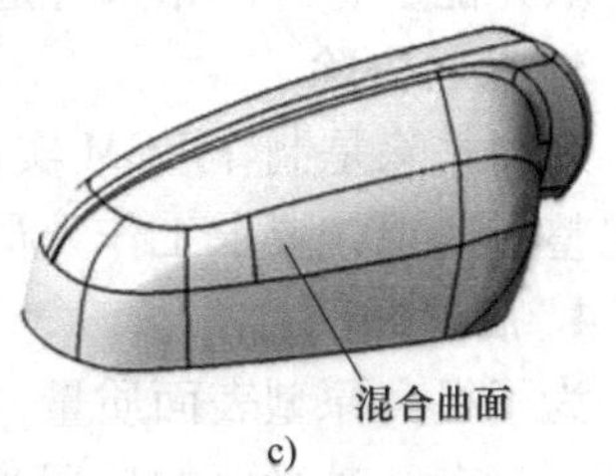

c)

图 6-24 曲线及曲面的处理

a）曲面的分块 b）建立基础面 c）过渡面的生成

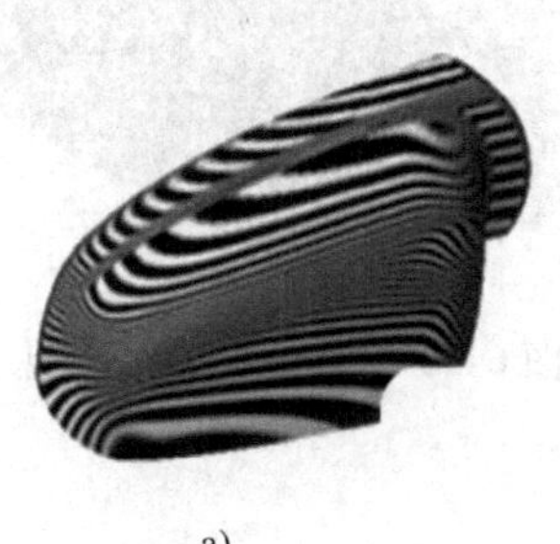
a)

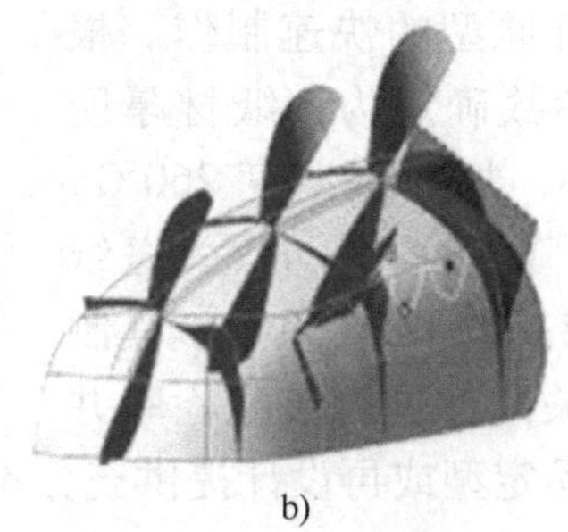
b)

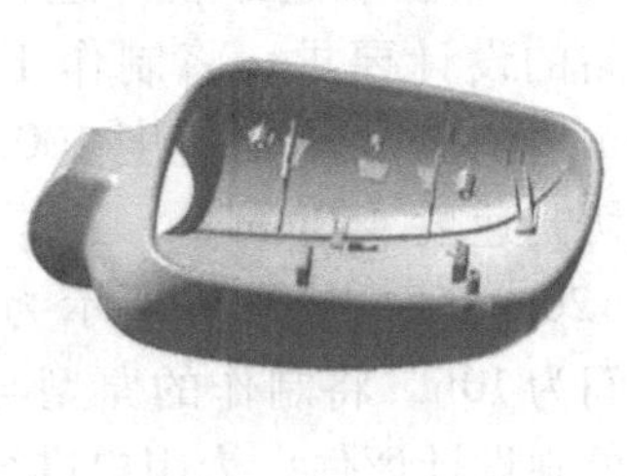
c)

图 6-25 重构后模型的分析

a）光顺性分析 b）重合度分析 c）生成实体

二、快速原型制造

针对汽车后视镜的快速制造，可选择 LOM 制作工艺。这种成形技术生成的原型精度可达 ±0.1mm，且不收缩，叠层厚度可减小为 0.05～0.50mm。由于无固化过程，因此成形速度快。该技术一般采用 50W 激光器，切割速度为 650mm/s，一次制作原型的最大尺寸可达 500mm×400mm×600mm。

LOM 原型的制作需要专用的设备，该设备必须配备将 CAD 数据模型、激光切割系统、机械传动系统和控制系统连接起来并协调运动的专用软件，通常称为切片软件。该切片软件接收由造型软件提供的CAD模型STL格式数据并还原成CAD实体模型，根据制作叠层的高度对CAD实体模型进行水平切片，得出当前叠层的截面轮廓，通过控制系统控制激光束按照合理路径对已知的截面轮廓进行切割，完成当前叠层的制作。LOM原型的具体制作工艺过程如下：

1. 基底制作

由于叠层在制造过程中随着工作台（或称升降台）频繁起降，为了便于实现原型与工作台之间的连接，需制作基底，且应具有一定厚度，通常为3～5层。同时，在制作基底之前对工作台预热，以确保基底与工作台连接牢固。

2. 原型制作

完成基底制作后，可由设备依据给定的工艺参数自动完成原型所有叠层的制作过程。快速原型制造设备的自动化程度比较高，其原型制作过程一般不需要人工干预。LOM原型制作的精度、速度以及质量与选定的制作工艺参数有关，其中激光切割速度、加热辊温度和压力、激光能量、碎网格尺寸起关键作用。

3. 余料去除

余料去除是制作LOM实体的辅助工作，但在整个工作过程中不可缺少。为了保证原型的完整和美观，要求工作人员熟悉原型，并具备操作技巧。

4. 后置处理

为了提高原型表面质量，需要对原型进行后置处理，如防水、防潮、加固或保证表面光滑等。只有经过必要的后置处理，才能满足原型的表面质量、尺寸稳定性、精度和强度等要求。

由CATIA软件设计的三维数据模型经切片软件转换后输入LOM原型制造系统，进行车灯原型的快速制作。根据产品的设计要求，将制作工艺参数确定为：纸材厚度0.1mm左右，加热辊速度100mm/s，加热辊温度260℃，激光切割速度450mm/s，工作台升降速度40mm/s，送纸速度120mm/s。图6-26所示为该产品的LOM原型，其制作时间为10h。将制作的原型与相关配件进行装配检验并进行外观设计评估，为用户进行产品定型或再设计提供充分参考。

图6-26　产品的LOM原型

第七章　并行工程

第一节　概　　述

随着市场经济的发展和世界经济一体化时代的到来，各国制造业都面临着市场全球化、制造国际化、品种需求多样化的新挑战。为了在日益激烈的市场竞争中获胜，企业必须在产品的研制周期、产品的创新、质量、价格等方面具有竞争优势，其中时间和创新能力已是企业赢得竞争胜利的首要因素，为了实现这一目标，必须在开发和应用新技术方面开展研究。近年来，各国都越来越重视先进制造技术的研究和发展，如将并行工程、敏捷制造、精良生产、虚拟制造等新技术、新思想、新概念不断引入到新产品的设计与制造领域中。为了成功地实施先进制造技术，必须在依靠技术进步的同时，充分重视和发挥人的作用。同时，企业的管理机制和组织机构也必须作相应的变革，不应只注重采用计算机辅助设计、辅助制造、辅助管理、网络和数据库等先进制造技术，而忽视了组织、管理和人这三者之间的关系。事实证明，企业的组织管理问题已经成为实施先进制造技术是否有效的前提，而且很多先进制造技术都强调发挥人的创造性及人与人之间的协作精神，并要求企业具有高效简洁的组织机构和科学的动态管理机制。本章介绍的是强调组织、管理和人这三者之间关系的先进制造技术——并行工程。

1. 串行工程

在传统的车辆设计中，“市场调研→概念设计→详细设计→过程设计→加工制造→试验验证→设计修改”这一基本串行流程被广泛应用，串行开发模式和组织模式通常是递阶结构，各阶段的工作是按顺序进行的，一个阶段的工作完成后，下一阶段的工作才开始，各个阶段依次排列，各阶段都有自己的输入和输出。以车身为例，传统的车身开发以串行方式工作，即从车身的概念设计、造型设计、结构设计到车身冲压工艺设计、车身工艺装备设计、制造以及检测等手段，都是以串行方式进行的，如图 7-1 所示。图 7-1 反映的就是车身串行工程的基本过程，这种方法的主要弊病在于不能在设计早期就全面地考虑到后期的可制造性、可装配性及质量保证等诸多因素，因此存在设计改动量大、开发周期长、成本高等诸多问题。

2. 并行工程

统计分析表明，一般产品的成本在很大程度上是在产品开发的早期阶段，即概念设计、结构设计、详细设计、过程设计阶段决定的，而这一阶段本身所占有的费用仅为产品全部成本的很少一部分。由于现代产品的客户化要求大大增强，使产品开发周期相对增长。然而，随着用户对功能的要求逐步提高，使得产品的使用周期越来越短。这种形势迫切要求企业采用新的产品开发手段，以保证在产品开发的早期阶段就能做出正确的决策，从而进一步缩短产品开发周期、提高产品质量、降低产品成本。

近年来，国内外许多学者对 21 世纪的制造业发展战略进行了研究，并在汽车、航空航

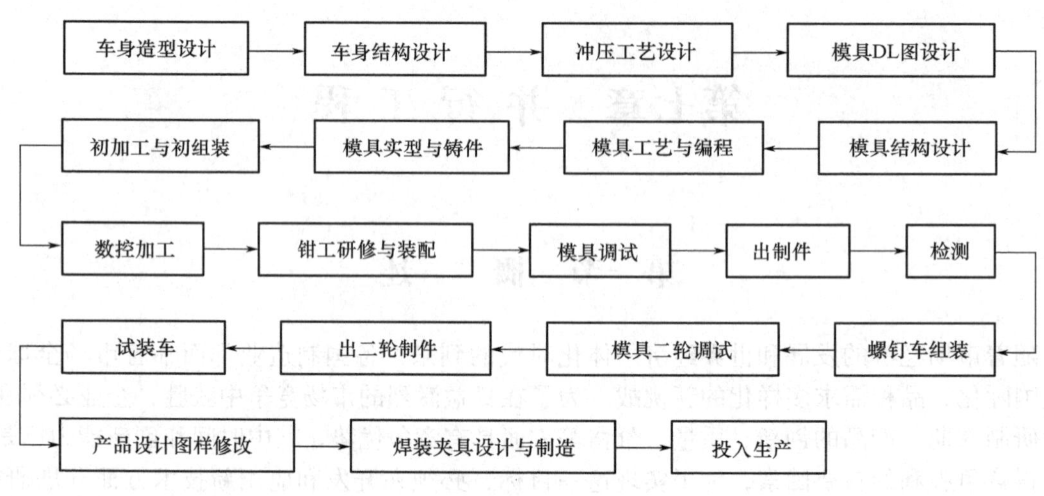

图 7-1　传统车身开发的基本流程

天、电子、机床等制造业领域内首先提出了以 CIMS 信息技术和 CAD 等技术为基础，通过组成多学科的产品开发队伍，改进产品开发流程，利用各种 DFX 工具等手段，使产品在开发的早期阶段就能及早地考虑其下游的各种因素，从而达到缩短产品开发周期、提高产品质量、降低产品成本的目标，并提出了并行工程概念。

（1）并行工程的概念　并行工程（Concurrent Engineering，CE）又称为同步工程或周期工程，是相对于传统的产品串行生产模式而提出的一个概念、一种哲理和方法。并行工程的定义在国际上尚未统一，但可以认为，并行工程是集成地、并行地设计产品及其相关的各种过程的系统方法，它要求产品开发人员在设计一开始就考虑在产品整个生命周期中从概念形成到产品报废处理的所有因素，包括质量、成本、进度计划和用户要求等。并行工程强调多学科专家的协调工作（Team Work）和一体化，并行地进行产品及其相关过程的设计，尤其注重早期概念设计阶段的并行与协调。可以认为，并行工程的核心是并行设计（Concurrent Design，CD），并行设计作为一种设计哲理，是在原有信息集成的基础上集成地、并行地设计产品，它更强调功能上和过程上的集成，在优化和重组产品开发过程的同时，实现多学科、多领域专家的群体协同工作，从而达到压缩产品上市时间、降低成本的目的。有研究表明，串行工程周期远大于并行工程周期。

并行工程强调在产品全生命周期中各类人员有组织地协同工作，全面地设计产品，全过程地注重客户要求。并行工程的实现框架包括建立以人为主的组织管理框架、计算机辅助工具框架及方法框架等一系列框架的集成。实施并行工程的主要决定因素有员工素质、管理模式、企业运作过程分析和优化及开放系统集成方案。其系统的集成更注重开放性及标准化多平台支持，选用商品化的技术服务，支持良好的应用软件，强调分布式数据管理，以利于数据查询和传递。目前，并行工程作为现代先进的产品设计开发模式，已被广泛应用于各种工业设计及生产之中。

汽车工业已在世界范围内展开了激烈的竞争，缩短新车型的设计及开发时间、降低成本、提高质量、提高市场竞争力，已成为各汽车制造厂家考虑的首要问题。并行工程作为现代先进的产品设计开发模式，是解决上述问题的主要方法之一，并已被各国汽车制造业所采用。并行工程的关键是对产品及其相关过程实行集成的并行设计。

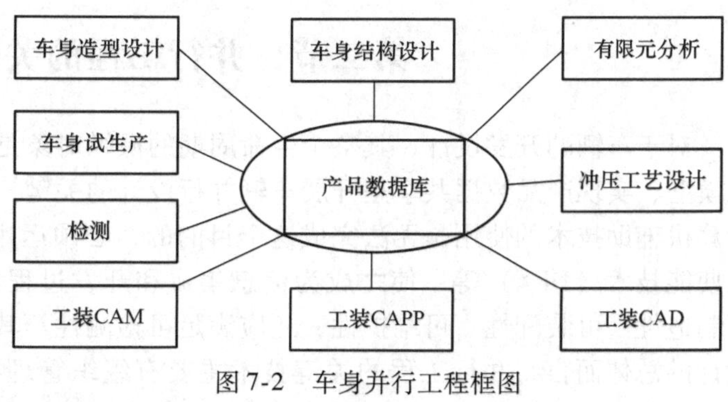

图 7-2　车身并行工程框图

这里以车身的并行工程为例，在车身研制及开发过程中，并行地进行产品及相关过程（包括制造过程、支持过程）的一体化设计，使开发人员从设计一开始就考虑产品生命周期中的各种因素，强调信息集成、协同作业，如图 7-2 所示。

（2）并行工程的特点

并行工程具有以下特点：

1）基于集成制造的并行性。并行工程是针对串行工程而提出的一个新概念，它建立在集成框架之上。应用信息集成、功能集成和过程集成的软件系统是实施并行工程的基础。产品数据管理（PDM）是支持并行设计的一种集成框架，它对产品生命周期的全部信息（时间上有先后的信息）进行管理，实现产品数据的统一管理与共享。它能支持异构的计算机联网，在企业范围内为设计与制造建立一个并行化的产品协作环境，方便实现对其应用工具的封装，便于有效管理应用工具产生的信息，便于应用系统之间的信息传递与交换，并可提供各系统运行过程的全方位管理与监控。

2）并行有序。并行工程作为一种方法，旨在产品开发的早期阶段就能综合评估产品全生命周期的各种因素，做出正确决策。并行设计是并行工程的主体，它利用计算机仿真技术等系列工具，对产品开发的全生命周期进行并行而有序的设计，使传统方法在生产制造阶段才能发现的问题，能够在设计早期予以修正。

3）群组协同。并行工程突出了人的因素。现代产品设计越来越复杂，产品开发过程涉及的学科门类和专业人员越来越多，如何取得产品开发过程的整体最优，是并行工程的追求目标，其中的关键是如何更好地发挥掌握现代先进技术的人的群体协作，组成集成产品开发团队和支持团队进行协同工作（包括计算机系统、各种软件工具、多媒体手段与设计工具在一起的支持系统等），把产品开发过程看成一个有机系统，消除串行模式中各部门之间的壁垒，使各部门协调一致，提高团体效益。

4）面向工程的设计。面向工程的设计是支持设计的工具的总称，其概念覆盖了产品设计、制造、使用及报废回收的整个生命周期，使产品在设计阶段就能考虑到生产制造阶段的问题。面向工程的设计方法提倡在设计中考虑后续阶段的问题，即通过各方面信息综合，使其“第一次”就能正确的过程，而不是反复地大循环地修改，直到正确的过程，因此它是实现并行工程的支持工具。目前，面向工程的设计包括面向装配的设计、面向质量的设计、面向成本的设计等。

5）计算机仿真技术。在并行工程中，计算机仿真占有重要的地位。产品开发中的设计及制造等大多靠计算机仿真来描述、检验和验证，其主要内容包括过程仿真（APS）、加工过程仿真（MPS）及生产计划调度仿真（PPDS）等。

第二节　并行工程的关键技术

对于车辆的开发设计，其整个生命周期的操纵对象是对各种模型的设计。因此，建立系统模型、实现产品数据共享是开展车辆并行设计的关键，从这个意义上讲，某一单项功能的计算机辅助技术的使用是无法完成这个目的的，必须运用各种计算机辅助设计技术（CAX）及使能技术（DFX）等，使之成为信息集成和开发过程集成的整体，使设计不仅能够满足可制造性、可装配性、可维护性，还应满足可检测性等其他性能要求。因此，对于车辆开发设计的总体而言，并行工程的关键技术主要有组织管理技术、过程重构技术、协同管理技术、质量功能配置技术、DFX 技术、产品数据管理技术等。

一、并行工程的组织管理技术

为了适应并行工程的要求，企业的组织管理模式必须转变，即从传统的按部门划分的串行管理模式转变为并行管理模式，建立起与并行工程配套的平面化及网络化的企业组织管理机制、企业文化和产品开发模式。

跨部门、多学科的集成产品开发团队是实施并行工程的重要组织形式，同时是被实践证明的一种有效的产品开发组织模式。开发团队主要由三类人员构成：企业管理决策者、团队领导和团队成员。企业管理决策者的作用是提出路线、任务、目标，组织产品开发团队，指定团队领导并给予授权，参与和支持团队领导的决策制定。产品开发团队需从市场及用户需求出发，根据团队的集体意志做出决策，并对决策负责。为了保证开发的效率和质量，团队成员的个人行为应服从整个团队的决策。

企业中开发团队的数量、规模及人员组成需要根据产品的技术需求及企业资源等决定。一般将团队的规模分为：①任务级（Task），为小规模、单一学科的团队，用于过程及结构简单的产品开发；②项目级（Program），为中等规模，含一个或多个学科，适合于含多个任务的产品开发；③工程级（Project），为大型团队，含多学科成员，适合于功能结构复杂、采用不同工艺的产品零部件开发，其中每个零部件可以构成一个独立的小团队；④企业级（Enterprise），人员多、机构复杂，可含多个开发团队，还可包含供应商等。

组织管理模式的转变，要求企业的物资、设备、人力、财务等管理方式也要相应做出改变。在集成产品开发团队的组织模式中，团队领导层担负着传达和执行上级政策的任务，同时负责团队自身的日常事务管理、成员与各功能部门之间的协调。为了保证并行工程的顺利实施，开发团队与功能部门之间必须积极合作和相互配合。

二、并行工程的过程重构技术

企业要实施并行工程，就必须对企业现有的产品开发流程进行深入剖析，找出影响产品开发质量和速度的症结，再以并行工程的哲理为指导，重构产品开发模式，包括市场分析、产品开发信息流程和开发进程等。因此，实施并行工程的本质即是产品开发过程重构（Process Re-engineering）的过程。

过程重构也可以分为任务级、项目级、工程级和企业级等层次。随着团队规模的扩大，过程重构的复杂性和难度成倍增长。在重构过程中应考虑以下因素：①产品开发的数据流程，从传统的串行开发流程转变到集成的、并行的产品开发；②团队成员的素质和要求；③不同层次团队对协同环境的要求；④企业的资源状况。

产品开发过程重构的基础是过程模型。产品的并行开发过程是综合—分析—评价—再分析—再评价的反复过程，它遵循由粗到精、由简单到复杂、由笼统到精确、由模糊到清晰的逐步细化及优化的思路。因此，产品的并行开发过程是一个反复迭代的过程，具有明显的动态性。并行工程的过程模型就是要表达出开发过程的动态特征。

产品开发过程的核心活动包括过程定义、过程监控、过程执行、过程度量、过程改进及重组等。面向并行工程的产品开发过程主要受产品信息、产品功能活动、产品开发组织模式、产品开发资源等因素的影响，需要从管理人员、开发人员和过程工作人员等不同角度建立相应的模型。

人们对产品开发过程信息模型的研究始于 20 世纪 60 年代末。早期采用结构分析方法，用特定的符号及规约方法表示产品开发中的信息流动，即数据流动图（Data Flow Diagram，DFD）建模技术；之后，美国软件技术公司将由人员、机械、方法、材料、产品等组成的系统用图形和文字加以表示，建立了结构化分析和设计技术（Structural Analysis and Design Technology，SADT）。1978 年，美国空军将 SADT 作为支持集成化计算机辅助制造（Integration Computer Aided Manufacturing，ICAM）系统的软件技术，后又在 SADT 的基础上发展了几类集成化计算机辅助制造定义技术（ICAM Definition Technology，IDEF），分别用于含有计算机及软件工程的系统、信息分析、动态分析和过程建模，在工业界得到了广泛的应用。

多年来，人们对并行工程的过程建模进行了深入研究，包括过程模型的表达方式、表达工具及其在计算机上的实现等。目前，常用的建模有 SADT/IDEF0、Petri 网、IDEF1/IDEF1x、IDEF3、数据流动图（DFD）、基于规则的过程编程以及系统动态方法等。这些方法都是从某个角度出发，还难以对过程做出全面描述。在使用时，可根据实际需求和侧重点做出选择。限于篇幅，本书不详细介绍上述方法。

此外，人们还开发了过程建模的仿真工具。例如：美国西弗吉尼亚大学的并行工程研究中心开发了一个项目协调板（Project Coordination Board），为并行工程项目提供了一种通用的产品开发过程项目协调工具。项目协调板的功能模块包括公共可视工作区、模型化小组、工作流管理、约束管理、设计评估、质量功能配置和群体决策。项目协调板可以为并行工程项目提供有效的协调服务，并为团队决策和异地网络上的协调提供计算机支持。

三、并行工程的协调管理和协同工作环境

在产品的并行工程开发过程中含有大量不确定因素，因设计模型、产品数据、评价标准、知识表达方式、资源约束等方面的原因，会导致多个相互关联的对象之间存在不一致、不和谐或不稳定的对立状态，称为冲突。因此，冲突是产品开发过程中的一种现象。

为了保证开发过程的顺利进行，使并行工程的效益得以充分体现，需要有一种支持技术、工具和系统，以构建各开发团队及功能部门之间的依赖关系，协调跨学科团队的活动，支持团队及产品信息的沟通，及时发现和消除冲突的起因，这就是并行工程中的协调管理。对于无法消除的冲突，则需要在冲突发生后采取措施加以化解。总之，协调管理的目的是保证并行工程总体目标的实现。

并行工程的协调管理应提供有效的冲突仲裁机制，妥善处理并行工程环境下出现的各种

冲突。目前，并行工程协调管理的研究重点主要集中在协调的定义、协调的表示、协调规律、协调方法、冲突化解方法、协调模型以及协调系统的开发等。美国西弗吉尼亚大学的项目协调板是具有代表性的系统。

为了支持团队模式的产品开发，并行工程强调构建协调环境，并已由早期的团队会议、团队讨论、设计人员面对面交流等协同工作方式，发展到目前计算机支持下的协同工作（Computer-Supported Cooperative Work，CSCW）方式，也称为群件（Groupware）。

CSCW 研究如何利用计算机支持多学科研究人员的共同工作，它利用计算机、网络、通信和多媒体技术，为并行工程环境下的多学科团队提供协同的工作环境。其具体形式有电子邮件、文档、电子论坛、通知与简报、项目管理、电子评审和可视电话等，以便把正确的信息在正确的时间以正确的方式发送给正确的人，并及时做出修改、认可或决策，以保证产品的开发进度和质量。

四、质量功能配置技术

所谓质量功能配置（Quality Function Deployment，QFD），是指将用户需求作为最终质量保证因素映射到产品开发活动中的系统化方法。它通过对产品开发过程的基本元素、基本事件和基本活动的分析以及对它们之间关系的描述，实现对产品开发过程的管理、指导和控制，以保证最大限度地满足客户的需求。它利用一系列的关系矩阵来描述这些关系，从而把客户需求转换成一系列可检测、可操作的事件和活动。

对于汽车设计而言，QFD 就是以最终的客户需求为目标，从保证质量的角度出发，使用一定的工具（CAD、CAM、CAT 等），将汽车的整体设计如总体设计、各系统、各总成及各主要零部件的结构分析与设计计算等的实现过程分解，并通过总体协调，保证车辆各项性能指标的顺利完成。

QFD 是一种综合规划方法，它为使用者了解用户的要求进而实现这些要求提供了系统的处理手段——质量屋（House of Quality，HOQ）。质量屋是一种质量分析表格，它主要由以下几个部分组成：

（1）用户要求　用户要求通过广泛的市场调查及访问获得，列在质量屋的左侧。

（2）技术措施　为实现用户要求而采取的相应技术措施，列于质量屋上面的横排。

（3）关系矩阵　包括用户要求与技术措施之间的关系矩阵及各项技术措施之间的相互关系矩阵，一般用符号来表示用户要求与技术措施之间强相关、一般相关、弱相关、不相关的关系以及各项技术措施之间的正相关、负相关的关系等。当技术措施为负相关的关系时，需要决策者格外注意，往往需要通过技术措施之间的让步协调找出合理的解决办法。

（4）竞争能力评估　包括用户对不同厂家品牌满意程度的比较，以及不同厂家品牌关于各种技术措施的竞争性比较。通过本项评估可以找出被调查品牌与其他品牌的差距，从而找出改进方向。

（5）权重　发放用户调查问卷，对每项用户要求的重要程度进行打分。通过加权平均计算，可以得出每项用户要求的权重。通过用户要求权重及关系矩阵，计算出每项技术措施的权重，该项权重表明为了满足用户的要求，在每项技术上所付出的努力。

（6）最佳技术参数　是指某一项技术措施的最佳技术参数，可通过确定相关质量损失函数来计算，或由专家经验及统计数字等获得。

五、面向制造的设计技术

面向制造的设计（Design For Manufacturing，DFM）技术的主要思想是在产品设计时，不仅要考虑产品功能和性能的要求，还要考虑产品、模具及其工装夹具制造的可能性、高效性和经济性，即产品的可制造性。DFM 使很多隐含的制造工艺问题提前暴露出来，避免或减少了设计的反复。当存在多个设计方案时，还可以根据可制造性指标进行评估、取舍，或根据加工费用进行优化，以降低产品成本，增强产品和企业的竞争力。DFM 的目标是在产品保证功能和性能的前提下使制造成本最低。

DFM 包括零件 DFM 和产品 DFM。零件 DFM 是指对零件设计的优化分析技术，包括材料成本最小化、加工工艺的优选和可制造性分析等，应通过制造过程的预分析，尽量减少或避免在设计中出现一些不必要的、成本高的零件特征。例如：加工面积应尽可能减少；加工精度要求应尽可能降低；能否用冷锻或成形加工取代棒料的车削加工；浇铸件的过渡圆角应尽可能大等。

DFM 的关键在于把产品设计和工艺设计集成为一个活动，它的目的是使设计的产品易于制造、易于装配。DFM 是在产品设计过程中充分考虑与制造有关的约束，全面评价产品设计和工艺方案设计，并提供反馈信息，以优化产品的总体性能，保证其可制造性及可装配性。

六、面向装配的设计技术

据统计，在现代制造业中，装配工作量占整个产品制造工作量的 20% ~70%，装配时间占整个产品制造时间的 40% ~60%，且装配工作技术要求高、费用大。在汽车制造业中也存在同样的问题，车辆的各种性能、质量从某种意义上讲是由装配技术所决定的。面向装配的设计（Design For Assembly，DFA）技术在产品的设计阶段就开始考虑零件之间的配合、定位、装配和装配路径等。例如：选择有利于装配的产品结构、几何尺寸和材料，制定装配工艺规划，考虑装配的可行性，优化装配路径，通过仿真避免装配干涉等。DFA 的目标是：在综合考虑经济性、生产时间及生产柔性的前提下，尽可能减少产品最终装配向设计阶段的反馈，有效地缩短开发周期并优化产品结构，提高产品质量。

面向装配的设计首先要建立装配模型，装配模型应能够描述产品零部件间的层次关系、装配关系和设计参数之间的约束和依存关系。

1. 层次关系

车辆是由许多具有层次关系的零部件组成的系统，一个部件又可分为若干个零件和子部件，其后还可以继续分解，在装配次序上就是零件→部件→整机。车辆零部件之间的这种层次关系可以直观地用图 7-3 所示的装配层次树表示，图中的连接线表示上节点与下节点之间的所属关系，节点表示装配件的具体描述，当数据存入数据库时，系统按层次结构自动生成零部件编码。

2. 装配关系

描述零部件之间的装配关系是建立装配模型的关键，根据大量的研究工作和相关知识，可以把零部件之间的基本关系归为三类，并用面向对象的方法描述装配关系，前一层是后一层的父类，后一层是前一层的子类，通过遗传关系逐步细化装配关系，直至描述到装配关系

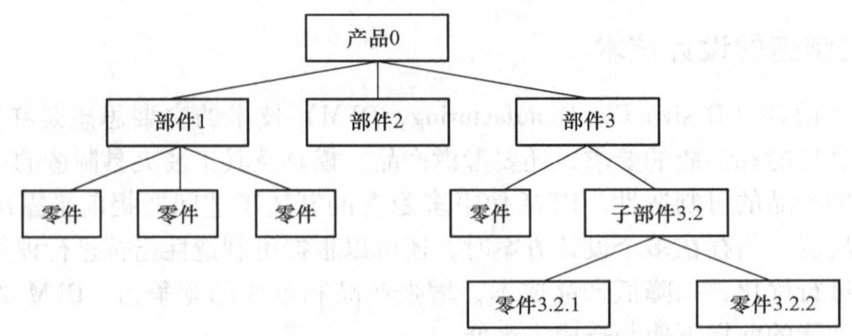

图7-3 产品的装配层次树

具体用到的参数。

3. 参数约束关系

设计过程中的参数分为两类：一类是从上一层传递下来的参数，本层设计不但必须满足，而且无权直接修改，称为继承参数；一类是设计中生成的新参数，它们有的是从继承参数中导出的，有的是根据当前的设计需要制订的，称为生成参数。当继承参数有所改变时，相关的生成参数要随之调整。

在产品装配模型中，参数表记录参数信息，规则表记录生成参数的制订依据，而参数关系表描述参数之间的约束和依存关系。

七、面向质量的设计技术

并行设计是在设计阶段就考虑产品全生命周期后续阶段的相关因素，或将后续阶段的相关活动提前到设计阶段与产品设计并行进行。尤其是并行设计过程包含大量的设计质量评估过程，这些评估过程将实现在不同阶段从不同侧面、不同角度、不同层次对产品设计质量进行评估。由此可见，设计评估将贯穿于产品开发的全过程，是保证产品设计质量的重要环节。

面向质量的设计（Design For Quality，DFQ）评估是一种新的产品设计开发模式，相对于传统模式下的设计质量评估体系，它具有以下特点：

（1）并行性　与传统设计过程中的“事后评估”不同，并行设计过程中的设计质量评估与相关设计过程并行进行，能够及时对设计方案进行全面的评估，及时地产生阶段性的评估结论，从而保证了产品的设计质量和工作效率。随着设计过程的不断推进，设计信息不断地得到充实和完善，从而保证了设计质量评估得以不断地拓展和细化。

（2）集成性　并行设计以信息集成为基础，逐步向产品开发过程集成的方向发展。作为实施并行设计的关键技术之一，面向并行设计的设计质量评估是建立在广泛集成的基础上。集成性的特点主要体现在设计质量评估过程中的信息集成、人员集成和过程集成。

1）信息集成。它是面向并行设计的设计质量评估的基础。在分布式数据库和计算机网络的支持下，设计质量评估从产品设计、制造、检验、包装、储运、销售与服务等产品全生命周期的各环节获得有效的质量数据，包括产品性能的指标参数、工艺质量信息、检验相关的质量数据、材料库存和进货质量数据、售后质量相关数据及相关质量文档信息等。这些数据通过设计质量评估转化为评估结论信息，反馈给设计者和企业经营决策者，为设计和经营决策提供参考。因此，在集成质量保证系统中，设计质量评估是最终信息的输出点，是系统的关键所在。

2）人员集成。设计质量评估是一个有各种专家参加的协同工作的过程，具有人员集成的特点。对于不同阶段、不同种类的评估任务，由不同部门代表组成多功能评估工作组，参加人员不仅包括工程技术部门的专家，还应包括管理部门、计划部门、市场营销部门等方面的专家，条件许可时，用户也可成为评估组的成员。

3）过程集成。面向并行设计的设计质量评估体现了过程集成的特点。通过多次的质量评估，实现在产品设计的各个阶段，及时考虑产品全生命周期后续阶段的需求，产生阶段性结论，并及时反馈评估结论信息。产品开发多功能小组将根据反馈信息及时修改设计，避免后续阶段的设计返工，使产品设计达到面向整个产品生命周期的集成。

（3）分布性　由于评估人员来自各个方面，他们之间存在组织机构、地域和时间的分布性，因此，需要营造出一个协同工作的环境，将他们从功能上组成统一、协调的整体。协同工作环境为评估人员提供进行同步和异步交互的工具，为评估组成员提供表达观点和讨论问题的介质，并能提供有效的数据分布模型，保证数据的一致性和安全性，以便制订相应的信息交换规范和标准。

（4）渐进性　并行设计环境下的产品设计过程是一个渐进的过程，设计方案、设计思想及设计信息是个逐步完善和充实的过程，因此，经常需要在信息方案不完整和不确定的情况下进行设计质量评估与决策。在产品设计的后续过程中，当信息方案得到进一步的补充和丰富后，评估和决策进一步展开，随着设计的进行，各方面信息逐步完备。由此可见，产品的设计质量评估是一个由浅入深、由表及里、由粗到细的渐进过程。

八、面向成本的设计技术（Design For Cost，DFC）

在实际设计过程中，如何实现产品设计、工艺设计、市场开发三大过程的并行集成，尚存在许多困难。就汽车设计而言，无论考虑制造、装配还是销售，最终都归结到产品价值分析上。因此，将并行工程概念与价值分析方法相结合，提出面向经济成本的车辆并行设计策略，尝试在车辆设计阶段即建立经济评价模型，把功能成本分析的信息反馈贯穿于设计的全过程，实现在设计阶段对后续生产制造等阶段的综合考虑。

在并行工程概念的前提下，车辆设计人员把价值工程原理与方法应用于车辆设计阶段，并建立进行价值分析的各种成本数据库，把价值分析纳入集设计、制造、销售于一体的大系统中，确定对象，再改进设计方案，从而达到降低预期成本的目的。

九、产品数据管理技术

从管理的对象看，产品数据可以分为两类：一类是产品的定义信息，如几何、拓扑、特征、精度等信息；另一类是产品开发过程中的相关管理信息。产品数据管理技术可以对产品的共享数据进行统一和规范管理，保证全局共享数据的一致性，提供统一的数据库操纵界面，从而保证产品数据信息在物理层面上的分布和逻辑层面上的集成，使用户可以透明地调用。产品数据模型的标准化是实现产品数据管理、产品数据共享的基础。总之，产品数据管理技术提供了统一的产品数据平台，为并行工程的实施提供了基础的数据和支撑环境。

十、产品性能综合评价和决策系统

并行工程的核心准则是优化，即在对产品性能进行仿真的基础上优化产品的结构性能，如可加工性、可装配性、可检验性、易维护性以及降低材料成本、加工成本、管理成本等。因此，产品性能的综合评价和决策系统是并行工程的重要组成部分。

十一、并行工程的集成框架系统

并行工程的集成框架（Framework）就是实现内部信息集成、功能集成和过程集成的各种软件系统，如辅助决策系统、支持多功能小组的多媒体会议系统、计算机辅助冲突解决的协调系统等。集成框架可以快速引进新的应用类型，降低维护和支持费用，具有良好的环境适应性。目前，集成框架系统主要采用多媒体技术、客户机/服务器模型等进行开发。但是，这种系统在知识共享、多领域数据信息转换、设计意图表达等方面还存在缺陷，还难以提供一个包括信息集成、工具集成和人员集成的理想网络环境。

第三节　并行工程的实施

并行工程的实施就是在产品数据集成的基础上，针对某一新产品的开发实现过程的集成，并以缩短产品开发周期、提高产品质量、降低成本为目的。

一、并行设计的数据交换技术

产品数据交换技术在并行工程的实施中起着举足轻重的作用，这是由于在并行工程中经常要在不同应用系统中进行数据交换。

产品数据交换系统作为集成化产品的开发工具，为产品开发团队提供了访问所需数据库的可能性与安全性，而且在所有时候都能保证数据版本的正确性。团队成员可以在同一个数据集上进行操作，重复和不统一的设计将会被清除，产品数据交换系统应支持并行任务管理与协同作业方式。

集成化产品开发模型是指能支持产品生命周期中各阶段所有信息（数据）的集合，这些信息包括产品形状信息、工艺数据、功能需求以及其他与维护管理相关的非几何信息。相关内容包括产品特征造型、参数设计、装配建模、基于 STEP（或 IGES、DXF 等）规范的集成化产品数据交换标准等方面。

基于 STEP 规范的集成化产品数据交换标准，其描述方法、集成信息资源、层次性结构、应用协议、一致性测试检验最大限度地满足了产品并行设计的需求，提供了一种独立于任何组织、任何计算机系统、任何应用软件的中性机制的产品数据模型，使得产品数据交换技术与 Intranet 技术一起成为实施并行工程的两大技术支柱。

二、系统结构

并行设计主要解决的问题是在产品数据管理系统（PDM）的统一管理下，实现产品设计过程的重组和开发过程的建模。PDM 技术已成为并行设计的支持平台，利用 PDM 可以方便地实现产品数据管理、产品设计过程管理、组织模型管理以及工具的应用等。在数据库和网络通信技术的支持下，在正确的时刻把正确的数据按照正确的方式传递给正确的人，如图 7-4 所示。

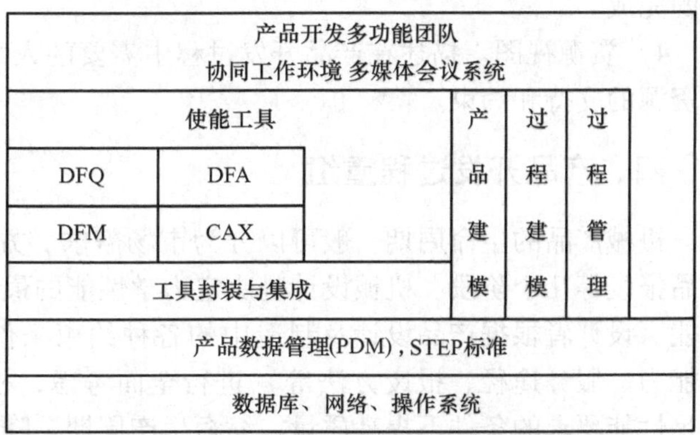

图 7-4　并行工程运算环境软件体系结构

三、实施过程

并行设计的实施需要解决以下四个问题：

（1）过程重组　从传统的串行产品开发模式转变成并行的产品开发模式，设计模式的改变涉及企业的组织及资源的改变，涉及整个企业的变革。

（2）数字化产品定义　为了提高工作效率，充分利用计算机和信息技术，必须对产品进行数字化定义、建立产品模型、数字化工具定义和信息集成，并且对其进行生命周期数据管理。

（3）产品开发队伍重构　将传统的以产品设计、工艺设计、生产管理、产品销售部门为主的组织模式，转变成以产品（型号）为主线的多功能集成产品开发团队（Integrated Production Team，IPT）。

（4）协同工作环境　是指用于支持 IPT 协同工作的网络、通信、数据库及计算机系统。在并行设计过程中，包含一系列复杂的活动和关系，下游活动应充分了解上游的设计意图，并及时进行评估和反馈，以便于设计能够早期做出正确决策，有效地缩短产品开发周期，促使设计人员及早发现问题并解决问题，满足不同过程的要求，提高产品的性能指标。采用团队工作方式，在 CSCW（Computer Support Cooperative Work）系统的支持下协同工作。通过通信网络，采用多媒体技术，实现文本、图形、语音、视频等多媒体信息的实时交流。设计团队必须在产品开发过程模型、产品信息模型以及组织模型集成的基础上进行工作，做到开发人员、任务、信息、资源的一一对应，如图 7-5 所示。由于 PDM 具有建立和管理上述模型的功能，一般通过 PDM 开发集成工作平台。

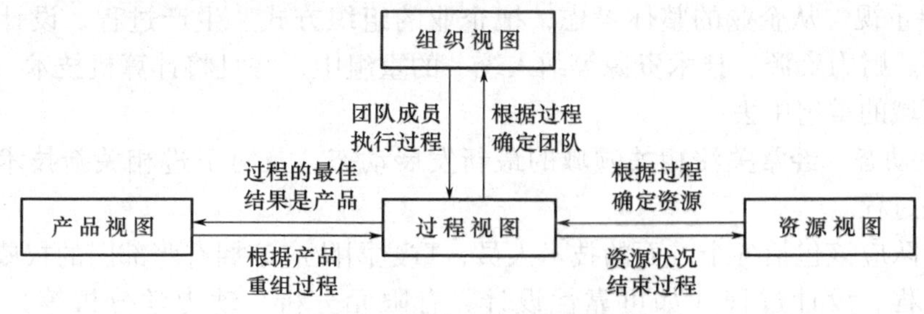

图 7-5　并行工程多视图集成

1）产品视图。描述产品的结构、设计信息、设计知识等，通过 PDM 的产品配置、版本管理等形成产品结构 BOM，是并行设计的操作对象。

2）过程视图。描述产品开发的过程和活动，以及活动的运行机制和对活动的控制等。

3）组织视图。描述产品开发过程的执行者，团队包括领导、成员等，他们负责开发任务的完成。

4）资源视图。描述在产品开发过程中需要的人力、设备、物料等资源，整个设计过程受资源的支持和约束。

四、产品开发过程重组

机械产品的生命周期一般可以分为市场需求、方案设计、详细设计、制造、售后服务、产品报废等几个阶段。机械设计是决定力学性能的最主要因素，需要根据市场需求确定产品功能。设计者根据产品设计及制造中的各种约束条件（如理论知识、设计手段、材料、加工能力、服务途径、报废方法等）进行全面考虑，权衡轻重，统筹兼顾，使设计的产品在满足性能要求的条件下提高质量，缩短生产周期，降低生产成本，便于售后服务，使产品具有最优的综合技术经济效果。

在开发新产品时往往着眼于产品的改进，如通过改变颜色、造型等来吸引顾客，而对于设计过程的管理机制和组织机制（如产品开发、销售服务、制造及营销过程）则不太重视。一个过程就是以特定方式排列，将若干输入（用户需求）转化成某一输出（产品或服务）的任务序列。由于一项任务可以用多种方式完成，在执行一系列设计任务（制造任务及生产任务）时就会产生多种过程的选择问题。

企业都希望在同类产品中获得比竞争对手更高的利润，在现有的生产机制下，常常采用加大设计人员的劳动强度或提高自动化水平的方法来获得。然而，在新技术突飞猛进的今天，产品创新或改变产品的设计及生产过程，才是在激烈的竞争中保持不败地位的根本途径。许多企业已经认识到，提高产量和效率的关键因素是优化管理过程、改善通信和加强团队合作。为了实现这一目标，企业已经逐渐开始采用并行设计模式。

重组在并行设计中起着重要的作用，企业的优势决定于它的重组能力，重组过程实际上是企业的机构变革的过程。由于过程重组涉及企业的许多部门，所以变革起来难度较大，需要运用计算机技术、信息技术、新技术、新材料分析现有设计过程中的优点和不足，排除在设计任务链、制造任务链和生产任务链上无价值的附加功能，找出多余的过程，并且提出改进的方法。所以，重组过程实际上是一个应用新技术、新方法的过程。在实施过程重组中，应注意以下两个问题：

（1）领导重视　从企业的整体考虑，把企业的组织方式、生产过程、设计过程以及企业的人力资源、财力资源、技术资源等纳入统一的重组中，并且将计算机技术、信息技术等应用于相关领域的重组中去。

（2）关注动态　经常关注相关领域的最新发展动态，及时引进相关新技术，优化产品设计中的相关过程。

重组的团队应该包括各个方面的技术人员，重建团队应该拥有跨部门的权威。这些过程可以是工作过程、设计过程（如可靠性设计、有限元分析、动力学分析等）或制造过程（如铸造、切削等）。图 7-6 所示为一种过程重组方案，重组是一个循环过程。对于过程 1、过程 2 和过程 3，假定这些过程相互独立且是产品设计所必需的，重组需同时进行，其步骤如下：

1）当前过程的重组，消除多余过程，优化当前过程。过程 1 可以是方案设计，过程 2 可以是面向装配的设计，过程 3 可以是面向制造的设计。

2）评估和重组替代过程。评估的内容包括功能、成本、精度、完成时间等方面，并标识它们的功能、性能等。

3）通过产品开发团队讨论这些标识过的过程，设计新的工作模式并进行评价。

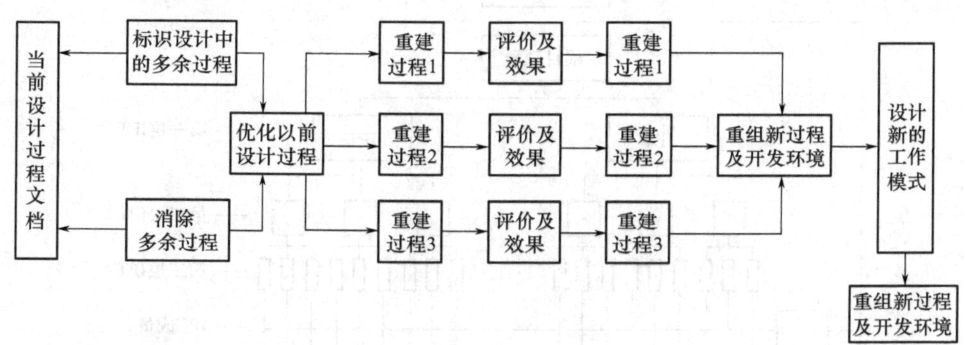

图 7-6　并行过程的重组

五、并行设计的组织形式

并行设计需要各领域的技术人员协同工作，频繁交换信息。为了适应工作的需要，组织多学科团队是有效的组织形式。将不同学科领域的专业人员与产品生命周期相关的技术人员组织起来，组成一个产品开发团队，团队之间协同工作，及早解决设计中的错误和冲突。

六、集成产品开发联合组织模型

组成 IPT 可以通过以下三个步骤完成：

1. IPT 组织结构

任命 IPT 的负责人，在更高一级的行政关系上组成支持 IPT 工作的指导委员会。IPT 负责人根据事先构造的改进产品开发流程定义开发计划，即分解任务、定义任务承担角色、定义实现任务的必备资源，如图 7-7 所示。

2. IPT 工作计划和任务分配

IPT 负责人将工作计划提交指导委员会与功能部门协商，确定 IPT 成员，签订任务书。IPT 成员必须被功能部门授予权力，代表功能部门做出决策，他们将按照所定义的计划执行具有资源约束的任务。

3. IPT 的管理与运行模式

IPT 不再实行递阶结构的审签制度，而是从上、下游之间的需求出发，实行 IPT 集成负责的决策模式。设计结果可靠性可以通过 QFD 的质量控制因素、相关过程的 IPT 成员及 IPT 组长共同确认。

七、基于框架系统的并行产品开发

在该阶段可以真正进行并行化产品开发，并行工程实施的基础是跨平台的 PDM 系统。上述建立的产品开发过程模型、产品生命周期信息模型、集成产品开发联合组织模型在 PDM 平台之上必须得到集成，最终做到人员、任务、信息资源的一一对应，如图 7-8 所示。这种基于 PDM 的开发环境并不是追求自动化，而是为 IPT 提供可操作的工作平台。在实际

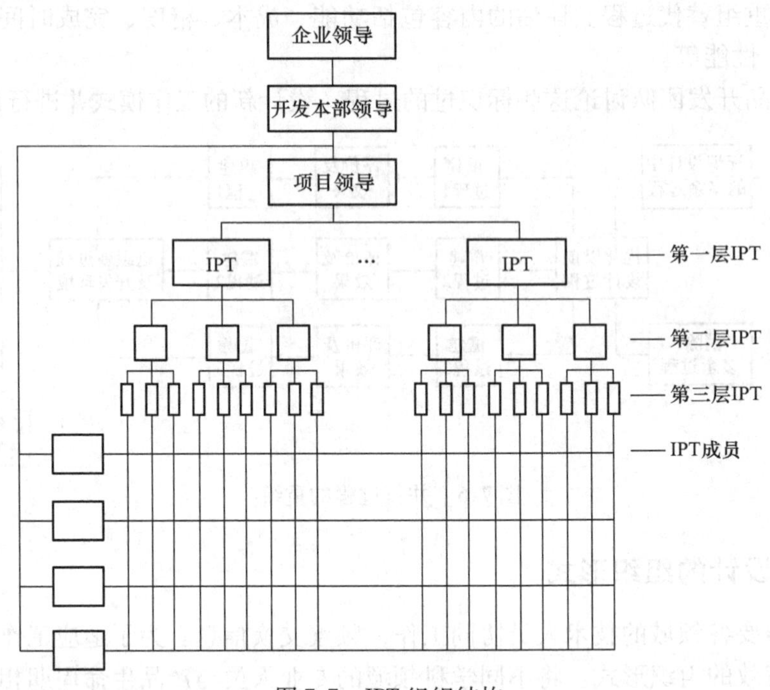

图 7-7　IPT 组织结构

产品开发过程中还可能不断出现各种新的问题，一般的问题可以通过产品开发过程管理决策支持系统进行协调，更特殊的问题可以通过 IPT 自身的协作得到解决。

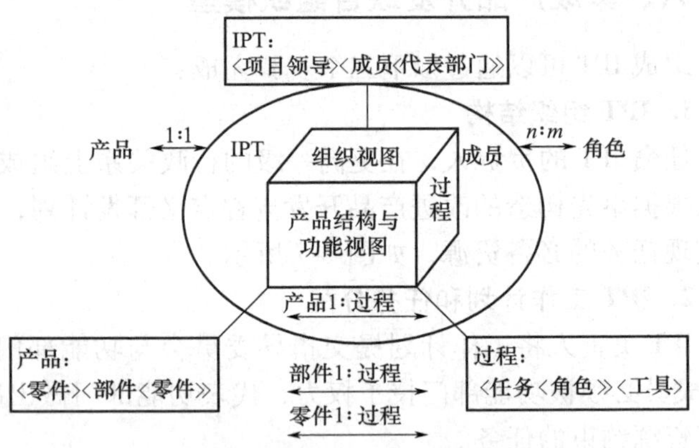

图 7-8　并行工程多视图集成模型

其中产品结构配置视图为第一视图，说明了在产品概念设计阶段所定义的产品结构与功能关系，其外在的表现形式是图形化 BOM 树。该树中的子节点表达的可能是部件、零件，在计算机内部是由一系列的产品数据组成的。这些数据又是按一定的开发流程逐步产生的。

并行设计多视图活动模型的第二个视图为过程视图，表达的是为每一个产品结构 BOM 中的项所定义的开发流程。该流程定义了设计任务、执行期限、使用的资源等，其执行者被称为角色。

并行设计多视图活动模型的第三个视图是组织视图，该组织中的人可以担任第二个视图中的角色，人与角色是多对多的关系。

可将上述介绍的并行设计活动基本单元定义为并行设计单元，即“由某一个人担任某一角色，针对某一个设计对象，在某一个规定的时间约束范围内，利用指定的资源完成某一个设计任务”。一般的 PDM 平台系统都可以从三个视图建立并行设计的支撑环境。

八、工作环境

并行设计所需的工作环境主要包括以下几个方面：

1. 协同工作环境

实现并行设计的关键技术之一是对产品开发过程中存在的冲突进行管理，在各个过程之间不断交换信息、协调冲突。因此必须建立良好的通信环境和良好的过程协调机制，以便于各个过程之间及子系统之间的同步进行和协调决策。实施并行设计需要多学科专家协同工作（CSCW）。协同工作模式是一种能够支持并行设计的使能技术，它支持用户同时工作，并提供访问共享信息的接口，通过通信网络，采用多媒体技术，实现文本、图形、语音、视频等多媒体信息的实时交流，及时协调冲突，提高工作效率，如图 7-9 所示。多媒体会议系统使得在地理上分散的设计人员组成多个产品开发团队，形成一个虚拟的协作群，广泛地共享各种产品数据，加快产品开发的进度。CSCW 具有以下特性：

（1）支持产品设计的整个工程　并行设计需要进行建模、分析和控制，CSCW 能够引导设计过程高效地、协调地向前推进，对于不同设计团队在进行工作时出现的冲突，系统能够自动检测和协调。

（2）提供多种通信模式　为了满足并行设计的需求，不同设计团队之间的产品数据通信及消息的发送等需要多种通信方式支持。

（3）支持多视图操作　由于产品设计过程中的产品数据类型非常复杂，并且具有动态生成、动态修改的要求，CSCW 能够支持多视图的操作。

（4）具有一定的柔性　CSCW 具有不同状态或模式之间的转换功能，能够支持多种应用，例如，改变团队的大小，用于不同的软、硬件环境以及不同的操作系统等。

（5）具有高度的稳定性　由于 CSCW 是控制整个并行设计过程的系统，它的稳定性直接影响设计工作的正常进行，它的错误可能导致整个系统的失败。

协同环境应该提供以下功能：

（1）产品开发团队的权限管理　依据设计者的工作关系设立工作组，同时设立公用工作区、团队工作区和私有工作区，并且授予不同人员应该拥有的权限。

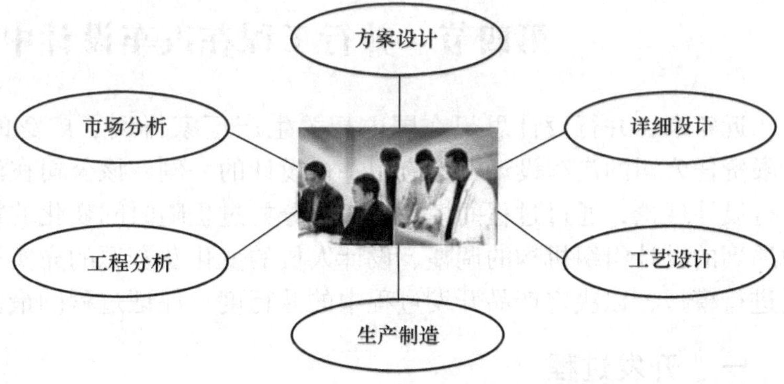

图 7-9　CSCW 环境中的拓扑结构

（2）并行设计过程中的通知机制　为了协调各组之间的工作，在工作过程中，各组产品信息模型的创建及模型的修改要通过通信手段通知相关团队，信息的内容一般包括修改内容、修改原因、修改时间及修改人。

（3）过程监测机制　设计者可以随时查看整个项目中各个过程和活动的进展情况，了解其他相关人员的进展状况。

（4）会议讨论制度　遇到问题时，相关项目负责人应召集相关人员，利用电子板进行讨论，以便更好地解决问题。

2. 网络通信

网络环境提供产品开发团队之间的通信环境。由于开发过程分布在不同的场地，因此需要通过网络进行交流、协调、控制，涉及的信息种类有文本数据、图形、图像、语音、表格和文字等。

3. 产品数据管理框架

产品数据管理（PDM）是一个面向对象的系统软件，它具有管理产品数据、产品设计工作流管理、版本管理、过程审批、过程封装以及定义组织视图等功能。利用它的开放性，将开发的功能软件封装到 PDM 中，形成 CSCW 系统，对产品开发过程、产品模型以及组织模型进行统一管理。在 PDM 环境中建立产品开发团队的组织模式及协同工作环境，根据版本生成规则，实现产品数据的版本管理、视图配置。利用 PDM 的封装功能，实现 CAX/DFX 工具的封装，将产品的设计过程转化为 PDM 的工作流程，实现过程管理与监控。

4. 产品模型的共享

产品模型的共享是并行设计的基础。产品模型不仅包括产品信息，还包括对产品开发过程的描述、控制信息及各类反馈信息等。一般通过 PDM 系统完成产品的信息建模和产品结构建模。产品模型包括以下信息：

（1）管理信息　包括生产能力、产品开发计划、质量规则、库存状况等。

（2）产品开发信息　包括电子数据仓库、产品结构、工艺规程、加工信息、开发进程、反馈信息、改进意见等。

（3）图形信息系统生成的各种图形文件　包括外观图、装配图、零部件图、各种工序简图、毛坯图等。

（4）文本和语言数据　包括专家的知识、各类人员对设计的评价与建议等。

（5）文件信息　包括 STEP 文件、IGES 文件、NC 代码文件等。

第四节　并行工程在汽车设计中的应用

近年来，并行设计思想在国内相关生产厂家得到了广泛的应用。某飞机工业（集团）有限责任公司的汽车设计就是应用并行设计的一例，该公司在汽车产品开发设计过程中运用并行设计理论，通过过程的模拟运作，分析过程随时间变化的特性，解决了在产品开发过程中遇到的设计组织机构的调整、设计人员的变化及资源的充实等情况，随时通过过程建模工具进行模拟，以决定产品开发过程中的并行度，保证过程的最优化，其具体做法如下。

一、开发过程

1）采用 CAD、CAM、CAPP、DFA 以及虚拟焊装等仿真技术，在产品开发的早期阶段就充分了解新产品的性能、结构以及车身覆盖件和车架等零部件的可制造性问题。尽量减少设计错误，提高设计质量，同时增加 DFX 的使用，在产品设计阶段就考虑产品加工、装配和工艺等问题，提高了设计一次成功的可能性。

2）采用 IPT 工作模式。该公司根据实际情况，组建四级团队，采用预发布和反馈的方法，并逐步使之制度化。在方案设计和结构设计的一定阶段，向后期设计阶段提前进行信息预发布。一方面及时得到信息反馈，以提高工艺性、可加工性；另一方面，由于后期设计的提前，使后期设计人员能够及时体会设计意图，进行工艺和生产准备。

3）健全设计评审和工艺评审制度。评审的优点在于它增加了过程的质量控制，提高了上、下游设计人员之间的信息交流，使下游设计人员获得足够的信息以开展他们的工作，有利于设计过程的并行和及时发现设计缺陷。

4）实现工艺、工装和材料的并行开发和准备，可精简设计过程，使制造系统与产品开发设计不构成大循环，从而缩短开发周期、提高产品质量。

二、过程建模与仿真

过程建模与仿真是产品开发过程管理系统的基础，它通过对产品开发过程的定义、描述、仿真和优化，获得全局优化的动态产品开发过程模型，作为管理系统的"期望值"。

该公司组织汽车产品开发流程专家、建模专家及计算机专家，采用"企事业过程建模系统"等软件进行汽车设计。其对改进后的汽车产品的开发过程可从以下几个方面进行描述：

（1）过程模型　描述在汽车产品开发过程中要进行的活动、实现这些活动所需要的资源、各个活动所要求的输入输出以及这些活动的执行顺序等，它是汽车产品开发过程的核心。

（2）后勤模型　描述公司所拥有的资源类型、数量、特征、结构以及分布情况等。

（3）协同模型　描述公司内部各机构之间，公司与其他客户、合作伙伴、供货单位等的协作关系和通信渠道以及公司的战略技术、经营政策和管理政策等。

（4）数据模型　描述公司在汽车产品开发过程中生产和消耗的中间产品及其相互关系，描述需要的或所拥有的资源及其相互关系，以及在运作中所需要的管理和处理的各项数据等。

三、团队建设与管理

1. 组织结构

根据公司在汽车产品开发方面的历史经验及并行产品定义的内容，组建了汽车产品开发IPT团队。IPT团队由四层组成，顶层为项目管理层，第二、三、四层为实施层。其中第二层为方案设计层，第三层为初步设计层，这层由车身IPT、底盘IPT、电器IPT、内饰IPT四个IPT组成，各个IPT又根据各自的专业及产品开发的需要分别组成若干个详细IPT。

2. 管理模式

顶层的IPT组长由总经理任命，并对该开发项目全面负责。其他各层IPT组长由上一层IPT任命，并对上一层IPT负责。

各IPT的总任务由上一层IPT下达，各IPT内成员的任务由该IPT组长下达。每个成员都必须按计划进度完成组长下达的任务，若遇特殊情况无法按期完成时，必须提前向组长报告，以便采取补救措施。

为了确保团队的高效率工作，各层IPT组长具有本IPT内人和资源的调配权及使用权，并负责对组员的考核和奖惩。

3. 工作方式

IPT 的工作方式采用集中办公和网上交流相结合的方式。第一层和第二层的 IPT 定期召开例会，一般每周一次，布置任务并检查任务完成情况，协调解决各 IPT 之间的边界问题及在工作中发现的各类待解决的问题。而对各阶段下一层 IPT 的工作评审则主要通过网络获得设计信息，并在例会上或在不定期的评审会上展开讨论，对下一层 IPT 的阶段性工作提出改进意见。

其他层 IPT 的成员各自承担某一具体的开发任务，在该 IPT 内各自扮演不同的角色，但互相之间要经常地互通信息，随时进行交流。对于未经审批的设计信息，应随时提交给其他成员查看，以便提出修改意见，对于已经审批的设计信息，则进入资源库共享。各层的组长可以根据情况需要，随时召集该层不同范围的组员讨论问题。同一个 IPT 内的边界冲突由组长协调解决，同一层不同 IPT 之间的边界冲突由相关 IPT 组长之间协调。若不能解决，则提交上一层 IPT 解决。

4. 过程执行与管理

过程执行与管理的目的是为开发和管理人员提供相应的信息，如过程完成情况、过程的状态、需要提交和可以提取的产品数据等，并通过过程模型及运行规则，实现对整个过程执行的控制。其主要内容如下：

（1）任务管理　对重组后的过程模型进行分析，然后再进行任务分解并组织实施，其重点在于对各成员的任务执行状态作实时监控，并针对异常状态随时调整计划。

（2）资源监控　对用户需求资源、物料资源、设备资源、人力资源以及维护要求与使用状况反馈信息的监控，尽量捕获这些信息并反馈给设计人员，以避免较大的设计变更和造成设计与加工的冲突，保证开发过程的顺利进行。

（3）产品数据监控　对数据是否产生、是否放到了规定的位置、是否传递给应得到数据人员等情况进行监控。

（4）产品开发流程监控　对产品开发流程的进程、任务分配变更进行监控以及流程指导。

某飞机工业（集团）有限责任公司将并行设计理论的应用与该公司具体情况相结合，在该公司汽车产品的开发中取得了预期的效果。

第八章　汽车数字化工程

第一节　概　述

信息时代企业生产过程的主要特征是数字化。数字化工程包含数字化设计与数字化制造，它是一门跨学科的综合性技术，是以计算机软硬件为基础，以提高产品开发质量和效率为目标的相关技术的有机集成。汽车数字化工程就是要利用计算机生产出“数字化汽车”，它包括汽车数字化定义、仿真、可视化、虚拟现实、数据集成、优化设计等。与传统产品的开发手段相比，汽车数字化工程强调计算机、数字化信息和网络技术在产品开发中的作用，可以极大地提高产品开发的效率和质量。随着网络和信息技术的日趋成熟，以计算机网络为支撑的产品的异地、异构、协同、并行开发成为数字化设计与制造技术的发展趋势，也成为现代汽车产品开发不可或缺的技术手段。

所谓数字化汽车，就是以计算机辅助工程分析技术 CAE 作为核心的现代数字化设计验证技术。所谓集成数字化汽车设计开发技术，则是面向汽车产品设计及开发全过程的对整车及其组成系统的计算机辅助设计、性能预测和虚拟实验评价技术等与产品数据管理 PDM 等支撑技术相结合的集成化 VPD（Virtual Product Development）系统技术，包括虚拟样车（Virtual Prototype，Digital Mockup）技术、VPG（Virtual Proving Ground）仿真技术、并行设计技术、反求设计技术、高性能计算机集群系统技术、虚拟现实系统技术等。

数字化汽车离不开虚拟现实（Virtual Reality）技术。虚拟现实技术比较通行的意义是：使用感官组织仿真设备和真实或虚幻环境的动态模型生成或创造出人能够感知的环境或现实，使人能够凭借直觉作用于计算机产生的三维仿真模型的虚拟环境。

基于虚拟现实技术的虚拟制造（Virtual Manufacturing）技术是在一个统一模型之下对设计和制造等过程进行集成。它将与产品制造相关的各种过程与技术集成在三维的、动态的仿真真实过程的实体数字模型之上，实现对产品的设计、工艺规划、加工制造、性能分析、质量检验，以及企业各级过程的管理与控制等产品制造的本质过程。其目的是在产品设计阶段，借助建模与仿真技术及时地、并行地模拟出产品未来制造过程乃至产品全生命周期的各种活动对产品设计的影响，预测、检测、评价产品性能和产品的可制造性等，从而更加有效地、经济地、柔性地组织生产，增强决策与控制水平，有效地降低前期设计给后续制造带来的回溯更改，以实现产品开发周期和成本最小化、产品设计质量最优化、生产效率最大化。

虚拟制造涉及多个学科领域，是对这些领域知识的综合集成与应用。计算机仿真、建模和优化技术是虚拟制造的核心与关键技术。虚拟制造不是对某个环节制造技术的仿真，而是在已有相关信息的基础上对工程对象和制造活动及过程进行全面建模，在建立真实制造系统之前，采用计算机仿真技术评估产品的设计与制造活动。

虚拟制造的概念系指“大制造”，即包括产品设计、开发、加工及生产全过程。虚拟制造是对已有或未来的制造活动进行仿真，它基本不消耗实际物质资源，所有过程均是在虚拟环境下进行的，所得到的产品也是虚拟的。

虚拟制造分为三个层次：最外层是宏观层，是指能够覆盖从产品虚拟设计到虚拟生产的整个过程，包含产品生产企业的所有活动，这就需要表达整个制造系统中的物流、信息流、能量流，以及系统各单元间的关系、约束机制等；中间层是指对加工环境的仿真，包含对生产系统的虚拟布局、虚拟调度等生产系统的仿真，也包含对零件的加工过程仿真等；最里层是微观层，是指加工过程中制造系统对加工件的各种微观特性的变化仿真等。

与实际制造相比，虚拟制造具有以下五个主要特征：

1）运用软件对制造系统中的人、组织管理、物流、信息流、能量流的五大要素进行全面仿真，使之达到高度集成。

2）无需制造实物样机就可以预测产品性能，节约制造成本，缩短产品开发周期。

3）在产品开发过程中可以及早发现问题，实现及时的反馈和更正。

4）开发的产品或部件以数模文件的形式存放在计算机中，能根据用户需求或市场变化灵活地进行改型设计，快捷地投入批量生产，从而缩短新产品的开发时间，降低成本。

5）企业管理模式及整个制造活动具有高度的并行性，适宜异地分工合作。

虚拟制造往往与特定的应用环境和对象相联系，由于应用对象不同，各有不同的侧重点。虚拟制造分为三种类型：以设计为中心的虚拟制造、以生产为中心的虚拟制造和以控制为中心的虚拟制造，它们分别涉及虚拟产品生命周期中不同的方面。

汽车数字化工程的目标是对汽车整个生命周期，包括产品设计、开发、加工及生产的“可制造性”的决策支持。可制造性又可以进一步分解为可行性、可开发性、可加工性和可生产性，这四个方面是相互联系的。从数字汽车设计的形状虚拟样机 SVP（Shape Virtual Prototyping），到数字汽车开发的功能虚拟样机 FVP（Function Virtual Prototyping），再到虚拟加工、虚拟设备与生产线的虚拟生产，这四个层次是为汽车整个生命周期的数字化工程开发提供的基本支持。

汽车数字化工程必须以汽车生产企业的数字化作保证。企业数字化概念涵盖了企业建设的各个方面，从产品设计到管理、生产和运营等，是一个由数字化技术、数字化方法、数字化设备、数字化专业人才和网络搭建的现代化平台。它包含计算机辅助设计 CAD、计算机辅助工程 CAE、计算机辅助制造 CAM、计算机辅助工艺设计 CAPP、生产计划管理 PLM、企业信息管理 CIM、企业资源计划 ERP、生产计划管理 MPM、产品数据管理 PDM、图文档管理 EDM、数控 NC、机器人 ROBOT 等。数字化技术对汽车工程具有以下重要影响：

（1）产品设计周期短　最先进的数字化技术可以把汽车设计的物理过程全面数字化。例如，用 Alias 提供的数字绘画板进行手工草图绘制和概念设计，用 Freeform 提供的数字油泥模型制作平台进行油泥模型制作，然后将这两种设计结果导入 CAD 生成数字模型，再利用现有汽车设计平台提供的先进设计方法和分析方法，利用已经积累的数据和知识进行新车设计。

在逆向工程中，可以利用数字化设备和技术通过激光扫描和光学照相方法得到已有汽车和零部件的数字模型；利用 CT 扫描可以方便地获得汽车复杂零部件的外形和内部结构数据；利用已有汽车的照片直接生成汽车的三维数字图形等。这一切都大幅度地简化了汽车设计过程，而使汽车设计变得方便容易，显著缩减了汽车设计的周期和成本。

（2）生产制造精确　采用数字化设计与制造技术使得汽车的生产、制造、工艺和管理更加精确。在产品的设计阶段采用虚拟制造技术，对工厂的生产线及生产设备工作过程，以及汽车的制造和安装过程进行模拟仿真，分析其对产品设计的影响，分析制造成本和可制造性，可优化生产过程和生产设备，避免错误，节省费用。

CAD/CAE/CAM 技术为实现汽车行业复杂模具的同步快速开发奠定了技术基础。同时，由于设计过程和制造过程的数字化集成，减少了加工零件的工艺设计，可直接将设计好的数字模型输入数控机床和数控设备中，生产出高精度的产品。目前，汽车企业通过采用数控机床、工业机器人、快速成形设备等数字化制造装备，提高了产品质量和生产过程的精确程度。

将工厂生产系统进行数字化集成后，可以使加工技术文件的传递、任务调度分配、设备、作业监控、作业情况统计、汇报报表、设备管理等都置于统一的管理之下，以保证产品生产过程的合理性、完整性，最终保证生产过程的简化和产品的质量。

（3）产品设计合理　产品设计是否合理，在很大程度上取决于产品设计阶段的决策。汽车造型的概念设计是整车设计开发的灵魂，好的概念设计可以触发顾客的购买欲望，这就要求设计师在汽车概念设计阶段进行艺术创作和概念设计。利用 Alias 数字绘画板和 Freeform 数字油泥模型制作平台既能保持原有绘画和雕刻创作的方式，便于设计师抓住瞬间即逝的创作灵感，不断诱发新的创作思维，又能快速地把设计理念转变为产品的数字模型，这样设计出来的汽车能融入更多的艺术成分和美感，满足客户的心理要求。

（4）开发成本降低　汽车设计数字化技术可节省大量人力、物力和财力，使汽车设计逐渐走向绿色设计过程。许多新设备和设计软件的应用，大大地简化了汽车设计过程，在数字油泥模型制作时，可以把设计好的汽车板件和其他整体部件如车灯等直接应用到新产品设计上，以节省设计费用和时间。

随着模具的 CAD/CAE/CAM 技术、电加工和数控加工技术、快速成形与快速制模技术的发展，以及新型模具材料方面的显著进步，使得模具制造成本逐渐下降。在模具检测设备日益精密、高效的同时，模具还具有了数字化扫描功能，实现了从测量实物→建立数学模型→输出工程图样→模具制造全过程的数字化。模具逆向工程技术的开发和应用，可以大幅度降低汽车产品的开发成本。

第二节　数字化汽车造型技术

造型是指人类有意识地塑造形体的一种活动。汽车造型就是设计师们采用新技术、新资源，按照汽车的性能要求，运用视觉和审美规律，协调技术、材料、结构、工艺与造型之间的矛盾，进行汽车造型的创作过程，使设计出来的汽车既能满足功能要求，又符合人们的审美要求。汽车造型的目的在于把技术、艺术、经济这三者在汽车产品上统一起来，更好地满足社会生产和人们生活的需要。

纵观各大汽车公司在汽车博览会上推出的新车，可以发现汽车造型越来越具有个性化和特色。造型对于汽车的意义远远超过人们的想象，它直接影响汽车的动力、操纵控制、环保、噪声甚至是安全性能。今天的汽车造型设计已经成为涉及工业造型设计、空气动力学、计算机图形图像技术等多个学科的专门学科。

汽车造型设计经历了从早期的依靠经验类比进行设计到传统的通过制作车身油泥模型进行设计。目前，以 CAS（Computer Aided Styling）为主流的汽车造型设计正朝着缩短设计周期、提高设计质量、降低开发成本及提高汽车产品的市场竞争力的方向不断发展。CAS 原意是计算机辅助式样设计，现在一般通称为计算机辅助汽车造型设计。

计算机辅助汽车造型设计就是在计算机上进行车身几何造型设计。首先需要建立车身模型，然后从其表面得到该车身所有的曲线和曲面信息，并依此进行设计和分析，该模型取代了传统造型设计中的立体模型。CAS 已经成为汽车造型开发的主流技术，虽然手绘效果图、胶带图和手工油泥模型等传统设计手段仍然在汽车造型研发过程中发挥着重要作用，但在竞争日益激烈、快速响应市场需求日显迫切的环境下，利用数字化技术加快开发流程，节省研发成本，实现造型设计、结构强度分析和模具制造一体化的工程已成为世界各大汽车设计公司的必经之路。

传统的汽车造型通过实物、模型、样板和图样传递信息，其设计方法流程如图 8-1 所示，主要由手工设计完成，分为初步设计和技术设计两个阶段。

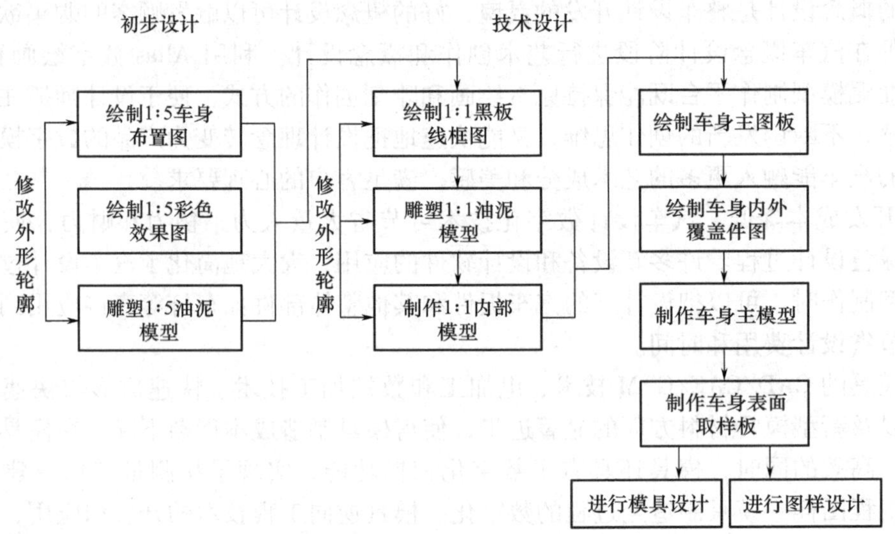

图 8-1 传统的汽车造型设计方法流程

整个设计过程首先从制作 1:5 的油泥模型和全尺寸模型开始，设计人员根据油泥模型绘制所有的车身和模具加工图样，油泥模型上任何细微的改动都将直接导致主模型和大量图样的修改，由此带来的修改设计工作极其繁琐和艰辛。显然，传统的造型设计方法具有产品开发周期长、设计精度差、开发成本高和产品不宜改型等缺点。

数字化造型可以采用计算机辅助造型设计软件进行设计，直接从构思草图中生成数据模型，节约开发时间，而无需通过先画胶带图，而后制作油泥模型等物理手段建立数据模型，可以节约大量的工时。

数据模型完成后，可以通过投影的方式进行初期方案的评价，也可以利用分析软件对造型进行初步的流体力学分析。迅速形成的 3D 模型可以被渲染成高品质的图像和实时影像，以便进行早期造型效果的评价。当草图概念转入到计算机平台后，模型数据在计算机系统内部进行数据转换，并与其他设计工序进行交流，工程设计工作可以迅速展开。模型采用标准的文件格式传输，传输过程的损失可降至最小，实现设计与生产的无损连接。

需要说明的是，为了评价的直观性，德国保时捷公司等企业仍坚持制作 1:1 的汽车油泥模型，通过评审后再制作1:1的实物模型，包括制作车内饰用的实物模型、表面颜色的设计等。

与传统的造型设计方法相比，计算机辅助汽车造型设计的基本步骤如图8-2所示。

目前，世界各大汽车制造公司开发新车型的造型设计流程基本上都是遵循数字化流程，其流程如图8-3所示。由图中可见，造型设计基本上是基于实物模型与基于数字模型这两种方式并行。这是因为目前的数字化技术虽然在效率和速度等方面较传统方式有很大的优势，但传统模式更接近于人的主观感受，因此具有一定的不可替代性。随着虚拟现实技术的兴起和发展，使得人们与数字世界的交互能力有了更大的加强，对于实物的依赖将逐渐减少，理想的纯数字化开发模式将会如图8-4所示。

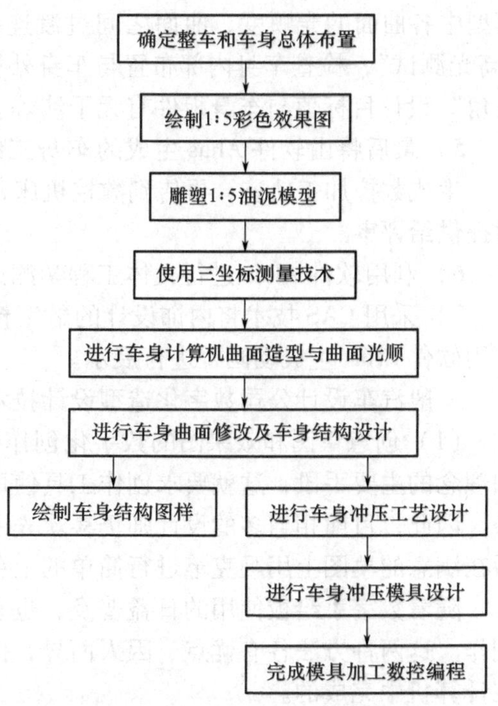

图8-2　计算机辅助汽车造型设计的基本步骤

数字化造型设计技术已经成熟地贯穿在汽车造型设计过程的各个阶段，其基本步骤如下：

1）首先根据整车总布置图或车身设计任务提取已知数据，在计算机上用Alias软件绘制三个投影面的特征线的线图。

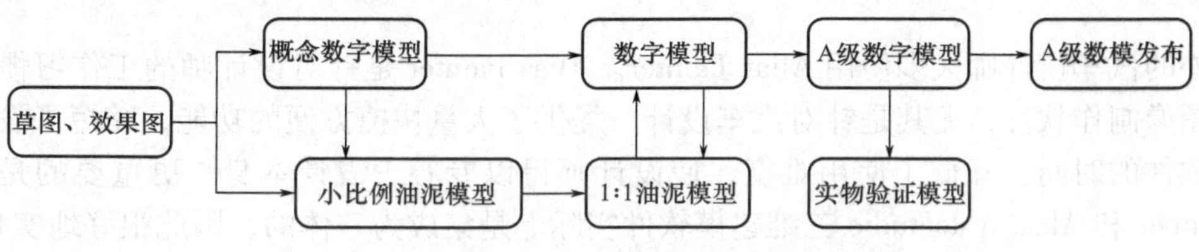

图8-3　汽车行业的主流造型开发流程

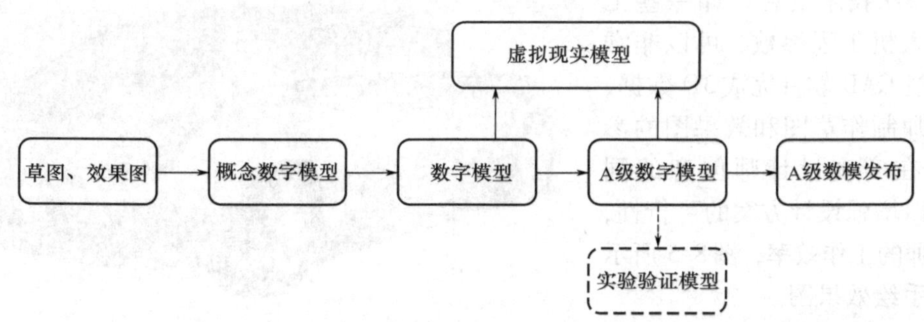

图8-4　理想的纯数字化开发流程

2）通过特征线生成车身外表面的曲面。

3）利用数据库中的车轮、后视镜等零件模型建立整车数字模型。

4）利用软件Alias将数字模型赋予材质、灯光，并进行渲染输出。在此基础上对数字模型中各曲面的光顺度、曲面之间过渡连接曲率等做些适当的调整。也可利用计算机进行“高光测试”，检查车身内部布置与车身外板有无几何干涉，以及汽车的“接近角”和“离去角”设计目标值与车身板件有无干涉等。

5）最后将由软件 Alias 生成的车身三维数字模型数据传到 CATIA 或 UG 等三维造型软件，生成数控加工轨迹，再传到数控机床，加工车身表面1:1 的软模型，并经人工抛光上色后提供给评审。

6）利用软件 Alias 进行人体工程学测试，包括驾驶员的视野等，进行整车内饰设计。

7）采用 CAS 技术将内饰设计的数字模型与车身外形数字模型在计算机中整合为一体，并用软件 Alias 生成动画，进行展示。

一般汽车设计公司数字化造型设计技术的关键环节如下：

（1）创意草图和效果图的数字化创作技术　草图和效果图是设计师快速表达设计思想和理念的主要手段，这就要求创作工具使用方便、快捷，而且能随时随地随意流畅地勾画线条。因此，目前相当多的设计师仍喜欢先用铅笔在纸上进行草图设计，反复勾画许多张，然后在满意的草图上用马克笔进行简单的上色处理。

随着数字手绘板使用的日益普及，也有不少设计师愿意直接在计算机中用绘图软件进行创作。这两种方法各有优点、因人而异，但是，一般用于评审方案的高质量渲染效果图都是在计算机中完成的。

目前绘图软件的种类有很多，其中常用的是 Photoshop、Alias Painter。国内设计师大多使用的是 Photoshop，这是因为在大学工业设计教学和一般计算机绘图软件的普及培训中，由于针对的是工业设计基础教育和图片处理，因此 Photoshop 应用较多，其长处在于图像处理。

国外的汽车设计师大多使用 Alias Painter。Alias Painter 是针对设计师的工作习惯而专门开发的图像制作软件，尤其是针对汽车设计，提供了大量快捷方便的功能，缩短了设计师学习使用软件的时间，降低了使用难度，使设计师得以专心于设计本身。更重要的是，由于 Alias Painter 和 Alias AutoStudio 三维建模软件实际上是集成为一体的，因此很好地实现了 2D 与 3D 的衔接，甚至提供了 2D 技术与 3D 技术的交融使用。这使得设计师在 2D 阶段就能获得很好的 3D 技术支持，如一些工程条件和人机工程参数，可以非常方便地通过 CAD 软件完成 3D 数据，作为设计师制作草图和效果图的参考意见。在实现设计师创意的同时，又可以增强设计方案的可行性，提高设计师的工作效率，图 8-5 所示为计算机手绘效果图。

图 8-5　计算机手绘效果图

（2）3D 数字建模技术　当设计师完成了大量的方案草图后，一般选择其中的几个草图进行模型制作。传统的制作模型方式一般是做小比例的油泥模型，同时借助胶带图、卡板和高度尺等手段。而现代方法一般是先完成一个或多个概念数模，只制作设计的主要曲线和大面，而对细节不作深入处理，这样可以提高设计速度，然后利用概念模型数控加工出多个小比例油泥模型，供模型师进行方案的调整与进一步创作，这就是所谓的“正向设计”。当油泥模型师在油泥模型上完成方案的修改后，可以用三坐标测量仪将油泥模型表面的数据扫描到计算机中，得到模型的点云数据，再经数字化设计完成数字模型的调整，这就是所谓的“逆向设计”。

正向设计和逆向设计都要求使用的软件能够提供丰富的建面手段和快捷的操作方式，这一领域的3D软件也有很多，但汽车行业主要采用的是Alias的AutoStudio。该软件自20世纪90年代初即成为汽车设计的高端建模软件，目前几乎是各大汽车公司的必备软件。Autostudio采用Nurbs曲面建模，提供了多达20种的建面方式，而且提供了丰富的曲面质量评估工具，使得设计师得以快速开发高质量的复杂汽车曲面模型。图8-6所示为某车型的概念数字模型。

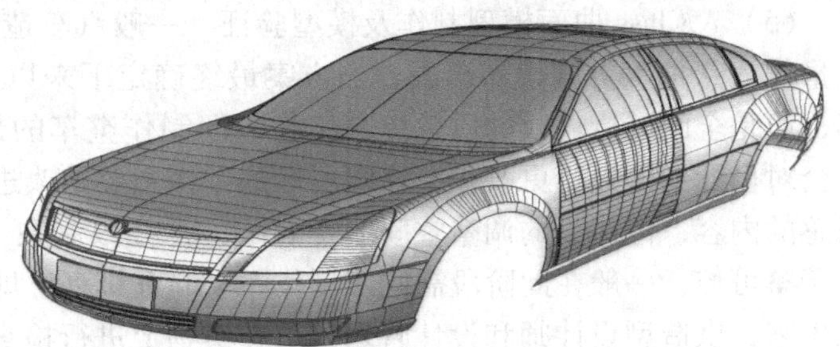

图8-6　概念数字模型

（3）数字模型的展示技术　相对于实物模型的立体感和随时可触摸性，如何评估显示在屏幕上的数字模型成为数字技术能否在设计过程中成功应用的关键。目前常用的展示数字模型的方式有中、高级可视化及虚拟现实技术。

1）中级可视化MRV（Middle Range Visualization）。在数字模型的设计过程中，借助预设的材质库，将材质信息赋给曲面，然后利用CAS软件本身的硬件渲染功能对模型进行实时渲染。MRV得到的图像质量虽然不是最佳的，但其速度快，基本上可以与建模同步，对保证设计进程很有价值。若要充分展示设计方案的最佳效果，还需要高级可视化。

2）高级可视化HEV（High End Visualization）。通过一些高端的渲染手段，如Mental Ray等对数模进行渲染，加上后期的环境、灯光等二次处理，可以使数字模型展示达到极其逼真的程度，制作出高清的精细渲染图。

3）虚拟现实技术。目前在国内应用最多的是RTT DeltaGen和Autodesk Showcase。移动虚拟现实MVR（Mobile Virtual Reality）是当前世界各大汽车公司高级数字模型展示的尖端技术，通过强大的软、硬件能力，将数字模型转换为栩栩如生的“实物”，展现给用户，使用户感受到“真实”的汽车，这将显著缩短整个开发流程、降低开发成本。图8-7所示为某车型的数字模型的可视化。

图8-7　数字模型的可视化

（4）数字模型与实物模型的交互　如前所述，目前的汽车造型设计过程还是实物手段和数字手段并行，因此，如何很好地实现实物技术和数字技术的密切交互是关键所在。从实物模型转换为数字模型，一般通过三坐标测量仪采用3D数模扫描手段实现。接触式探头的逐点扫描多用于扫描一些特征线，其扫描效率较低。照相式的扫描因可以扫描整个面而使用广泛。扫描仪可以分若干块将整个模型的表面数据扫描下来，经整理拼成一部整车的表面点云数据。

获得点云数据可以通过 PolyWorks、Imageware 等点云处理软件，生成 Polygon 模型或 Nurbs 模型，或者在 Alias 中依据点云数据直接生成 Nurbs 曲面。利用 Alias 生成的曲面可以由数控机床对油泥进行切削而加工出来，或用快速程序技术制作各种样件，使得数字模型物理化，方便造型设计方案的评审和交流。

（5）A Class 曲面模型制作及模型验证　一般汽车造型设计数据的最终发布都是以最高质量的 A 级曲面方式发布出去，当方案最终确定下来以后，就不再利用油泥模型来推敲方案，而是全面进行数模的质量提高工作，即制作整车的最终 A 级曲面。在这段期间内一般不会对设计主体进行更改，设计师所做的工作主要是改进面的光顺、间隙和面差等影响表面质感的内容，但曲面的调整空间非常有限，往往限制在 1mm 范围以内。为了确保这种精细的调整可控，一般在此阶段需同步制作一个验证模型，即设计师完成的所有修改都要及时加工出来，供造型设计师和设计管理人员在实物上进行检查确认。

（6）数据管理及异地协同　数模的构建可以由设计师在计算机上独立完成，但现在的汽车设计环境是团队化合作，以实现数字模型数据的及时共享，保证数字化开发流程的顺利运作。因此，很多 PLM 软件供应商开发专门的工具来进行工程数据管理，其中比较突出的就是 Simens PLM Software 的 TeamCenter 软件。该软件可以提供强大的安全网络服务，将所有开发信息集成在同一网络环境中，设计师、模型师、工程师和设计管理人员等都可以随时使用这些信息进行协同开发。TeamCenter 还提供了 AppShare 等手段，使得全球合作成为简单易行的工作方式。

数字化造型设计的基本过程大都一样，各公司的细节略有不同，图 8-8 所示为德国保时捷公司的 CAS 过程。

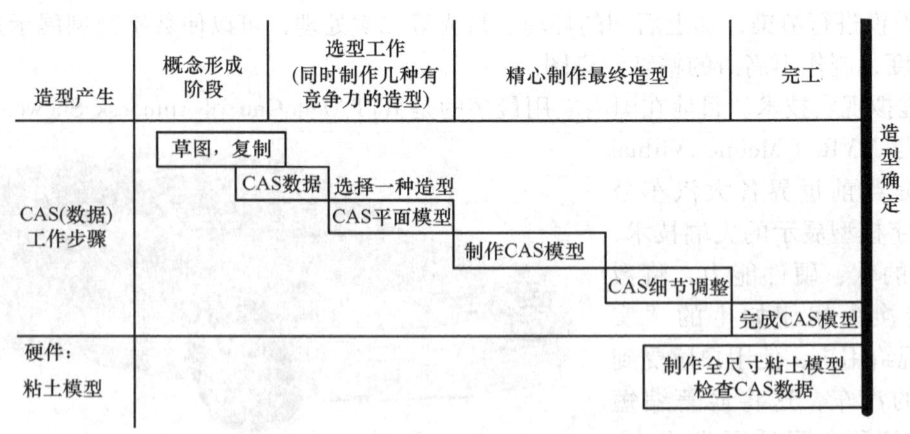

图 8-8　德国保时捷公司的 CAS 过程

第三节　数字化汽车仿真分析

仿真（Simulation）是指利用物理模型或数学模型来模仿实际系统，代替实际系统进行试验或研究已经存在的或正在设计中的系统性能的方法和技术。仿真可以再现系统的状态、动态特性以及性能特征，可以用于分析系统匹配是否合理、性能是否满足要求以及预测系统的特性，为系统设计提供依据。

仿真遵循的基本原则是相似原理，即几何相似及数学相似。依据这个原理，可将仿真分为物理仿真和数学仿真，数学仿真又可分为模拟计算机仿真和数字计算机仿真。物理仿真就是应用几何相似原理，对实际存在的系统进行试验，或制作一个与实际系统相似但几何尺寸较小的物理模型进行试验，研究其系统性能；数学仿真就是应用数学相似原理，建立数学模型来替代实际系统在计算机上进行试验研究，以获得实际系统的性能和规律。由此可知，仿真就模型而言，有的是物理的，有的是数学的，也有的是两者结合。仿真既可以应用于系统研发方面，也可以应用于系统应用中。仿真技术是以控制论、系统论、相似原理和信息技术为基础，以计算机、仿真软件等为工具的一门多学科的综合性技术。

根据交互方式的不同，可以将仿真分为非交互式仿真和交互式仿真两种类型。非交互式仿真只能表现系统的一种或几种状态，不能任意改变参数；交互式仿真则可以根据用户输入的参数实时表现系统的各种状态。

根据系统状态变化是否连续，可以将仿真分为连续系统仿真和离散事件系统仿真。连续系统是指系统模型中的状态变量是连续变化的，其模型可表示为微分方程的形式；离散事件系统是指系统模型中的状态变化只在某些离散时刻由于某种因素而发生变化，其模型不能表示为方程式的形式，而只能用一组逻辑条件或流程图来表示。

目前，数字化仿真技术广泛应用于工业产品的研究、设计、开发、测试、生产、使用及维护等各个环节。随着数字仿真技术的发展，仿真产业已经成为具有相当规模的新型产业，并广泛应用于国防、能源、电力、交通、物流、航空航天、工业制造、生物医学、石油化工、船舶、汽车及电子产品等领域，已成为现代产品开发中不可缺少的重要支撑技术和手段。仿真技术可以大大缩短产品自主创新的周期，随着我国自主创新步伐的加快，仿真技术将从自主创新比较密集的航空航天、汽车、石油化工等行业逐步推广至其他行业和中小企业，尤其是制造业中，只要存在自主创新的领域都会运用数字仿真技术。

汽车数字仿真技术是仿真技术在汽车领域里的应用和推广，通过对车、人、路况的模拟，可以预测汽车的使用寿命、零部件的磨损和总成的疲劳寿命、机构及系统的匹配和性能、汽车的主被动安全试验等。这种虚拟的试验及仿真与物理试验相比，不仅可以缩短时间、节省成本，而且分析预测准确，能够为汽车及系统、总成设计提供科学依据。目前，我国汽车数字化仿真工作在新车开发、虚拟样机、虚拟试验、汽车整车性能分析等方面已非常深入。综合而言，数字化仿真技术具有以下优势：

（1）可缩短产品开发周期　传统的产品开发遵循设计、制造、样机、试验一条线式的串行开发模式。应用计算机仿真技术，可以在方案设计阶段即对多个方案进行模拟分析，迅速确定最佳方案；在图样设计阶段可以通过模拟仿真，对结构、参数是否适合产品综合性能要求进行验证；还可以通过虚拟样机进行工艺试验及模拟装配，以便早在设计阶段就能发现并解决在工艺设计及加工制造过程中可能发生的问题。现在产品的设计已经采用并行工程。

（2）可提高产品设计质量　现代产品开发以追求产品全生命周期的综合性能最佳为核心准则，强调“最优设计”。产品在其全生命周期内可能会遇到各种各样复杂的工作环境和状况，而且这些复杂的工作环境和状况往往是人工难以准确复现的，只有应用计算机模拟仿真技术，才可以最大限度地模拟、模仿产品的实际工作环境，尽可能客观地复现机构的工作状况，甚至可以在产品方案尚未确定之前就研究比较各方案在各种工作环境下的性能，从而保证所制订方案的综合性能为最优。

（3）可实现产品虚拟试验　航空航天、国防、交通等产品都需要做大量的试验验证，数字化仿真技术可以通过虚拟样机在计算机上模拟仿真，代替样机或模型进行虚拟试验。汽车虚拟道路试验可以模拟汽车实际行驶的各种工况，进行整车及系统、零部件的可靠性和耐久性试验。基于计算机软件的汽车安全性能仿真试验可以在虚拟环境下通过模拟仿真分析，减少实车碰撞试验的验证次数，甚至取消实车碰撞试验。

（4）可降低产品开发成本　由于产品开发周期的缩短、设计方案的最优选择、工艺设计与加工技术的并行、虚拟样机的虚拟试验等多个环节中节省的人力、物力，可以显著降低产品的开发成本。

（5）可完成复杂产品的操作培训　复杂产品或技术系统的操作控制必须进行严格的系统训练，若使用真实产品或系统进行训练，则费用昂贵且风险极大。采用数字化仿真技术，可以再现系统的实际工作过程，并可人为地制造各种故障，让受训人员进行处理，从而在虚拟现实环境中掌握系统的操作及控制，取得真实产品或系统难以达到的训练效果。

数字化仿真就是建立系统模型，并在计算机上对模型进行模拟、检验、修正、求解，使模型不断趋于完善的过程，其流程如图 8-9 所示。

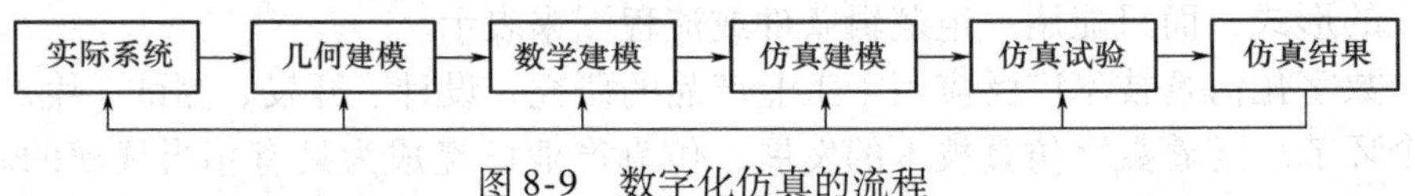

图 8-9　数字化仿真的流程

数字化仿真的基本步骤如下：

1）系统抽象。在试图求解问题以前，要充分分析对象定义系统。对一个系统的定义包括用明确的准则来描述系统目标以及是否达到目标的衡量标准、自由变量、约束条件、研究范围、研究环境。

2）系统建模。系统建模是仿真工作的基础，模型的质量和准确性决定了仿真结果的可信度和精度。首先把实际系统抽象简化为几何模型，然后根据系统模型的物理量关系和研究目标，用相应的数学形式建立数学建模描述现实系统，包括确定变量和参数以及它们之间的关系，确定模型的要素及约束条件等。

3）仿真模型。仿真模型就是将数学模型转换成计算机能够运行的计算程序。仿真模型可以采用高级语言编程用专用仿真语言。专用仿真语言的优点是易学易用，仿真功能强，有良好的诊断措施。仿真模型的合理严密程度影响仿真结果。

4）仿真试验。仿真试验是运行仿真程序、进行仿真研究的过程，是对所建立仿真模型进行数值试验和求解的过程。计算机仿真的目的是为了研究或再现已存在系统的特性，或者是对于尚未实现的系统进行预测和设计。因此，模型运行是一个动态的过程，要反复地运行，最终得到所需要的仿真结果。

5）仿真结果分析。由于仿真过程对实际系统进行了抽象简化，对约束条件和环境进行了假设，因此必须对仿真结果作全面细致的分析和论证，从仿真结果中提取有价值的信息，用以指导实际系统的开发和验证。现代仿真软件广泛应用了可视化技术，通过图形、图表、动画可以生动逼真地显示出被仿真对象的各种状态，使得仿真的结果直观、丰富、详尽。

目前数字化仿真技术应用在各行各业，其应用领域以及仿真对象不同，仿真分析方法、仿真软件与仿真结果的形式亦不同。

汽车领域应用的仿真软件有很多，根据研究对象不同，应用的仿真软件有运动学、动力学、流体传动、冲压成形、安全碰撞、电动汽车、混合动力汽车、热力学等。汽车领域的仿真技术主要集中在以下几个方面：

（1）汽车总成系统及机构的运动学分析与校核　汽车包括很多运动系统、总成及机构，它们的运动轨迹、空间都需要做相互干涉模拟检验，如车轮跳动轨迹、悬架导向机构运动、碰撞后安全气囊的展开、转向梯形的运动等，各机构及总成的运动实现、运动轨迹和空间是否精确将直接反映到汽车的设计与制造中。

目前研发企业利用仿真技术对汽车各运动部件和机构进行运动学分析与校核，如悬架杆系在车轮跳动过程中的干涉检查、四门两盖运动校核与开启间隙分析、刮水器运动校核、转向系统运动分析、门把手及门锁机构的运动学分析、车窗玻璃运动分析、滑移门运动分析、车轮罩轮廓、安全气囊展开、转向梯形的运动等，力求在样车试制前即发现问题并加以解决，确保样车试制的成功。

（2）机构调整与改进　在对机构进行运动学分析与校核过程中往往会发现一些问题，如运动关系不满足设计要求、运动件之间的间隙过小或存在运动干涉等。运用虚拟样机仿真技术可以发现问题，快速找出问题产生的原因并加以解决，因而可节省大量的试验费用，加快整个设计流程。

（3）为产品的强度及刚度分析提供载荷条件　在样车试制之前是不可能通过试验获取零部件及整车的载荷情况的，然而在汽车开发阶段又必须对所设计的车身、车架、总成壳体及零部件等进行强度和刚度分析。利用虚拟样机仿真技术可以使这些问题迎刃而解，建立仿真模型，通过计算机模拟汽车可能出现的危险工况，从而在虚拟样机中通过计算得到产品强度及刚度分析所需要的载荷条件。利用这种方法不仅能够及早准确地发现并解决产品强度、刚度存在的问题，而且减少了因需要反复试验所带来的设计成本。

（4）悬架系统及整车性能仿真分析　运用虚拟样机仿真技术对悬架系统及整车性能进行仿真分析，使得在设计阶段就可以对未来产品的性能进行预测。上海同捷公司利用仿真技术已经成功地对十几个开发车型的悬架系统性能以及整车的操纵稳定性进行了分析，形成了比较完善的分析方法和流程，为整车的顺利开发和实现预期设计目标提供了强有力的保证。

第四节　数字化汽车人机工程学分析

随着计算机辅助工业设计技术在工业设计领域的全面应用，人机工程学的研究不断进步和发展，在汽车制造领域得到了广泛的应用，已逐渐发展成为汽车工程学中的一个主要研究方向。过去，应用人机工程学理论进行汽车的数字化设计开发还处于起步阶段，人机工程学理论更多地被应用于设计后期的评估工作，尚未充分发挥其在设计过程中应有的指导作用。近年来，随着人们对汽车乘坐舒适性和安全性的要求越来越高，人车系统的研究也越来越深入细化。因此，计算机辅助人机设计技术和方法被广泛采用，数字化汽车人机工程学分析在汽车工程中的应用日渐成熟。

数字化人体标准数据库、三维人体数学模型以及一些人机设计系统、评估系统已成为数字化汽车人机工程学的重要内容。同时，数字化汽车人机工程学的研究主要体现在人机界面技术和虚拟仿真技术等方面。

一、数字化人机工程学

1. 人机工程学概述

人机工程学是一门多学科的交叉学科，它研究的核心问题是在不同的作业中人、机器及环境三者间的协调关系，其研究方法和评价手段涉及心理学、生理学、医学、人体测量学、美学和工程技术的多个领域，研究的目的则是通过各学科知识的应用，来指导工作器具、工作方式和工作环境的设计和改造，使得作业在效率、安全、健康、舒适等几个方面的特性得以提高。国际人类工效学学会（International Ergonomics Association，IEA）对人机工程学的定义是：人机工程学是研究人在某种工作环境中的解剖学、生理学和心理学等方面的各种因素；研究人和机器及环境的相互作用；研究在工作中、家庭生活中和休假时怎样统一考虑工作效率、人的健康、安全和舒适等问题的学科。

人机工程学的研究对象是人-机-环境系统，简称人机系统。广义而言，影响人机系统的环境条件，如作业空间及场所、物理及化学环境等也属于“机”的范围，只是为了研究的方便，才将环境单独分列出来称为人-机-环境系统，如图 8-10 所示。这里的“人”是指作为主体工作的人；“机”是对人所控制的一切对象的总称；“环境”是指人、机器共处的特殊条件，它既包括物理及化学因素的效应，也包括社会因素的影响。人、机、环境是人-机-环境系统的三大要素，因此，人机工程学既要研究人-机-环境系统的各个组成部分的属性，更要着重研究人-机-环境系统的总体属性，以及人、机、环境之间的相互关系的规律。

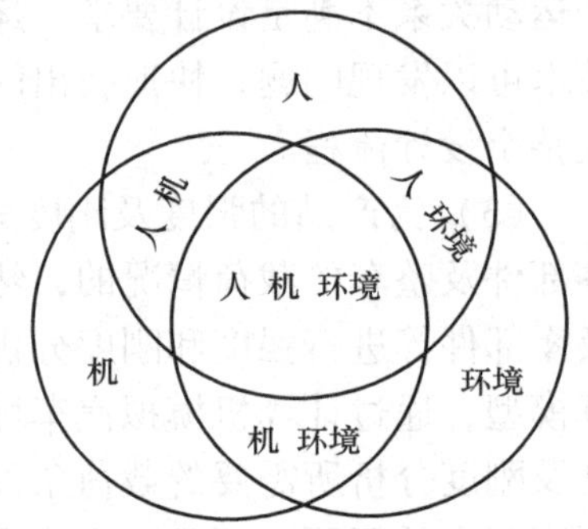

图 8-10 人-机-环境系统的构成示意图

在汽车设计中人机工程学称为车辆人机工程学，它是以改善驾驶员的劳动条件和车内人员的舒适性为核心，以人的安全、健康、舒适为目标，力求使整个系统的总体性能达到最优。

车辆人机工程学应用人体测量学、人体力学、劳动生理学、劳动心理学等学科的研究方法对人体结构特征和机能特征进行研究，提供人体各部位的尺寸、体表面积、密度、重心以及人体各部位在活动时的相互关系及范围等人体结构特征参数；还提供人体各部位的受力范围、活动范围、动作速度、动作频率等人体机能特征参数，分析人的视觉、听觉、触觉等感觉器官的机能特性。

2. 人机工程学的研究内容

人机工程学的主要研究内容可以概括如下：

1）机器系统中直接由人操作或使用的部件应设计成便于操作者有效地使用，以保证人机系统的工作效能达到最优。

2）从保证人的安全、健康、舒适和高工作效率出发，提出环境控制和安全保护装置的设计要求与数据。

3）人机系统总体设计的最优化。

3. 数字化人机工程学的内容

（1）人机工程咨询系统　人机工程咨询系统可以提供各种国别、年龄、性别、百分位的人体测量学数据。基于人体测量技术建立起来的人体数据咨询系统软件已有许多，如英国Open Ergonomics公司开发的PeopleSize系统、美国的Deneb和Transom公司开发的ERGO和Jack人体模型系统等。

PeopleSize2000人体数据咨询系统如图8-11所示，它可以提供包括英国儿童（自出生起）、成年人以及其他一些国家的人体尺寸，其中还有部分中国人的人体尺寸（18～45岁）。这些数据是英国有关研究部门在1994～1995年间通过测量一万多个样本得到的，这些样本基本覆盖了英国的各个阶层，其数据包括人体全身尺寸、头部尺寸、手部尺寸、足部尺寸等。

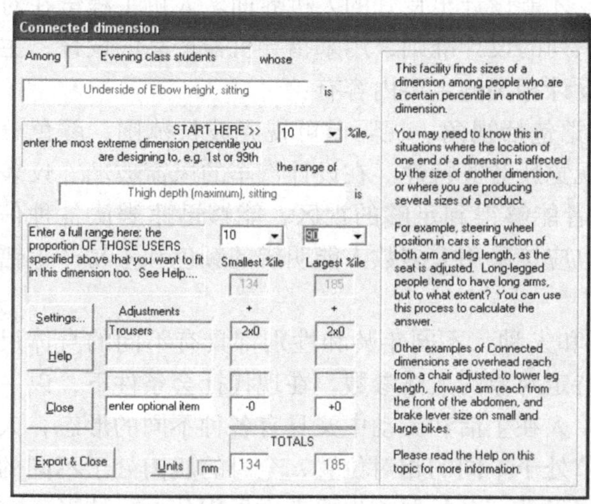

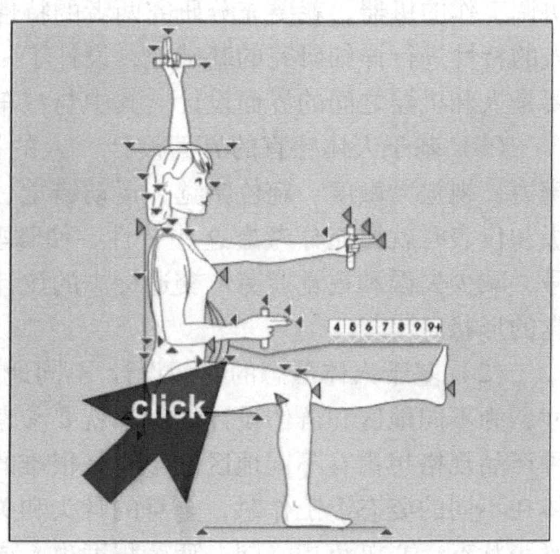

图8-11　PeopleSize2000人体数据咨询系统

Transom Jack人体模型系统包括了世界范围内大部分人体测量学数据，并且具有开放式接口。与PeopleSize不同的是，Jack是三维人体模型。

（2）人机工程仿真系统　人机工程仿真系统通过构筑出虚拟环境和任务，利用人体模型进行动态的人机工程动作及任务仿真，以满足不同人机工程应用分析的要求，实现与CAD、CAE软件的集成。

此类系统可以按要求构造出虚拟环境，然后分别从生理学、运动学等方面对人体的各种工作方式进行模拟，如图8-12所示。虚拟人体模型的基本动作包括头部运动、抓举、触摸、行走、坐姿、弯腰、后倾、搬运、负荷、视域等。

图8-12　Transom Jack人体仿真系统

仿真系统往往与评价系统结合在一起，当人体模型在虚拟环境下做出某种动作时，有关的生理或运动性能指标就以图表等形式显示出来，并可以给出评价参数。

（3）人机工程评价系统　人机工程评价系统通过嵌入人机工程评价标准，基于运动学、生理学等模拟人的使用方式，实现工作任务仿真中的实时人体性能分析。

常用的评价体系包括可视度评价、可及度评价、力和力矩评价系统、脊柱受力分析、舒适度分析、疲劳分析、背部评价、举力评价、能量消耗与恢复评价、姿势预测、决策时间标准、静态施力评价等。

4. 人机工程学在汽车设计中的应用

在驾驶员-车辆-环境系统中，驾驶员是人机工程学研究的核心对象。随着汽车用途的日益扩大、形态的多样化、整车功率和行驶速度的不断提高以及道路、交通环境和交通条件的复杂化，驾驶员的工作越来越繁重、复杂，因而对改善驾驶员劳动条件的要求越来越迫切，这就使得车辆设计和使用人机工程学的重要性更为突出。

人与机器共同工作时，人有人的特性，机器有机器的特性，要设计出能最大限度地与人协调工作的机器，就要充分研究两者的特性，才能设计出良好的人机界面。人机工程学在对人的特性进行详细研究的基础上，设计了一系列的设计准则，用来指导机器产品的设计，主要是人和机器之间的界面设计。其中与汽车设计相关的主要内容有：

（1）基于人体感官的界面设计　人的视觉包括视角、视野、可视光波长范围、颜色分辨力、视觉灵敏度、定位错觉、运动错觉、视觉疲劳等特性。在设计汽车的风窗玻璃、仪表板和仪表时就要充分考虑这些特性，使驾驶者能够得到足够的视区，能够迅速辨认各种信号，减少失误和视觉疲劳。交通标志的设计也应该采用大多数人能明辨的颜色和不易产生错觉的形状。

（2）基于人体形态的界面设计 不同地区和人种、不同年龄和性别都具有不同的身体尺寸，为不同地区和群体设计的汽车就要参考特定对象的人体参数，在现代社会条件下，以一种产品规格想占有不同地区的市场是很难的。人在生活和劳动中又具有各种不同的形态，人体在不同的姿态下工作时，全身的骨头和关节处于不同的相对位置，全身的肌肉处于不同的紧张状态，心脏负担不同，疲劳程度也不同。设计一台机器首先要考虑采用什么身体形态来操纵，选定姿态后还要考虑以最舒适的方式对人体进行支撑，并适当地布置被操作对象的位置，从而减少疲劳和误操作。例如，驾驶员在驾驶汽车的时候采用坐姿，其座椅的设计就要符合人体骨骼的最佳轮廓，仪表的布置应在易于看到的地方，操纵杆的位置要在人体四肢灵活运动的范围内。

（3）基于力特性的界面设计　人体在不同的姿态下，用力的疲劳程度不同，操纵机器所需的力量应该选择在对应姿态下不易引起疲劳的范围内。例如，转向助力器就是为了减轻操纵力而设计的。人体在不同姿态下的最大拉力、最大推力也不相同，例如，在坐姿下人腿的蹬力在过臀部水平线下方20°左右较大，操纵性也较好，所以制动踏板就安装在这个位置上。人体在不同的姿态使用不同的肌肉群进行工作，其动作的灵活性、速度和最高频率都不相同。例如，腿的反复伸缩具有较低的频率，而手指则可以用较高的频率进行敲击，因此，对应不同的操纵频率应采用不同的动作方式来完成。

（4）基于人脑特性的界面设计　人脑对事物的认识和反应有自己的特点，体现在人的行为和对外界的反应中。人喜欢用直觉处理事情，而不善于繁琐过程和精确的计算。对于协助人脑进行工作的计算机，如何进行人机界面的设计一直是一个热门论题。无论是从低级语言到高级语言，到面向对象、面向任务的编程方式的发展，还是图形终端、鼠标定位、窗口系统、多媒体、可视化、虚拟现实等方面的进展，都体现了这个主题。近年来，人工智能已经在汽车上应用，车载计算机可以协助驾驶者认路、换挡、避碰等。

二、数字化人体模型

在20世纪30年代，汽车设计师认识到舒适驾驶的重要性，在设计过程中开始考虑人机关系。设计师对人体尺寸进行了大量的测量统计，建立了人体尺寸数据库和各种人体设计模板。计算机应用普及之后，人体设计模板被输入到计算机中。随着计算机软硬件、图形和仿真技术突飞猛进的发展以及在航空、汽车和一般机械行业中对人机工程研究及应用的不断深入，设计师开始研发用于人机工程设计的数字人体模型。

以人体参数为基础建立的数字人体模型是描述人体形态和力学特征的有效工具，也是研究、分析、设计、评价人机系统不可缺少的测量和模拟分析工具。随着并行工程的应用，在概念设计阶段同时进行三维数字化人机工程设计是现代汽车设计的必然要求。

目前大约有150多个数字人体模型系统，其中具有代表性的人体模型系统见表8-1。

表8-1 人体模型系统

SAMM IE	Jack	SAFEW ORK
含有多种人体尺寸数据库，可生成任何百分位男女人体模型。18个关节、21个肢体段，有关节约束。有建模功能，可进行伸及分析、干涉检测和生成自眼点看到的视景	由宾夕法尼亚大学开发，包含SAE和U. S. Army数据库。68个关节、69个肢体段、135个自由度，有关节约束。有建模功能，可进行伸及和抓握分析，可实时碰撞探测，以视锥显示视野	由蒙特利尔大学和SAFEW ORK公司开发。包含U. S. Army人体数据，可生成5、50、95百分位男女人体模型，103个尺寸变量、100个身体段、148个自由度，有关节约束。可进行伸及分析、可碰撞探测、各种视野分析

1. 人体数据

人体尺寸决定了人体占据的几何空间和活动范围。人体模型必须能够体现人体的基本特性，包括人体尺寸和生物力学参数。

（1）人体尺寸　是人体测量学的研究内容，包括肢体尺寸（身高、坐高、臂长、腰围等）、特征点间的尺寸（两眼点间距、两胯点间距等）和功能尺寸（肢体活动范围和空间伸及范围）。

（2）生物力学参数　包括各部分肢体质量、质心位置、转动惯量、力等。为了记录和描述上述内容，许多国家都建立了适合不同要求的人体数据库。GB 10000—1988定义了我国成年人体尺寸基本数据。由于人群中的个体之间存在差异，某一个或几个人的尺寸不能作为产品设计的依据。产品设计应该使用反映具体群体统计特征的数据，如均值、标准差、百分位数等，它们可以通过从群体中抽取一定数量的个体作为样本进行测量和统计分析获得。近年来，随着非接触测量技术的发展，人体尺寸数据可由全身扫描仪方便地获取。

2. 数字人体模型原理

（1）内部模型　为了描述人体各肢体间的运动学关系，对人体肢体段数目、肢体长度和连接方式以及各关节自由度和转动范围进行定义，需要建立人体骨架模型。图8-13所示为 Man3D 系统定义的骨架模型，它采用了 56 个关节描述整个躯体，这些关节分别具有一、二或三个转动自由度。

(2) 外部模型　完整的人体模型必须能够建立形象的外表，有的人体模型采用椭圆形状定义特征截面。图 8-14 所示为 RAMSIS 的外部模型和特征截面，它采用 DIN33402 标准中的 Jenik-Bosch 三维人体模板的关节活动方式定义其骨架模型，采用肢体特征截面曲线定义其表面模型。复杂的人体模型采用网状特征点定义表面模型，根据特征截面或网格状特征点即可生成表面。由于人体是复杂的多关节形体，为了增强人体关节运动的真实性，还需要采用一定的变形算法，常用的有自由变形法、隐式曲面法、姿态空间变形法等。

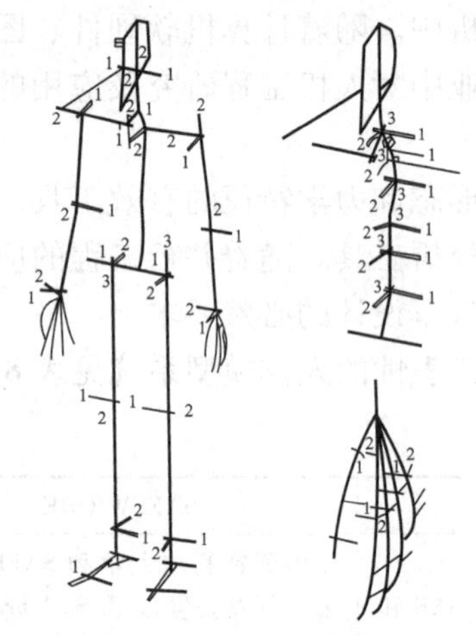

图 8-13　Man3D 系统定义的骨架模型

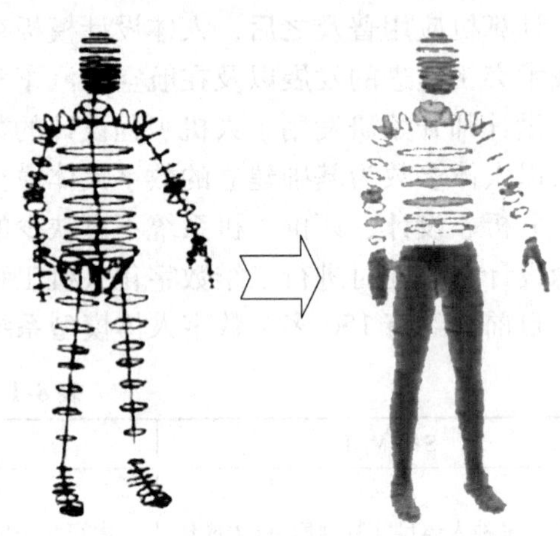

图 8-14　RAMSIS 的外部模型和特征截面

(3) 人机工程基本问题及求解　根据内部模型可建立任意关节间的运动关系。在此基础上可对最基本的人机工程问题进行求解，包括生成手伸及界面、工作区布置、视野分析和姿势预测等。

这里以姿势预测为例，给定一个空间点，计算身体各部位姿势，使人体某部位触及该点，就是典型的姿势预测问题。由于姿势预测问题常含有多余的自由度，利用传统反向运动学算法能得出很多符合条件的解，导致最终解不易选取，在实际应用中通常加入额外的边界条件。为了保证算法的稳健性，通常采用以下求解步骤：

1) 建立肢体运动学模型，即骨架模型。

2) 生成操作界面，并判断给定点可及性，若给定点可伸及才继续进行姿势求解。

3) 建立代价函数。肢体的最终姿势与其初始状态有关，在伸及过程中可采用能量消耗最少等代价函数作为优化目标，从初始位置驱动肢体。

4) 进行迭代运算。通过代价函数控制迭代方向，驱动肢体朝着目标点运动。

(4) 人体姿势控制　在实际应用中，常需将人体设定成对应于工作内容的特定姿势，并对舒适性进行评价，可通过控制关节在某些自由度上的转角来实现。例如，SAFEWORK 就可通过改变关节角度和活动范围对姿势进行控制，如图 8-15 所示，但是采用改变关节角度值来控制姿势比较困难。SAMMIE 可将有用的姿势定义成一组关节角度集合，并存放在数据库中供使用。Man3D 系统也将姿势存储为关节角度文件供调用，还可将常用姿势定义成

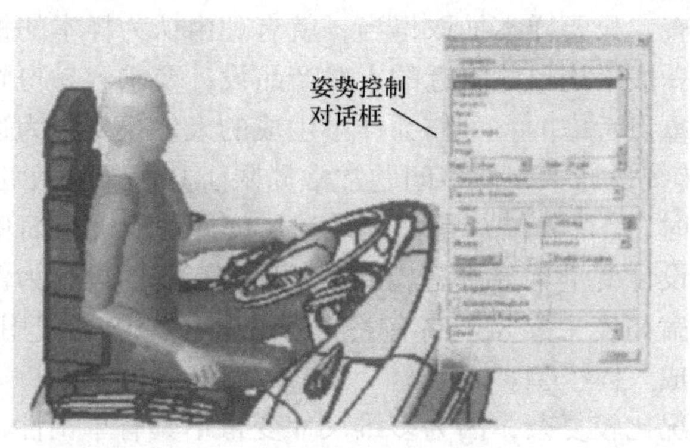

图 8-15　SAFEWORK 人体模型姿势控制

为标准姿势存放于数据库中，便于重复使用。此外，借助正向和反向运动学来操纵肢体也能快速定位姿势。

3. 数字人体模型在汽车设计中的应用

先进的数字人体模型系统已集成了运动学、动力学、生物力学等学科的知识，可进行操作和活动舒适性、伸及性、视野性、空间布置及操作力等方面的分析，并能对操作姿势和活动过程进行模拟。在汽车设计中主要根据车辆人机工程学原理进行驾驶员和乘客布置设计、驾驶员视野分析、操纵件伸及性分析、舒适姿势预测及评价、布置空间分析、进出方便性分析、发动机罩和行李箱盖的开启方便性检查等。

（1）定位和姿势预测　为了使室内布置结果能够减轻驾驶和乘坐的疲劳程度，设计中必须满足人体舒适姿势要求，这是布置人体和座椅设计的依据。人体驾驶和乘坐的舒适和疲劳程度与设计中根据人体关节角度确定的姿势有关。因此，可根据舒适关节角度将各种身材的人体模型定位，再评价其视野、伸及性、舒适性等，这些都可借助三维数字人体模型快速完成。

目前的姿势预测模型通常都是建立在“人体尺寸是决定乘员适应性的主要因素”的假设基础上，近年的研究发现，乘员坐姿同时受人体尺寸和姿势的影响。大多数姿势变量可用于描述驾驶员偏爱的活动范围，它们与人体尺寸变量无关，在用于描述目标驾驶员群体特征时非常重要，但姿势因素在基于人体尺寸的姿势预测模型中常被忽略。

尽管数字人体模型具有很强的功能，但由于它与现在使用的一些布置方法如眼椭圆等 SAE 推荐布置方法无法紧密结合，因而其应用受到一定限制。

（2）基于设计任务的视野分析　车辆设计必须在概念设计阶段就对汽车视野性能进行详细分析。驾驶员视野分为直接视野和间接视野两部分。直接视野包括仪表视野、前方地面视野、前方上视野等内容；间接视野是借助后视镜观察到的视野，对安全性具有重要意义。

为了便于反复使用，通常将各种视野设计内容定义成不同的任务，每个任务使用的人体模型和眼睛位置各不相同。例如：分析 A 立柱盲区，需要使用 5 百分位女子人体模型；分析前方上视野状况，则需要使用 95 百分位男子人体模型。

（3）人机工程分析中的样本生成技术　产品设计通常要满足使用群体中的大多数使用者要求，能满足的使用者人数占群体人数的百分比称为适应度，它是产品设计的一项重要指标。但是，若要检查产品对于群体中的每个人是否适合很难做到。通常抽取一定数量的样本，对其适应性进行检查，只要样本抽取得当，就有理由认为样本的检查结果能以一定的概率反映群体的适应性。一般平均尺寸附近的人对产品设计要求容易得到满足；处于尺寸分布边缘的人是设计中需要重点考虑的，可作为样本生成的人体模型称为边缘人体模型。

1）百分位法。在传统设计中，许多问题常常局限于从一维角度出发，将设计问题与一维尺寸变量相联系。此时，“百分位”是把握设计尺度即适应度最简单有效的办法，但它要求对与设计问题相关的设计变量十分清楚。以轿车顶盖高度的设计为例，当乘坐参考点和设计躯干角度确定后，顶盖高度主要与坐高有关。为了适合95%的使用者要求，可使用95百分位男子坐高尺寸来生成人体模型。

多维设计问题的情况比较复杂，因为多维尺寸变量不具有单调性，更不易与百分位概念建立直接联系。整个人群的适应度虽可通过相关肢体尺寸变量的多维分布情况计算，但由于肢体尺寸的相关性，使得整个设计问题的适应度通常小于容纳肢体尺寸的百分位数。

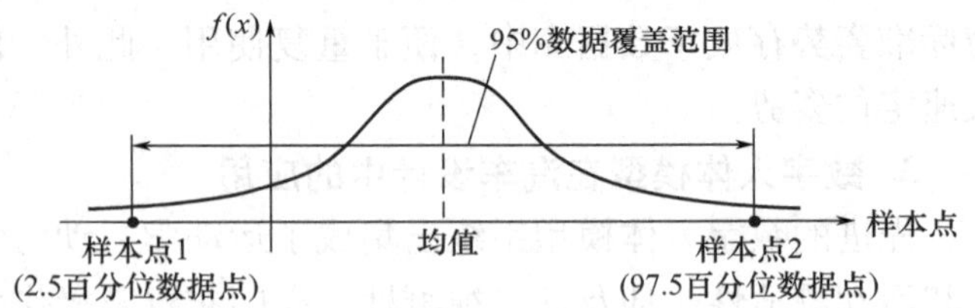

图 8-16　一维正态数据分布样本点（适应度为95%）

2）中心区域边界法。对于双边设计问题，如果多维设计变量符合正态分布，则可采用中心区域法来产生样本。在一维情况下，肢体尺寸数据分布主要集中在均值附近，则样本位于数据集中区域的边缘，具体情况视所需适应度而定。图8-16所示为适应度为95%的一维正态数据分布样本点。

多维肢体尺寸的变量数据分布图形呈超椭球状，而二维情况为椭圆。超椭球面需根据适应度确定，其样本位于超椭球的边界上，此时在中心区域的边界上存在无数满足要求的样本。可将超椭球面近似为多面体，取顶点处的个体作为样本，还可以采用主成分分析等技术在椭球面上选取样本。图8-17所示为驾驶员眼睛位置在车辆坐标系 xOz 视图方向的分布图形和适应度为95%的数据分布边界椭圆。采用PCA方法可找到椭圆的主轴方向，主轴与椭圆的交点可作为样本；同时，在交点间的轮廓上均匀选若干点也可作为样本，这些样本也可用作视野分析。

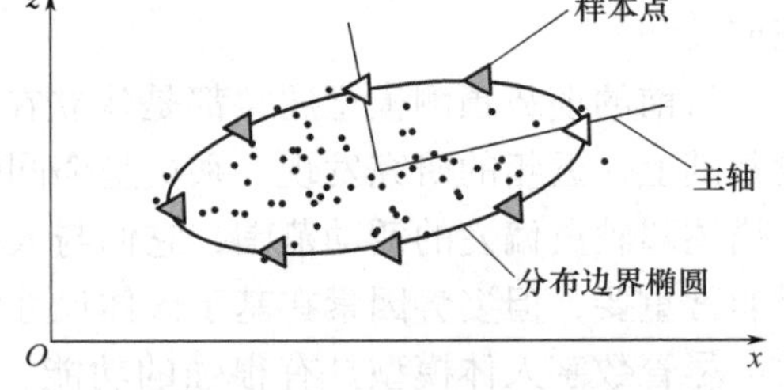

图 8-17　驾驶员眼睛位置分布和样本选取

4. 边缘人体模型技术的不足

近年来的理论分析和实验研究表明，边缘人体模型技术存在一定的不足，最主要的是根据它产生的样本往往不能覆盖足够的目标群体百分比。例如：美国密歇根大学交通研究所的研究人员发现，确定驾驶员座椅调节范围时，5百分位女子和95百分位男子平均座椅位置之间的距离要比根据男女驾驶员群体各自座椅位置分布计算得到的水平范围短，因此，采用5百分位女子和95百分位男子作为样本设计的调节范围要小。

虚拟现实与多媒体技术的发展改善了在虚拟产品设计中人与计算机的交互方式，使得汽车设计能够以更自然、更直观、更方便的人机交互形式实现。在现代先进的虚拟人机工程学设计中，设计人员在具有全交互性的设计环境下，利用数据头盔、数据手套、操纵杆、三维位置跟踪器等装置，将视觉、听觉、触觉、舒适度感觉等与虚拟概念产品模型相连，可实时对虚拟产品设计过程进行检查和评估。同时，设计人员将设计与虚拟人机工程学评价系统相连，可实时地对各种人机关系进行修改和评价，并能修改虚拟模型等。

良好的虚拟人机工程的应用，归根结底依赖于完善的数字人体模型系统。目前，数字人体模型还无法和基于统计学的布置工具如眼椭圆等建立直接的联系，因此使得其适应度难以把握。此外，姿势预测和舒适度评价等基本问题还有待于进一步研究。

第九章 绿色设计

绿色设计在现代化的今天不仅仅是一句时髦的口号，而是切切实实关系到每一个人的切身利益的事。绿色设计着眼于人与自然的生态平衡关系，在设计过程的每一个决策中都充分考虑到环境效益，尽量减少对环境的破坏。

绿色设计的思想引导汽车工业走上绿色制造的道路。绿色制造主要是指采用材料替代、工艺改革、装备改造、水循环、废物回收再生、节能技术、资源综合利用、改进产品设计等方面的具体措施来达到生产过程中的污染物排放最少量、能源及资源消耗最低化的目的。绿色制造是将整体预防的环境战略持续应用于生产过程、产品和服务中，以增加生态效率和减少人类生存环境的风险。绿色制造可以理解为工业发展的一种目标模式，即利用绿色的能源或原材料，采用绿色的生产工艺技术，生产出绿色的产品。绿色制造是绿色设计思想在其生产中的具体应用。

将绿色设计应用于汽车工业，国外的研究机构和汽车制造商进行了许多实践。同时，众多汽车制造商都将提高报废汽车回收利用率的努力立足于产品开发阶段，并始终贯穿于生命周期的整个阶段。例如，沃尔沃公司积极与其他汽车制造商以及拆解、破碎和回收利用设备生产公司合作，优化拆解流程，控制有毒有害物质的流失，提高报废汽车的回收利用率；梅赛德斯-奔驰公司通过减量化设计提高了其S级轿车的回收利用率；日产公司在可拆解性设计方面的经验表明，通过对其汽车产品进行结构改进，使零部件更易于拆解，使报废汽车的回收利用率从50%提高到85%。

第一节 概 述

绿色设计是20世纪80年代末出现的一股国际设计潮流，它源自于人们对发达国家在工业化过程中，对资源浪费和环境污染的反思以及对生态规律认识的深化，是传统设计理论与方法的发展与创新。在漫长的人类设计史中，工业设计在为人类创造了现代生活方式和生活环境的同时，也加速了资源及能源的消耗，并对地球的生态平衡造成了极大的破坏。特别是工业设计的过度商业化，使设计成了鼓励人们无节制消费的重要介质，“有计划的商品废止制”就是这种现象的极端表现。无怪乎人们称“广告设计”和“工业设计”是鼓吹人们消费的罪魁祸首，招致了许多的批评和责难。正是在这种背景下，设计师不得不重新思考工业设计师的职责和作用，绿色设计也就应运而生了。

一、绿色设计的概念及内容

1. 绿色设计的概念

绿色设计（Green Design）也称为生态设计（Ecological Design）、环境设计（Design for Environment）等。虽然叫法不同，但其内涵却是一致的。绿色设计是指在产品及其生命周期全过程的设计中，要充分考虑对资源和环境的影响。在充分考虑产品的功能、质量、开发周期和成本的同时，更要优化各种相关因素，使产品及其制造过程对环境的总体负影响减到最小，使产品的各项指标符合绿色环保的要求。

对工业设计而言，绿色设计的核心是“3R”，即“Reduce，Recycle，Reuse”，不仅要减少物质和能源的消耗，减少有害物质的排放，而且要使产品及零部件能够方便地分类回收并再生循环或重新利用。

绿色设计的基本思想是从源头抓起，将3R要求直接引入产品开发阶段，提倡无废物设计，避免或减少产品及其加工制造工艺对环境产生的副作用，从根本上防止污染、节约资源和能源。因此，绿色设计是对传统设计的补充和完善，传统设计只有在原有设计目标的基础上充分考虑环境属性，才能使所设计的产品满足绿色性能要求，具有市场竞争力。绿色设计与传统设计的比较见表9-1。

表9-1　绿色设计与传统设计比较

比较因素	绿色设计	传统设计
设计依据	依据环境效益和生态环境指标与产品的功能、性能、质量及成本要求来设计	依据用户对产品提出的功能、性能、质量及成本要求来设计
设计人员	要求设计人员在产品设计构思及设计阶段即必须考虑降低能耗、资源重复利用和保护生态环境	设计人员很少或没有考虑到有效的资源再生利用及对生态环境的影响
设计目的	为功能需求和环境而设计，满足可持续发展的要求	为功能需求而设计
设计工艺	在制造使用和回收过程中可拆卸、易回收，不产生毒副作用及保证产品的废弃物最少	在制造和使用过程中很少考虑产品回收或只是仅仅考虑有限的材料回收，使用完后就被废弃
产品	绿色产品或绿色标志产品	传统意义上的产品

2. 绿色设计的内容

（1）绿色产品的描述与建模　准确全面地描述绿色产品，建立系统的绿色产品评价模型是绿色设计的关键。例如，针对冰箱产品，已提出了绿色产品的评价指标体系、评价标准制订原则，利用模糊评价法对冰箱的“绿色程度”进行了评价，并开发了相应的评价工具。

（2）绿色设计的材料选择与管理　绿色设计要求产品设计人员改变传统的选材程序和步骤，选材时不仅要考虑产品的使用条件和性能，而且应考虑环境约束准则，同时必须了解材料对环境的影响，选用无毒、无污染材料及易回收、可重用、易降解材料。绿色设计对材料的要求也为材料科学的发展提出了新的挑战，即能提供或生产出适合绿色产品设计的绿色材料。

除了合理选材外，同时还应加强材料管理。绿色产品设计的材料管理包括两方面内容：一方面不能把含有有害成分与无害成分的材料混放在一起；另一方面，达到生命周期的产品其有用部分要充分回收利用，不可用部分要采用一定的工艺方法进行处理，使其对环境的影响降低到最低限度。

（3）产品的可回收性设计　可回收性设计是指在产品设计初期充分考虑其零件材料的回收可能性、回收价值大小、回收处理方法、回收处理结构工艺性等与回收性有关的一系列问题，最终达到零件材料资源与能源的最大利用，并对环境污染最小的一种设计思想和方法。可回收性设计包括以下几方面主要内容：①可回收材料及其标志；②可回收工艺与方法；③可回收性经济评价；④可回收性结构设计。

（4）产品的可拆卸性设计　可拆卸性是绿色产品设计的主要内容之一，它要求在产品设计的初级阶段就将可拆卸性作为结构设计的一个评价准则，使所设计的结构易于拆卸、维护方便，并在产品报废后可重用部分能充分有效地回收和重用，以达到节约资源和能源、保护环境的目的。可拆卸性要求在产品结构设计时改变传统的连接方式，代之以易于拆卸的连接方式。

（5）绿色产品的成本分析　绿色产品的成本分析与传统的成本分析不同。由于在产品设计初期就必须考虑产品的回收及再利用等性能，因此进行成本分析时，就必须考虑污染物的替代、产品拆卸、重复利用成本、特殊产品相应的环境成本等。对企业来说，是否支出环保费用，也会形成产品成本上的差异；同样的环境项目，在各国或地区间的实际费用也会形成企业间成本的差异。因此，在作每一个设计决策时都应进行绿色产品成本分析，以便设计出的产品“绿色程度”高且总体成本低。

（6）绿色设计数据库　绿色设计数据库是一个庞大而复杂的数据库，该数据库对绿色产品的设计过程起着举足轻重的作用。它应包括产品生命周期中与环境、经济等有关的一切数据，如材料成分、各种材料对环境的影响值、材料自然降解周期、人工降解时间、费用，在制造、装配、销售及使用过程中所产生的附加物数量及对环境的影响值，环境评估准则所需要的各种判断标准等。

二、绿色设计的方法

1. 模块化设计

在对一定范围内的不同功能或相同功能的不同性能、不同规格的产品进行功能分析的基础上，划分并设计出一系列功能模块，通过模块的选择和组合可以构成不同的产品，满足不同的需求。

模块化设计既可以很好地解决产品的品种规格、设计制造周期和生产成本之间的矛盾，又可为产品的快速更新换代、提高产品的质量、方便维修、有利于产品废弃后的拆卸及回收，以及为增强产品的竞争力提供必要条件。

2. 循环设计

循环设计即回收设计，就是实现广义回收所采用的手段或方法，即在进行产品设计时就充分考虑产品零部件及材料回收的可能性、回收价值的大小、回收处理方法、回收处理结构工艺性等与回收有关的一系列问题，以达到零部件及材料资源和能源的充分有效利用，是环境污染最小的一种设计思想和方法。

除此之外，还有组合设计、可拆卸设计、绿色包装设计等。

三、绿色设计的特征

绿色设计是在产品全生命周期内着重考虑产品的环保属性，并将其作为设计选型目标，在满足环保目标要求的同时，保证产品应有的功能、寿命、质量和经济性等。绿色设计是绿色制造的基础。有报告指出，设计费用仅占产品全部成本的5%，却决定80%～90%的产品生命周期的全部消耗。

绿色设计的主要特征包括以下几个方面：

（1）绿色设计是全产品生命周期设计　传统的产品生命周期包括从产品制造到投入使用的各个阶段，而绿色设计将产品的生命周期延伸到了产品使用结束后的回收重用及处理过程。这种生命周期的拓展使设计者能够在设计过程中，从宏观的角度来把握与产品有关的环境问题、材料的重复利用问题、废弃物的管理问题等。

（2）绿色设计是闭环设计　传统设计是一种开环设计，而绿色设计要求在产品生命周期的各个阶段，必须考虑并建立有效的反馈机制，即实现各个阶段的闭路循环。

（3）绿色设计是生态设计　在设计过程中分析和考虑产品的环境属性是绿色设计区别于传统设计的主要特征之一，因而绿色设计可以从源头上减少废弃物的产生，有利于保护环境和维护生态系统平衡。

（4）绿色设计是系统设计　绿色设计可以在产品的各个环节和各个层次上进行，是一种动态设计过程，如可回收性设计、清洁预防设计和价值设计等。

四、绿色设计的意义

（1）绿色设计是推动资源循环利用的关键　在传统的设计模式中，产品的最终状态是“废弃物”。产品设计只关心技术、功能、工艺和市场目标，至于产品使用后废弃物如何处理，则不在设计范畴。特别是在产品设计过程中，满足市场需求的观念导致了大量生产、大量消费和大量废弃局面的出现，而且产品产量越大，资源消耗越快，垃圾产生越多，生态环境系统负荷日益增加，造成了资源和环境的双重压力。资源存量和环境承载力的有限性难以维系社会的可持续发展，也增加了“末端治理”的成本和难度。

（2）绿色设计是节约资源和避免环境污染的起点　绿色设计运用生态系统理论，把资源节约和环境保护从消费终端前移至产品的开发设计阶段，从源头开始重视产品全生命周期可能给资源和环境带来的影响。即在产品设计时就充分考虑产品制造、销售、使用、报废回收、再利用和废弃处理等各个环节可能对环境造成的影响，对产品及其零部件的耐用性、再利用性、再制造性、加工过程的能耗以及最终处理难度等进行系统和综合的评价，将产品生命周期延伸到产品报废后的回收、再利用和最终处理等阶段。

第二节　汽车的绿色设计

汽车的绿色设计模式是一个综合考虑环境影响和资源消耗的现代设计制造模式，它是以人与自然的协调为基本出发点，实质上是人类社会可持续发展战略在现代汽车设计制造业中的体现。因此，从可持续发展的观念出发，依托现代科技手段，研究汽车产品的绿色设计，对节约资源和保护环境，推动社会、经济、环境的协调发展具有十分重要的现实意义。

所谓绿色汽车，是指节约能源、对环境污染极小或是零污染的汽车，即环保节能型汽车。绿色产品是绿色设计的最终体现，是产品绿色程度的载体。绿色设计应该是面向产品全生命周期的设计，是以节省资源和保护环境作为指导思想的一种新的工业设计方法。在设计汽车时，从材料的选择、汽车的结构功能、生产加工过程、汽车使用乃至废弃后的处理等，都必须考虑节省资源和保护环境这两个因素，实现资源利用率最大、废弃资源最小，最终达到环境污染最小的目的。

一、汽车产品的绿色设计思想

绿色设计理念十分先进，一个好的绿色设计理念有时甚至将颠覆原来整个的系统设计，对传统的产业链造成深远的影响。当今欧盟 RoHS 环保标准的实施就是很好的例证。但是，一般来讲，“绿色”都是要有代价的，它需要新材料的发现，新技术的应用，新标准的制定等，这些都需要巨大的投入。所以，推动绿色设计的原始动因往往不是人们的自动自发，而是形势所迫，不得已而为之的。最近的全球性能源短缺，尤其是石油供应的紧张及其相关问题的不确定性，让更多的国家不得不站在战略的高度上，严重关切汽车行业的绿色设计——节能汽车、新能源汽车的设计研发进程了。

绿色设计将越来越多地被工程师、OEM 厂商、供应商所提及，而在汽车设计领域，这种趋势尤甚。汽车的绿色设计可以体现在很多方面。例如，在节能减排上，降低汽车自重，降低油耗，减少尾气排放，体现在使用柴油、生物能源、混合动力等新的能源和动力系统；还包含了产品从创意、构思、原材料与工艺的无污染、无毒害选择到制造、使用以及废弃后的回收处理、再生利用等各个环节的设计，也就是包括产品的整个生命周期的设计。

在 2006 年 11 月底的洛杉矶车展上，通用公司推出一款绿色设计概念车——“悍马氧气”。这款悍马概念车包含一个充满海藻并可以释放氧气的车身，在停车时，车身可以像树叶一样展开，吸收阳光，它拥有铝制车体，由氢和燃料电池提供能量。据通用公司称，将来悍马生产线还将生产能够依赖可再生能源工作的生物燃料发动机。同时，其他几个汽车制造商也在车展上展示了他们的环保概念车。例如，丰田汽车公司的柳条座椅电力车；戴姆勒-克莱斯勒的豪华梅塞德斯-奔驰采用了可置换柴油车，并采用可轻松替代和循环的木制踏板。汽车厂商在技术上各有各的解决方案，更多的概念原创性尝试也在不断进行。

目前，奇瑞汽车、吉利汽车已实现了双燃料汽车、甲醇燃料汽车的开发，通过采用代用燃料来代替汽油和柴油，实现石油产品消耗的减少。上海通用公司推出了别克君越 Eco-Hybrid 油电混合动力车，这是国内目前推出的第一款中高档量产混合动力车型。而深圳比亚迪汽车和中信国安集团旗下的盟固利公司都各自在纯电池驱动的电动汽车研制上取得了突破，更是值得关注。

绿色设计是一种现代设计技术，一种“无公害、少公害化”的设计，所生产出的产品应该有利于人类的健康，有利于人类文明的进步，这是判定绿色设计的社会标准。在汽车的绿色设计方面，欧洲国家走在了世界的最前列。汽车的绿色设计与传统设计方法不同，它包括概念设计、生产工艺设计、使用乃至废弃后的回收、再利用及处理等内容，即进行汽车的全生命周期设计。图 9-1 所示为汽车绿色设计的流程。要从根本上防止污染，节约资源和能源，首先取决于设计，要在设计过程中考虑到产品及工艺对环境产生的副作用，并将其控制在最小范围之内，以致最终消除，这就是绿色汽车设计的基本思想。进行绿色设计涉及整个汽车产品生命周期的管理，它对汽车的生产技术有着更高的要求，而且也对造型设计提出了许多全新的课题。

绿色设计可以将污染和浪费在制造的源头加以限制。产品绿色设计应该能够充分利用资源，有较高的原材料利用率，产品应无害于人体的健康和生态环境，反之，就要受到淘汰和限制。另外，在设计过程中，还应该注意到生产的规模，它对原材料的利用率和污染物排放量的多寡以及经济效益具有直接的影响。例如，汽车制造企业废钢材回收的经济效益与造车

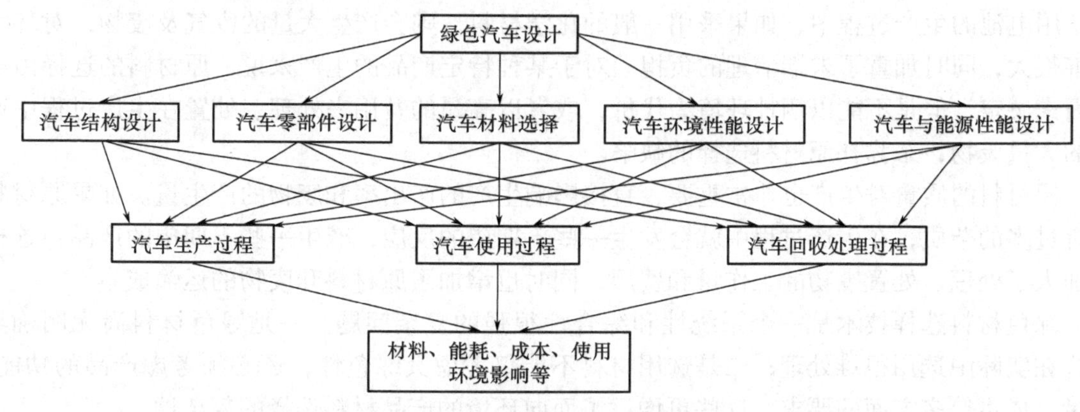

图 9-1　汽车绿色设计流程图

的规模密切相关，日产 100 台的造车厂为废钢材回收的最小规模，日产 400 台车和更大规模的造车厂才有可能产生废钢材回收的经济效益。

汽车绿色设计除了应考虑传统设计所要满足的产品技术功能目标和经济目标外，还需要处理好以下几个方面的问题：①汽车产品的原理设计与结构设计，要便于退役零部件的重用或补修，材料要综合利用，报废零件要便于材料分类处理；②合理使用原材料；③考虑汽车产品在使用过程中对环境的影响；④合理利用能源；⑤汽车产品制造工艺的合理性；⑥设计合理的产品包装材料；⑦不可再生废物的利用。

从能源角度设计电力或清洁燃料的汽车，并且在其设计、制造、销售、使用到报废回收再利用等过程的整个生命周期内，将环境性能作为设计目标和出发点，力求使汽车成为对生态和环境的影响最小、资源效率最高、能源消耗最低，在特定的技术标准下生产出来的绿色产品。因此，绿色汽车集新能源技术、高新材料技术、应用电子技术、环保技术、计算机技术和先进制造技术等现代高科技于一身，并成为无污染、健康、安全和节能的交通运输工具。

二、汽车的绿色设计

绿色设计的内容主要体现在产品的设计与开发上，大致分为三个方面：一是原始材料的选择与管理；二是产品部件的可拆卸性；三是产品的回收利用。

1. 汽车产品绿色设计的材料选用

汽车产品绿色设计是针对传统设计的种种不足而提出的全新的设计理念与方法，是将防止污染、保护资源的战略自觉地集成到产品的开发中，用具有环境意识的方式来设计汽车产品。汽车用绿色材料是汽车产品绿色设计的基础，虽然绿色材料不一定能构成绿色产品，但绿色汽车产品设计首先要选择汽车用绿色材料。因此，大力研究和开发汽车用绿色材料必然有助于推进绿色汽车产品的开发和推广。发展生产和保护环境是一对矛盾，只有将汽车产品进行绿色设计才能很好地解决这一矛盾，而选择绿色材料是汽车产业进行汽车产品绿色设计的首要任务。

绿色材料也被称为生态环境材料、环境意识材料或环境协调性材料。所谓环境协调性，是指对资源和能源消耗少，对环境污染小和循环再生利用率高。原材料准备是汽车产品生产过程的第一步，原材料的选择与生产过程中污染物的产生量有很大相关性。例如，在汽车行业车用电池的生产过程中，如果采用一般的化学材料，则会产生大量的废气及废物，对环境危害很大，同时加重了末端治理的负担。对于某种特定产品的生产来说，原材料的选择由多种因素决定，但是不能以牺牲环境为代价，或者以高昂的费用来处理、处置在生产过程中产生的大量废物，来弥补原材料选择的缺陷。

原材料的质量对生产也非常重要，直接影响生产的产出率和废物的产生量。如果原材料含有过多的杂质，在生产过程中就会发生一些不期望的反应，产生一些不期望的产品，这样既加大了处理、处置废物的工作量和费用，同时也增加了原材料和废物的运输成本。

绿色材料选择技术是一个系统性和综合性很强的复杂问题。一是绿色材料尚无明确界限，在实际中选用很难处理；二是选用材料不能仅考虑其绿色性，还必须考虑产品的功能、质量、成本等多方面的要求，这些更增添了面向环境的产品材料选择的复杂性。

一般而言，汽车产品绿色材料的选择应该遵循以下几点原则：

1）选择与环境具有良好协调性的材料。传统材料很少考虑材料的加工过程及其对环境的影响，所选材料有的难以加工、耗能高，有的有毒有害，如含铅、镍、镉等元素的金属材料的使用既造成了环境污染，又严重威胁了操作者的身体健康；汽车用燃料的燃烧使大气中二氧化碳含量过高，会产生温室效应等。

因此，在选择汽车用材料时就要尽量选用低能耗、无污染或污染最小的材料，尽可能选用无毒材料等。如通过加入压力气缸可以使汽车转化为使用天然气，沃尔沃和宝马公司都推出了天然气轿车；德国奔驰公司正在研究用氢作为汽车燃料；加拿大的一家公司研制出了一种新型机油，可以降低噪声 2～10dB，减少 50%～60% 的排烟量；奔驰公司设计努力的重点是选择与环境相容的可回收材料作为零部件材料，减少塑料的使用量和品种，对由塑料制成的部件进行标注，尽可能地避免使用合成材料；沃尔沃公司在所有生产过程中尽量避免使用有害物质，他们的目标之一就是完全不用石棉和水银，避免或减少易老化、易腐蚀等材料的应用，如果一定要使用有毒材料，则必须对有毒材料进行显著的标注，并使有毒材料尽可能布局在便于拆卸的地方，以便回收或集中处理。

2）选择可循环的材料。为了保证产品报废后的可回收性，在材料选择时要考虑其可循环性。考虑汽车产品材料的可循环性就要考虑材料的兼容性、再生性和可回收性。

汽车产品由众多零部件组成，当选择零件材料时，满足功能要求的材料可以有多种类型，应选择彼此兼容的材料，即便由不同材料构成的零部件被连接在一起无法拆卸，它们也可以一起被再生。例如在总成件设计中，零件及其螺栓、卡扣等连接件使用的材料应尽量属于同种材料、同一族材料或相容性比较好的材料。

企业可以制订“回收”计划，对原材料或部件进行再循环。德国 MW2 型环保概念车中用蓝色标出的零件都是用再生材料制造的，而绿色表示材料可回收，这不仅节约了原材料，也有利于资源的循环利用。应尽可能使用从循环再生中获取的所需原材料，特别是利用固体废弃物作为原材料。美国一家汽车公司选用一种塑料制造车门，当汽车报废时其车门的材料经粉碎处理后可继续用于新车门的制造。

3）及时地推动新型环保材料、新工艺、新技术的应用，尽量增加低合金材料及铸件等的使用量，推动铝合金、铜合金、镁合金等材料的使用，减少金属板材的使用量等。

4）避免或减少易老化、易腐蚀等材料的应用。

2. 汽车产品的可拆卸性设计

可拆卸性设计是一种使产品容易拆卸，并能从材料回收和零件重新使用中获得最高利润的设计方法学。可拆卸性是产品绿色设计考虑的主要内容之一，也是产品绿色设计中研究比较早而且比较系统的一种方法。它研究如何设计产品才能高效率、低成本地进行组件、拆卸以及分类拆卸，以便重新使用及回收。

可拆卸性设计要求在产品设计的初级阶段即将可拆卸性作为结构设计的一个目标，使产品的连接结构易于拆卸，制造工艺性好，维护方便，并在产品废弃后将可重复使用部分充分有效地再利用，达到节约资源和能源，保护环境的目的。也就是说，在产品生产之前已经对产品的虚拟原型进行了可拆卸性分析，以此减少产品维护及回收时的拆卸成本及时间。传统的产品设计通常将注意力集中在面向制造和面向装配环节，更多地考虑组装方便经济，而对产品的可拆卸性考虑得较少。因此，当产品在使用中某个零件失效时，往往由于拆卸困难只好将整个部件全部废弃。当产品生命周期终止后，大量可重用零部件及组成材料也由于拆卸困难或拆卸成本太高而不能获取，既浪费了资源，又可能造成环境污染。

产品或零部件拆卸困难通常由以下三个方面因素造成：

1）产品的设计结构不易于连续拆卸和回收，如采用焊接、铆接、过盈配合等连接的结构。产品的连接方式在传统设计中是根据简化装配和安全连接而选择的，存在不可拆连接以及难以接近的连接要素，难以进行拆卸。材料选择是从经济性和最佳性能的角度考虑，采用了大量不同种类甚至不可回收的材料。产品结构是基于功能完善和装配要求而优化的，可能导致了大量不必要的拆卸步骤。

2）使用损坏因素，产品在使用阶段由于修理、污染、腐蚀等原因发生了变化造成难以拆卸。

3）缺乏完整的拆卸产品信息，造成当产品发生某些失效时许多零部件被废弃。

拆卸就是从产品或者部件上有规律地拆下可用的零部件的过程，同时保证不因拆卸过程而影响后续工艺对零部件性能的要求。拆卸下来的零部件主要的应用领域包括：①零部件的重用和再制造；②产品维修；③材料回收。

关于拆卸的分类方法有很多，主要的分类形式有以下几种：

（1）根据拆卸方法分类　可分为破坏性拆卸、部分破坏性拆卸和非破坏性拆卸三种。目前对面向拆卸与回收的设计的研究主要集中于非破坏性拆卸。

（2）根据拆卸程度分类　可分为完全拆卸、部分拆卸和目标拆卸。

1）完全拆卸。是指将一个产品完全拆卸至每一个单个的零件。这种拆卸方式主要应用于理论研究，在实际应用中应用很少。

2）部分拆卸。是指将一个产品中的部分零部件进行拆卸。通常进行部分拆卸的原因是出于经济因素考虑，当拆卸到某一个零件时，若剩下的零件所具有的回收价值已经小于对它们进行拆卸所需的费用时，或者剩下的零件均为同一种材料的时候，便不再对它们继续进行拆卸，而将它们作为整体一起回收。这种拆卸方式在实际生产中应用最为广泛。

3）目标拆卸。是指对产品中指定的零件或部件进行拆卸。进行目标零件或部件拆卸的原因主要出于重用或环境等因素的考虑。例如，在产品使用阶段，产品中的某个零部件失效而需要将其拆卸下来进行维修，或当产品生命终结而被废弃，其中的某个零件或部件具有较大的价值并仍然可以重用或可以修整翻新，或者废弃产品中的某个零件或部件对环境具有较大的危害性时，就应考虑将这样的零部件作为目标零件进行拆卸。这种拆卸方式在实际生产中也较为常见。

拆卸作为实现有效回收策略的重要手段，不仅有助于实现材料的回收，而且有助于零部件的重用和再制造。

可拆卸性设计一般要遵循以下准则：

（1）采用模块化设计原则　模块化设计可按功能产品划分为若干个各自能完成某些功能的模块，并统一模块之间的连接结构、尺寸，这样不仅制造方便，而且对拆卸回收也有利。现在常见的有仪表板的模块、车门模块等。

（2）拆卸工作量最小化原则　拆卸工作量最小化包含两层意思：一是组成产品的零件材料种类尽可能少；二是简化维护和拆卸回收的工作。可以采用以下几种方法：

1）简化产品功能。即在产品设计阶段，在满足使用要求的前提下，尽量简化掉一些不必要的功能。

2）零部件合并。即通过分析组成产品的各零部件，将完成功能相似或结构上能够组合在一起的零部件进行合并。

3）减少产品所用材料种类。使组成产品材料的兼容性增大，对一些没有再利用价值的零部件可不必进一步拆卸，而作为整体回收，因而大大简化拆卸工作。

4）增强材料兼容性。材料兼容性好，意味着这些材料可一起回收，能大大减少拆卸分类的工作量。

（3）易于操作原则　尽可能多使用单纯材料的零件，尽量避免金属材料与塑料零件的相互嵌入，这会使以后的拆卸分离工作难以进行。

1）设计合理的废油液体排放位置。在产品设计时，要留出有利于各种废油液体（如发动机机油、各种润滑油等）的排放口，使这些废油液体能方便并完全地排出。

2）便于抓取原则。必须在零部件表面设计预留便于抓取部位，以便准确、快速地取出目标零部件。

3）刚性零件原则。在产品设计时尽量不采用非刚性零件，因为这些零件的拆卸不方便。

（4）易于分离原则　尽可能多地采用标准紧固件，以便选用标准化的拆卸设备和工具，利于快速拆卸。

根据汽车产品回收利用的技术政策要求，从2010年起所有国产及进口的M1类、N1类车辆的可回收利用率要达到80%，其中材料的再利用率不低于75%。同时，除了含铅合金、蓄电池、镀铅、镀铬、添加剂（稳定剂）、灯用水银外，限制使用铅、汞、镉及六价铬。要满足这个要求，汽车生产企业必须在产品设计阶段开始就进行可回收性设计和可拆卸性设计，只有通过设计源头上的减量化，才能更好地达到汽车产品回收利用的要求。

3. 汽车产品的绿色回收设计

绿色回收是指在产品全生命周期内，对各阶段产生的各种废弃物以及完成生命周期的报废产品，通过有效而快捷的回收物流网络，对回收物品进行科学拆卸，合理利用修复、再制造、表面处理等先进技术，使其重新获得报废产品使用价值的一种物流活动，旨在最大限度地提高资源再利用率，减少报废产品对生态环境的破坏。绿色回收与再利用作为发展循环经济的重要途径，为循环经济发展提供支撑，两者不仅有着以生态经济学和可持续发展为理论的共同基础，同时又在相互发展中彼此长进。循环经济通过“资源—产品废弃物—再生资源”的循环过程，使资源在不断的经济循环中得到合理和持久的利用。其循环的过程离不开回收物流，否则循环链将被断开而无法实现。同时，循环经济的发展为绿色回收产业发展提供了市场空间，两者形成相互依赖、相互促进的共同体。

大多数研究人员认为，产品早期设计决定了70%～80%的产品制造费用。然而，在现在的产品设计中，易于产品制造、装配，简化结构，降低材料成本占据主导地位，而往往没有考虑到处理废旧产品的问题。为了合理利用资源，减少对环境的不良影响，使产品的长期成本降低，必须在产品设计阶段就考虑产品报废后的回收问题。

从影响汽车回收的角度考虑，影响回收率提高和有害物质控制的因素有以下两个方面：

1）影响有害物质控制的因素就是对产品的材料选用。

2）影响汽车回收率提高的因素既有选用的材料因素，也有汽车零部件的结构设计和整车的布局因素。

总之，提高汽车回收率主要是从材料和结构设计做文章。在设计阶段就要从便于回收、便于拆卸以及对有害物质控制等方面考虑，考虑材料和零件的生命周期和报废后的回收处理，对可重复使用的材料和零部件要考虑拆卸的难易程度及工作量。

绿色回收设计具有以下特点：

1）绿色回收设计可使材料资源得到最大限度的利用。由于从设计开始阶段就考虑了产品被废弃淘汰后，通过各种途径和方式使产品中的零部件及材料得到充分有效的重用、移用或再生，使资源得到了最大限度的利用。

2）绿色回收设计可减少环境污染，保护生态环境。由于废弃产品的绝大部分被重新利用，因此，直接堆放到环境中的各种废弃物的种类和数量大大减少，削减了产生环境污染的源头，在有效利用资源的同时保护了生态环境。

3）绿色回收设计有利于可持续发展战略的实施。回收设计使新产品中可回收的成分增大，减缓了对新资源的开采及消耗的速度，有利于生态平衡和可持续发展战略的实施。

4）绿色回收设计实现了物流闭合。一种产品的废弃物就是另外一种产品的原材料，只要技术和经济上可行，物质就可以不断得到循环使用。

绿色回收设计要遵循以下设计准则：

1）延长产品的生命周期，减少对材料的使用，减少产品更新换代的速度，从而达到节约资源的目的。

2）可重用零部件材料要易于识别分类。可重用零件的状态如磨损、腐蚀等要容易且明确地识别，有些具有明确功能的零件应易于分类，结构尺寸应标准化，并根据其结构、连接尺寸及材料给出识别标志。

3）尽量使用容易分离的不同材料组合。有些零件为了满足使用性能要求，在目前状况下不得不采用不同材料组合，这样在设计时应从结构上考虑其便于拆卸分离，便于以后的回收工作。

4）在保证现有产品结构性能不变的条件下，减少产品中所用材料的种类。材料种类越多，拆卸回收就越困难。因此，在满足性能要求的前提下，应尽可能使用同类材料或少数几种材料，同时这些材料要易于回收处理。

5）在一个产品中尽量减少同一材料的零部件数量，将可以合并的零部件组合成为一个单一零件。零部件数量少，也会使材料种类减少，拆卸回收也较容易。因此，在不影响产品功能及加工工艺的情况下，尽可能合并零件；若合并零件有困难，也可考虑将零部件分解，将拆卸复杂、难以回收的零部件分解成几个简单零件。

6）尽量采用可以直接拆卸并且可以重新使用的零部件。在回收零部件的性能及使用寿命满足使用要求时，应尽可能将其应用于新产品设计中；或者在新产品设计中尽可能选用回收的可重用材料，这样可充分利用资源，节约生产费用，降低生产成本，保护生态环境。

7）对重用有可能产生性能退化的材料或有毒有害材料进行标记，为回收时的材料识别及分类提供便利。

三、汽车产品的绿色度评价标准

汽车产品绿色设计的评价是对制造中的资源能源消耗、污染物的排放等指标做出定量评价，以此判断制造中的绿色度，推动制造中的绿色化改造，进而评价绿色化改造的成果。它有助于解决环境污染问题，节约原材料和能源，降低生产成本，提高企业的经济效益和社会效益。

产品绿色度是评价产品技术先进性、环境协调性和经济合理性的综合指标，即绿色度是一个动态的概念，它随着时间的推移不断改善。因为随着产品的更新，其技术先进性、环境协调性及经济合理性是不断提高的，所以作为产品技术、环境和经济性三者综合体现的产品绿色度也必定会随之越来越好。但是，在产品绿色度随着时间延续不断改善的同时，产品的评价标准也会因为时间的延续不断提高。以欧洲汽车尾气排放标准为例，欧洲以前的排放标准 Euro2 和现在实施的 Euro3 标准相比，显然，Euro3 标准的指标比 Euro2 标准严格得多。由此可见，某个时段绿色性好的产品在将来却不一定具有很好的绿色性。因此，确定产品评价标准是对绿色产品正确评价的依据。

目前来说，可采用绝对标准和相对标准来评价产品的绿色度。绝对性标准是依据现行的环境保护标准、产品行业标准及某些地方性法规来制定评价标准；而相对性标准是根据用户和市场的要求，选择与待评价产品类似的基准产品，通过对比评价来制定的。

由于绝对性标准主要采用的是适合区域、行业和企业的有关标准，将它使用到产品绿色度评价中时，往往会因为数据不准确而影响评价结果。另外，绿色产品作为一个相对的概念，单一的绝对数值是不起任何作用的。首先，仅靠这些绝对数值，没有一定的参照物，很难甚至于不可能对产品的技术先进性、环境协调性以及经济合理性进行正确的评价，无法保证结果的正确性；其次，不同的测量方法、不同的测量精度，得到的数据和结果也不相同，这样就难以保证评价结果的可信度。所以，合理选择一些产品作为参照物，在两个或多个产品之间进行相对比较更有现实意义。

四、绿色汽车的发展前景

当今世界汽车工业的特点是竞争激烈，国际化集约生产趋势明显，少数几家公司正演变为国际性大集团。通用、福特、丰田全球三大汽车公司的汽车产量（轿车）占世界汽车总量的37%左右，而全球十大汽车公司的轿车产量约占世界汽车总产量的75%。它们实力雄厚、技术先进，代表了世界汽车工业的发展方向。这些汽车公司在汽车环境保护方面做了大量的研究工作，投入了大量的人力、物力和财力进行绿色汽车的开发研究。世界上实力雄厚的汽车集团公司，如美国的通用、福特、克莱斯勒，日本的丰田、本田、三菱，德国的大众、奔驰，法国的雷诺、雪铁龙，韩国的现代、大宇，意大利的菲亚特和瑞典的沃尔沃等，在汽车使用的能源和资源方面，开发了电动汽车（EV）和代J料汽车（SFV），改善了汽车对环境的污染，提倡使用零污染汽车；在汽车材料和车身结构方面进行全面优化，改善了汽车发动机的燃烧状况，广泛应用燃油电喷系统，极大地降低了汽车尾气排放。雷诺公司在1999年就建立了“绿色网络”，来回收它在欧洲的商业机构产生的废弃汽车，其初步回收目标达85%。菲亚特汽车公司、沃尔沃汽车公司都非常重视汽车的回收再利用，并且做了大量工作。绿色汽车就其目前开发而言，大多在汽车所用能源上想了很多办法，如开发天然气汽车（CNGV）、液化石油气汽车（LPGV）以及电动汽车（EV）等，并且在汽车发动机燃烧、汽车尾气排放治理方面开展一些工作，带来了很好的经济效益和社会效益。

由于绿色汽车本身具有的优越性，使它具有潜在而巨大的汽车市场。绿色汽车的开发是汽车工业新的经济增长点，可使汽车工业真正得到可持续发展。绿色汽车将给人类带来更加灿烂的文明，21世纪将是绿色汽车的世界。

第三节　汽车的再生与回收

再制造是指对废旧汽车零部件、工程机械、机床等进行专业化修复的批量化生产过程。大力发展再制造产业是实现经济与环境资源效益双赢的重要方式。如果与废旧零部件直接回炉相比，再制造可节约成本50%，能产生显著的经济效益。与制造新产品相比，再制造具有良好的节能节材效益，可实现节能60%、节材70%，且几乎不产生固体废物，大气污染物排放量降低80%以上。到目前为止，我国已形成汽车发动机、变速箱、转向机、发电机共23万台套的再制造能力，并在探索旧件回收、再制造生产、再制造产品流通体系及监管措施等方面取得了积极的进展。

目前，我国每年汽车的报废量约为300万辆，而国内汽车零部件再制造企业的产值为7亿元左右，再制造产品占汽车零部件的生产比重偏小。正由于目前占比偏小，未来占比肯定会逐步上升，汽车零部件制造被行业内企业纷纷看好。

将绿色设计应用于汽车工业，国外的研究机构和汽车制造商进行了许多实践。同时，众多汽车制造商都将提高报废汽车回收利用率的努力立足于产品开发阶段，并始终贯穿于生命周期的整个阶段。例如，沃尔沃公司积极与其他汽车制造商以及拆卸、破碎和回收利用设备生产公司合作，优化拆卸流程，控制有毒有害物质的流失，提高报废汽车的回收利用率。梅赛德斯-奔驰公司通过减量化设计提高了其S级轿车的回收利用率。日产汽车在可拆卸性设计方面的经验表明，通过对其汽车产品进行结构改进，使零部件更易于拆卸，使报废汽车的回收利用率从50%提高到85%。

一、汽车再生工程

1. 基本定义

汽车再生工程是汽车再生资源利用工程的简称，是对废旧汽车进行资源化处理的活动，主要包括对废旧汽车所进行的回收、拆卸及再利用等生产过程。

在汽车工业发达的西方国家，汽车制造商及环保部门已日益重视废旧汽车的回收，并正在形成一个颇为诱人的新兴产业。诚然，西方发达国家的汽车制造商对报废汽车回收业颇为“青睐”，除了回收零部件再制造可获得丰厚利润外，很大程度上是基于各国环保政策的约束。随着各国“生产者负责法”的制定与实施，制造商担负起双重职责：既要对汽车的生产制造负责，也要对汽车的报废回收负责。因此，制造商作研发时就必须考虑产品的可回收利用性，以保证上万个零部件都易于再利用。

随着我国经济的快速持续发展，人们的消费水平在不断提高，汽车产品更新换代的频率将加快。因此，也必须面对自然资源的日益匮乏和汽车等机电产品报废量激增的现实。同时，如果废旧汽车等产品不能及时有效地资源化，也将成为环境公害之一。废旧汽车产品资源化的基本途径可分为再使用、再制造和再利用三部分。其中，再使用和再制造是废旧汽车资源化的最佳形式和首选途径，具有更加显著的综合效益。虽然再利用也有资源和环境效益，但是采用这种方式是由当前技术水平或经济条件所决定的。

2. 研究范畴

汽车再生工程主要研究的内容包括以下三个方面：汽车再生资源利用理论、汽车再生资源利用技术和汽车再生资源利用管理。

（1）汽车再生资源利用理论　人们常常想当然地认为循环经济就是把废弃物资源化，实际上，循环经济的根本目标是要系统地避免和减少废物。废物再生利用和资源化只是减少废物的方式之一。

汽车再生资源循环利用模式的研究内容主要包括资源消耗线性模式和资源消耗循环模式；汽车可回收性设计包括回收方式选择、可回收性设计和回收信息建模；汽车可拆卸性设计与评价涉及拆卸设计准则、拆卸序列生成与优化和可拆卸性评价；汽车可再生性评价方法主要包括可再利用性计算方法、可回收利用性计算方法以及汽车生命周期分析等。

（2）汽车再生资源利用技术　汽车等废旧机电产品的资源化需要经历从废旧产品的回收，到使其转化为新的产品或者材料的复杂过程，这一过程需要采用各种高新技术。目前，采用的关键技术可分为共性技术、再制造技术和再循环技术等。

1）共性技术。包括面向废旧产品的资源化设计技术、资源化方式选择建模技术、废旧产品剩余寿命评估技术、资源化预处理技术、产品全生命周期费效分析及逆向物流管理等。

2）再制造技术。包括对零部件进行失效分析、检测诊断、寿命评估、质量控制等多种学科。例如，微纳米表面工程技术、产品再制造信息化升级技术、质量控制技术、先进材料成形与制备一体化技术、虚拟再制造技术、先进无损检测与评价技术、再制造快速成形技术等。

3）再循环技术。包括材料分类检测技术、产品粉碎及粒化技术、材料物理及化学分选技术、产品循环利用技术等。

（3）汽车再生资源利用管理　汽车再生资源利用管理分为不同的层面，包括不同的方式。在政府层面上，以立法方式一方面促进再生利用，另一方面又进行强制性监督；在行业层面上，由协会制定各项回收利用标准和程序，保证再生资源回收的品质和提高社会的回收利用意识；在企业层面上，主要是通过质量管理和生产管理，以保证质量，提高经济效益和社会效益。此外，从企业规划和项目可行性研究方面，还涉及汽车再生资源利用管理技术经济分析、汽车再生资源循环利用模式分析；从管理信息化方面，还包括汽车再生资源回收利用管理信息系统建立、汽车拆卸信息系统应用等内容。

3. 绿色汽车的再制造技术

实施汽车绿色再制造工程不仅可以尽可能地回收废旧汽车中可利用的零部件和材料，而且还可以最大限度地利用在汽车全生命周期中各阶段的能量和材料。例如，在汽车维修阶段换下的材料，既可采用绿色再制造技术进行修复、再生，也可以进行材料回收、重熔，使之作为汽车的原材料，还可稍加改变作为材料参与其他产品的生命周期循环，如图 9-2 所示。

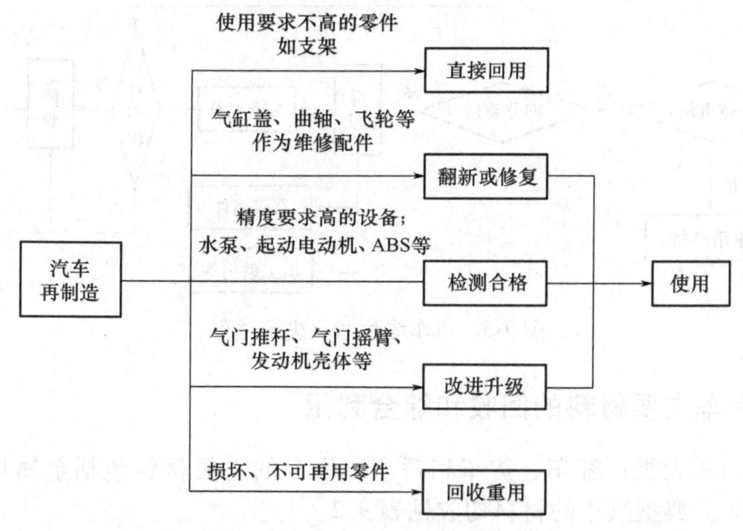

图 9-2　汽车绿色再制造技术过程

二、汽车产品的绿色回收

产品回收是在产品废弃以后，对产品进行回收处理的过程。传统设计方法很少考虑产品的回收阶段，而在绿色设计中，产品回收则是其最重要的一个阶段，因为绝大部分产品对环境的影响主要体现在报废回收阶段。产品的回收一般包括重用、零部件回收、材料回收和废弃等。重用是指产品经过稍微的修理或更新以后，直接用于和原来相同的场合。零部件回收是指产品不能整体重用，只有部分零部件可以用于和其设计目的相同的场合。材料回收是指对没有使用价值的零部件或产品回收其构成材料。废弃是指无法回收的材料经过无害化处理后进行填埋或焚烧。产品的回收一般先要进行回收决策，按照最大回收资源和能源的原则进行回收。

对产品的绿色使用目前主要集中在延长产品的使用周期和减少使用中的能源浪费及环境污染。延长产品生命周期可以最终减少产品报废后的各种处置工作，从而提高资源利用率，减少对环境的负面影响。增加产品的可维护性是延长产品生命周期的一个重要方法。为此，必须在设计阶段就考虑产品的拆卸性，尤其是易损件的拆卸和维修。

绿色处理技术一方面是指在具体的产品生产过程中，要注意对流失的物料和产生的废料进行回收，返回到流程中或经处理后作为原料回用或被用作其他生产中的原料而被再利用，建立从原料投入到废物循环回收利用的生产闭合回路，使得工业生产过程不对环境构成任何危害或危害最小化；另一方面主要是指在产品生命周期终结后，要采用绿色处理技术对其进行回收处理，若不回收处理，将造成资源浪费并导致环境污染。

目前的研究认为，面向环境的产品回收处理是个系统工程，从产品设计开始就要充分考虑这个问题，并作系统分类处理。产品生命终结后可以有多种不同的处理方案，各种方案的处理成本和回收价值都不一样，需要对各种方案进行分析与评估，确定出最佳的回收处理方案，从而以最少的成本代价获得最高的回收价值，即进行绿色产品回收处理方案设计。评价产品回收处理方案设计主要考察以下三个方面：效益最大化、重新利用的零部件尽可能多、废弃部分尽可能少。汽车绿色回收决策过程如图 9-3 所示。

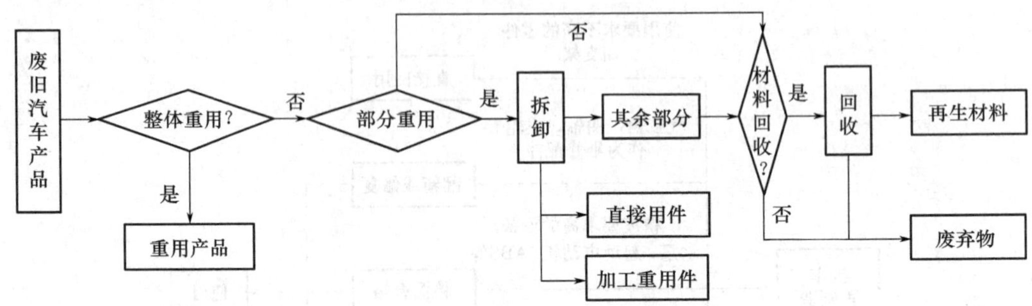

图 9-3　汽车绿色回收决策过程

三、废旧汽车主要材料的回收和综合利用

汽车可以分为三大类：客车、货车和轿车。汽车的主要材料包括金属材料、塑料、橡胶、玻璃和涂料等。典型汽车的材料构成见表 9-2。

表 9-2　典型汽车的材料构成（质量比）　　（%）

	钢铁	有色金属	塑料	玻璃	其他
小汽车（1965 型欧洲）	76.0	6.0	2.0	—	16.0
小汽车（1985 型欧洲）	68.0	7.5	10.0	—	14.5
小汽车（1998 型欧洲）	68.3	7.8	9.1	2.9	11.9
小汽车（1997 型日本）	69.0	9.6	8.6	2.8	10.0

1. 车用金属材料的回收和综合利用

汽车用金属材料包括钢材、生铁和有色金属三种类型。在各类汽车中，钢材用量最多，占车重的 77% 左右，有色金属占车重的 3% ~5%，生铁也占车重的 3% ~4%。

车用钢材分为特殊钢和钢板两大类，其中钢板占有很重要的地位。载货汽车的钢板用量占钢材耗量的 50% 左右，轿车则占 70% 左右；特殊钢主要用来制造汽车发动机和传动系统的许多零部件。

国外对报废汽车的金属回收十分重视，一个重要的渠道是由各大汽车公司回收自己生产的旧车，回收后可重用的零部件直接用于正在使用的车上，不可重用的零部件则以材料形式回收后综合利用。如日本由于汽车更新快、使用周期短，车用发动机零部件的旧件基本可以重用，实在不可重用的零部件由专人将铁和铝及其他有色金属分离，铁被熔化后用于土建材料，铝则可再生后用于生产汽车零件或其他产品。车身一般只作为材料回收，经再生后综合利用。目前，西方发达国家车用材料可回收利用的已经达到75%左右，最先进的德国奔驰汽车公司的金属材料回收率已经达到95%。

欧美等发达国家的废钢铁回收利用模式多数是在中心城市建立回收量万吨以上的现代化废钢铁回收中心。废钢的来源主要是回收的报废汽车，其破碎采用了包括液氮冷却低温粉碎技术等在内的各种方法，以磁选、浮选等方式剔除杂质，碎钢被打包压块后回炉冶炼，整个加工流程基本实现了自动化。相比之下，我国以氧乙炔焰切割解体报废汽车的方式相当落后。

汽车使用的有色金属材料主要有铝、铜、镁的合金和少量的锌合金、铅合金及轴承合金等。随着汽车轻量化趋势的不断发展，铝合金及镁合金材料的用量也在不断加大。一般认为，最理想的有色金属回收方法是原零件的重用，这是一种以人工为主的回收方法，即人工分解汽车，然后将各种材料和零部件分类放置。这样，铝、镁、铜等合金零部件可按变形程度或铸造合金或不同合金系进行回收再生。目前工业发达国家用人工拆卸旧车已不再是唯一的方法，并且在逐年减少。目前回收旧车上的材料已从回收零部件的旧模式向回收原材料的新模式转变，即从人工拆卸零部件转向机械化、半自动化回收原材料。现在已较多采用切碎机来切碎旧车主体后再分别回收不同的原材料，具体方法如下：

1）将旧车内所有液态物质排放后用水冲洗干净。

2）先局部地将易拆卸下来的大件（车身板、车轮、底盘等）拆卸下来。

3）将旧车拆卸下的大件和未拆卸的旧车剩余体分别装入切碎机系统流水线，先压扁，然后在多刃旋转切碎装置上切成碎块。

4）流水线对碎块进一步处理，其顺序是：全部碎块通过空气吸道，利用空气吸力吸走轻质塑料碎片；通过磁选机，吸走钢和铁碎块；通过悬浮装置，利用不同浓度的浮选介质分别选走密度不同的镁合金和铝合金；由于铅、锌和铜的密度大，浮选方法不太适用，利用熔点不同分别熔化分离出铅和锌，最终剩余下来的是高熔点的铜。

这种回收方法的流程合理，成本相对不是很高，但对回收铝及镁合金也并非完美无缺，其最大的缺点是轿车上用的铝及镁合金属于不同的合金系，既有变形合金又有铸造合金，经破碎和浮选后不能再进一步分离，成为不同合金的混合物，这就给随后重熔再生合金的化学成分和杂质元素控制带来相当大的困难，大多数情况下仅能作为重熔铸造合金使用，降低了使用价值和广泛性。为了解决铝及镁合金重熔回收后成分混杂、使用价值低的问题，汽车设计师和材料工作者分别在车上主要部件设计以及材料选用上进行了努力。另外，新的分离方法也在不断地被开发出来，如铝废料激光分离法、液化分离法等。

2. 废旧轮胎的回收和综合利用

在汽车整个生命周期中，轮胎的消耗量是十分巨大的。我国的废旧轮胎量占世界第二位，因此，轮胎等橡胶制品的回收和利用，是汽车回收工程中非常重要的现实问题和关键环节。按目前国际发展现状来看，处理废旧轮胎的方法有以下几种：

（1）整体再用　最重要的方法是轮胎翻新，但是翻新利用的是胎基，而非橡胶材料。翻新的轮胎可以梯级利用。由于国内轮胎质量不高，可供翻新的轮胎数量有限。而且，由于经翻新的轮胎最终还是要报废处理，因此它不是最终的解决办法，仅是提高轮胎材料利用率的有效途径之一。此方法的缺点是投资大、技术要求高。

（2）再生利用　主要是橡胶材料的再生利用，具体方法有两种：一是通过机械方法将废旧轮胎粉碎或研磨，制成胶粒或胶粉再生使用；二是通过脱硫技术破坏化学网链，制成所谓再生橡胶。

（3）热裂解回收 废旧轮胎通过热裂解反应，可以提取具有高热值的燃料气、富含芳烃的油以及炭黑等其他有价值的化工产品。

（4）掩埋储能 即直接掩埋，但此方法由于受到场地等的限制，处理成本急剧增加，发展前景有限，而且对资源而言也是一种浪费。

（5）焚烧转能 即直接焚烧，用于发电、冶金和水泥制造等。该方法在欧洲曾广为采用。但由于这种方法涉及环境保护和热辐射危害等问题，最终将会受到限制。

废旧轮胎的处理方式大多具有投资大、周期长的特点，因此，对其处理方法、方式的研究必须要十分重视，应重点选取那些技术适用、经济性好、污染少和附加值高的可持续利用的方法。此外，由于废旧轮胎分布比较分散，而轮胎处理必须要有数量规模才有经济效益，因此，废旧轮胎的集中问题也是值得重视的研究课题。

3. 废旧汽车塑料的再利用

从现代汽车使用的材料来看，无论是外装饰件、内装饰件，还是功能与结构件，到处都可以看到塑料制件的影子。外装饰件的应用特点是以塑料代钢，减轻汽车自重，主要的部件有保险杠、挡泥板、车轮罩、导流板等；内装饰件的主要部件有仪表板、车门内板、副仪表板、杂物箱盖、座椅、后护板等；功能与结构件主要有油箱、散热器水室、空气过滤器罩、风扇叶片等。

塑料在汽车上的应用已从普通装饰件发展到结构件、功能件，所需要的塑料也从普通塑料（多用于汽车内饰件）扩展到强度更高、冲击性更好的复合材料或塑料合金。目前，我国每生产 1 辆汽车所耗用的塑料为：经济型轿车 50～60kg；中高级轿车 60～80kg，有的甚至可达 100kg；轻、中型载货汽车约为 50kg。如果按每辆汽车平均耗用塑料 60kg 计算，500 万辆汽车就需要塑料达 30 万 t，我国每年从汽车上拆下来的报废塑料就要以万吨计。塑料是一种难以自燃、分解的物质，若是通过焚烧的方式来处理，会造成严重的大气污染。对于越来越多的废旧汽车塑料件如何回收、再生和利用，已经成为不容忽视的社会问题。

报废汽车的塑料最理想的出路是回收和再利用，但其回收处理工艺十分复杂，即使在一些回收处理技术较先进的国家，对于塑料件的回收和再生利用也尚在研究开发之中。目前，国外仍主要是采用燃烧利用热能的方式来处理汽车废旧塑料件，并通过一定的清洁装置，将不能利用的废气和废渣进行清洁处理。日本及欧洲各国在几年前已分别提出了对汽车废旧塑料的利用要求，并规定了具体的年限。由于汽车工业发达国家政府的高度重视，促进了包括塑料和橡胶在内的废旧材料的回收利用，汽车废塑料制品的实际利用率在 2000 年已达到 85% 左右，预计到 2015 年可达到 95%。目前，汽车废旧塑料的回收、再生与利用技术在国外已成为一个热点，并逐步形成为一种新兴的产业。

4. 汽车玻璃的再利用

玻璃本身作为一种工业原料，很早以前就已经开始被回收和再利用，并且达到了很高的回收率。由于玻璃自身组成的特点，迄今为止，回收的玻璃大多仅限于将碎玻璃回炉，重新熔融再制成其他玻璃器皿；也有的将碎玻璃和炭粉混合，再加入少量化工原料，经烧结制成可替代矿棉的均质泡沫玻璃建筑材料；还有的将玻璃和塑料作为混凝料添加到混凝土和沥青中去，用于建筑方面。总体来说，玻璃的新型应用并不多。

汽车玻璃以前风窗玻璃为主。早在20世纪30年代，玻璃已装在美国福特公司出产的T型车上，当时是用平板玻璃装在车厢的前端，使驾车者免受风吹雨打之苦。从这以后的几十年间，玻璃业逐步涉足汽车工业，创造了多种安全玻璃，包括夹层玻璃、钢化玻璃和区域钢化玻璃等品种，改善了汽车玻璃的性能。报废汽车的玻璃主要来自车灯、反射镜和驾驶室上。在意大利，每年从废弃车上大约要回收6万t这样的玻璃。由于用这些玻璃制造的二次产品的技术性能低于一次产品，所以它们主要用于制造各种玻璃瓶或其他玻璃制品。

在生产玻璃的原料中加入废玻璃有两个较好的效果：一是可以减少玻璃生产过程中气体排放的数量；二是可以减少玻璃生产的原材料消耗并节约能源。

夹层玻璃是在两层普通玻璃中间夹有一层高分子聚合物层，以增加玻璃的安全性。这种玻璃的回收可将夹层玻璃加热到中间聚合物的软化温度，从而将玻璃和高聚物分开，再分别回收。另有文献报道将这样的夹层用于制砖工业，玻璃可以替代砖中的石英砂，聚合物可以替代锯末、纸浆或其他可燃材料，在砖上形成空洞以达到隔热效果。实验证明，如果加入适量的玻璃和聚合物，可以降低生产过程中的能耗，同时改善砖的微结构，使砖的密度减小而强度提高，从而改善砖的性能。

玻璃在汽车上最初的使用目的是用以透光，上述介绍的回收及再利用的方法均是对此而言。随着材料科学的发展，人们增加了追求汽车美观和防止晕目等需求而采用了吸光玻璃，包括色彩的应用，现在更发展到了追求主动安全性和高性能的智能化玻璃阶段。从种类上来说，由过去的夹层及钢化玻璃发展到了现在的性能更优越的塑料夹层、有机涂层和全塑料玻璃、树脂玻璃等。由于这些玻璃的组成已经与传统意义上的玻璃不完全一致，因此有关它们的回收和再利用可参照其他相关材料的处理方法。

从总体来看，汽车废玻璃的回收和再利用同汽车上其他非金属材料一样，虽然在技术上是可行的，但实际操作起来却比较困难。这是因为对这些材料的回收一般都是采用手工拆卸，故成本过高；还有因为在回收过程中容易混入其他杂质，造成回收材料的纯度不够，不仅增加了回收的难度，而且影响了再利用的效果；再有就是现在进行材料回收的基础设施还不够，造成回收工作难以进行。近年来，随着人们日益追求和强调汽车的主动安全性和美观性，车用玻璃的材料也在不断地变化，回收的难度也在不断地加大。设计人员如何从开始设计时就考虑到回收再利用的问题，变现在的被迫回收为将来的主动利用，将是汽车制造工业所面临的一个重要课题。

四、汽车回收行业的环保问题

1. 汽车回收行业的污染及其危害

废旧汽车回收利用的宗旨之一是解决汽车发展带来的环境问题。但是，汽车回收利用行业本身也有环境污染和潜在的危险因素，主要是在废旧汽车拆卸过程中和拆卸后的处理环节会产生各种污染物，如果污染物超浓度排放，不仅作业区的工人受到危害，而且会影响周围环境。

汽车回收行业产生的污染物主要分为以下三类：

1）固体废弃物，主要为无法回收的塑料零部件，它如同包装行业产生的不能降解的塑料包装物一样，被称为“白色污染”。掩埋法仍是汽车塑料零部件的主要处置方法，它不仅占用了土地，而且使土壤的质量下降，危害很大。

2）如果采用不当的焚烧处理，还会产生大量的有毒气体，造成严重的大气污染。

3）造成水污染，包括由于润滑油、剩余燃料油、乳化油以及清洗零部件的除漆剂和清洗剂等造成的含油废水、蓄电池的废电解液造成的铅污染（含铅废水）和酸污染（含酸废水）等。

如果不采取任何预防措施，上述气态的、液态的污染物会经常滞留在工作环境中，有可能通过人的呼吸道、皮肤乃至消化道进入体内，对人体的健康造成危害。在通常情况下，这类危害往往是慢性的、远期的，具有致癌作用和引起遗传物质的致突变作用。

2. 汽车回收行业污染物的防治

对汽车回收过程中的固体废弃物的处置应该尽量少采取掩埋方法，而尽可能地依靠科技方法加以回收。目前，最令人伤脑筋的是车用塑料的分类与回收。据估计，汽车用塑料质量已经占到汽车质量的11%～13%，而且车用塑料的种类又十分繁多。因此，最好的措施是在汽车设计及制造中减少车用塑料的品种，并优先选用容易回收的塑料材料，或选用与主体聚合物相容的聚合物材料。

对于从报废汽车上拆卸下来的、实在无法回收的塑料零部件，通过焚烧回收其能量当然是一个比较理想的办法，但对于如PVC之类焚烧后可能造成二次污染的塑料应严格控制在汽车上使用。因此，当务之急的课题是研制能在汽车上使用的、可生物降解的塑料新品种，从根本上解决汽车塑料废弃物所产生的“白色污染”问题。

与汽车回收行业有关的气体污染物都是在车用塑料废弃物焚烧时产生的，如二氧化碳、一氧化碳、氰化物、二氧化硫、卤化氢等。对于这些有害及有毒气体的防治，应在焚烧炉及其系统设计时采取净化措施，其主要方法如下：

（1）冷凝法　依靠低温将空气中的有毒气体凝结成液体后从废空气中分离出来。

（2）吸收法　用溶液或溶剂吸收焚烧炉所产生的有毒气体，使之与空气分离而被除去。

（3）吸附法　用多孔性的固体吸附剂（如活性炭）吸附有毒气体而使空气净化。

汽车回收行业的水污染类似于一般机械行业的情况，都是在作业过程中产生的，因此可采取与机械行业类似的防治措施。

参考文献

[1] 张国忠．现代设计方法在汽车设计中的应用 [M]．沈阳：东北大学出版社，2002.
[2] 张洪欣．汽车设计 [M]．2 版．北京：机械工业出版社，2010.
[3] 冯国胜．车辆现代设计方法 [M]．北京：科学出版社，2006.
[4] 孟少农．汽车设计方法论 [M]．北京：机械工业出版社，1992.
[5] 董代进．机械 CAD [M]．重庆：重庆大学出版社，2007.
[6] 杨春峰，于群．工程制图与 CAD [M]．沈阳：辽宁科学技术出版社，2009.
[7] 张宝生，李杰，林明芳．汽车优化设计理论与方法 [M]．北京：机械工业出版社，2000.
[8] 陈立周．机械优化设计方法 [M]．北京：冶金工业出版社，2005.
[9] 梁尚明，殷国富．现代机械优化设计方法 [M]．北京：化学工业出版社，2005.
[10] 郭乙木，王双连，蔡新．工程优化：原理、算法与实施 [M]．北京：机械工业出版社，2008.
[11] 闻邦椿，孙伟，李鹤．产品的制造性能及可视优化设计：基于系统工程的产品综合设计理论与方法 [M]．北京：机械工业出版社，2010.
[12] 过学迅，邓亚东．汽车设计 [M]．北京：人民交通出版社，2005.
[13] 苏春．数字化设计与制造 [M]．北京：机械工业出版社，2006.
[14] 袁清珂．虚拟制造系统 [J]．中国机械工程，1999 (5).
[15] 王霄．汽车开发中的虚拟产品开发技术 [J]．江苏理工大学学报，2001 (5).
[16] 杨文玉，尹周平，孙容磊．数字制造基础 [M]．北京：北京理工大学出版社，2005.
[17] 杨海成．数字化设计制造技术基础 [M]．西安：西北工业大学出版社，2007.
[18] 刘溪涓．数字化设计制造应用技术基础 [M]．北京：机械工业出版社，2009.
[19] 王惠军．汽车造型设计 [M]．北京：国防工业出版社，2007.
[20] 严扬，刘志国，高华云．汽车造型设计概论 [M]．北京：清华大学出版社，2005.
[21] 韩忠浩．汽车造型设计 [M]．沈阳：东北大学出版社，2008.
[22] 江漫清．解读数字化汽车造型设计技术 [J]．CAD/CAM 与制造业信息化，2009 (7).
[23] 阎楚良，杨方飞．机械数字化设计新技术 [M]．北京：机械工业出版社，2007.
[24] 张广海．基于人机工程学的汽车室内数字化设计研究 [D]．镇江：江苏大学，2007.